AF724315

LEÇONS

DE

GÉOGRAPHIE

D'APRÈS

LES PROGRAMMES DU DÉPARTEMENT DE LA SEINE

PAR

E. BROUARD

Inspecteur primaire à Paris, membre du conseil départemental de la Seine,
chevalier de la Légion d'honneur, officier de l'Université.

COURS ÉLÉMENTAIRE

LIVRE DU MAITRE

POUVANT EN OUTRE SERVIR DE LIVRE DE LECTURE DANS LES CLASSES
MOYENNES ET SUPÉRIEURES.

PARIS

LIBRAIRIE HACHETTE ET Cie

79, BOULEVARD SAINT-GERMAIN, 79

1876

LEÇONS

DE

GÉOGRAPHIE

D'APRÈS

LES PROGRAMMES DU DÉPARTEMENT DE LA SEINE

LIVRE DU MAITRE

PARIS. — IMPRIMERIE DE E. MARTINET, RUE MIGNON, 2

LEÇONS

DE

GÉOGRAPHIE

D'APRÈS

LES PROGRAMMES DU DÉPARTEMENT DE LA SEINE

PAR

E. BROUARD

Inspecteur primaire à Paris, membre du conseil départemental de la Seine, chevalier de la Légion d'honneur, officier de l'Université.

BIBLIOTHÈQUE NATIONALE IMPRIMÉS

DÉPÔT LÉGAL 11074

COURS ÉLÉMENTAIRE

LIVRE DU MAITRE

POUVANT EN OUTRE SERVIR DE LIVRE DE LECTURE DANS LES CLASSES MOYENNES ET SUPÉRIEURES.

PARIS

LIBRAIRIE HACHETTE ET Cie

79, BOULEVARD SAINT-GERMAIN, 79

1876

Tous droits réservés.

PRÉFACE

Les programmes officiels prescrivent l'enseignement géographique dans les petites classes des écoles primaires, même dans celles que nous aimons à appeler *classes d'initiation*. Mais sur ce point, comme sur plusieurs autres, grand est l'embarras des jeunes maîtres : les livres appropriés aux programmes font absolument défaut ; d'ailleurs, que serait le livre le mieux fait, aux mains d'enfants qui ne savent pas ou qui savent à peine lire, sinon un compagnon muet et mortellement ennuyeux ? Pour des auditeurs de cet ordre, il n'y a pas d'autres ressources que les entretiens familiers et le professorat direct. Mais, ici encore, il manque un guide pour diriger la marche et mesurer le travail quotidien ou hebdomadaire.

Nous avons longuement attendu que ce guide se produisît pour l'enseignement géographique des petites classes comme il s'était produit tout d'abord pour l'enseignement historique, grammatical, ou autre (1). Ne le voyant point

(1) *Histoire sainte* de M. l'abbé Bernard, *Histoire de France* de M. Hubault, *Grammaire* de M. Berger, *Lectures enfantines* de M. Pichard, etc.

apparaître, nous cherchons à le suppléer en publiant ces leçons que nous a seul inspirées notre vif désir de venir en aide aux maîtres dans une des parties les plus difficiles de leur tâche : l'enseignement de la géographie tel que semblent l'avoir entendu les auteurs des programmes, tel surtout que le comportent de tout petits enfants à peine sortis de la famille ou de la salle d'asile.

Nos amis savent combien, malgré les encouragements les plus bienveillants et les plus autorisés, nous avons hésité à faire cette publication, tant c'est à nos yeux encourir une responsabilité redoutable que d'engager les maîtres de nos écoles dans une voie encore peu frayée et pouvant, pour un motif ou pour un autre, aboutir à de graves mécomptes. Il n'a fallu rien moins que les essais tentés et les résultats obtenus dans plusieurs grands établissements pour nous rassurer et nous décider à faire un livre de ces leçons auxquelles un journal spécial a bien voulu d'abord ouvrir ses colonnes dans le but de leur faire subir une première épreuve (1).

Au reste, la méthode que nous cherchons à introduire dans l'enseignement géographique est vieille comme le monde. C'est celle que les mères emploient d'une manière inconsciente ; c'est celle par laquelle un philosophe de l'antiquité conduisait ses disciples à la découverte des vérités de l'ordre le plus élevé ; c'est, en un mot, la méthode *Socratique*, ayant pour accessoires obligés les procédés qui conviennent particulièrement à l'enfance.

Aussi croyons-nous ne pouvoir mieux faire que de donner pour prologue à notre ouvrage les lignes suivantes. Nos lecteurs y trouveront avec plaisir la méthode

(1) *Manuel général de l'instruction primaire*, année 1875-1876

dont il s'agit, définie et exposée précisément en vue de son application aux diverses matières de l'instruction primaire.

« La méthode socratique est celle qui a pour but d'éveiller, d'attirer, au moyen de questions et de réponses, l'attention de l'élève sur tel ou tel objet, et de l'amener à trouver par lui-même ce qu'on veut lui enseigner.

» Partant de notions simples, élémentaires et connues déjà, le maître, — par une série de questions progressives, bien posées et bien amenées, qui forcent l'enfant à réfléchir et à raisonner, — fait découvrir à ce dernier les vérités, les principes ou les faits qu'il ne connaissait pas encore et qu'il doit étudier. C'est une sorte de conversation, dans laquelle le maître profite des réponses mêmes des élèves pour leur poser de nouvelles questions et les conduire ainsi au but proposé, pas à pas, sans pour ainsi dire qu'ils s'en aperçoivent.

» A l'aide de cette méthode, dit M. Braün, l'instituteur découvre les idées encore latentes dans l'âme de l'enfant ; il les développe par des questions partielles, il les poursuit dans leurs derniers replis, il recherche avec adresse leurs plus insaisissables ramifications, il les coordonne, leur donne une forme rationnelle et les rend ainsi palpables à l'élève.

» Le nom de *Socratique*, donné à cette méthode d'*interrogation*, d'*investigation* ou d'*invention*, n'est pas tout à fait exact. Socrate s'entretenait avec des hommes faits, sachant beaucoup déjà, et les *conversations* qu'il avait avec eux roulaient toujours sur des questions élevées de philosophie ou de morale. Telle n'est pas, tant s'en faut, la situation de l'instituteur qui enseigne dans nos écoles primaires.

» Quoi qu'il en soit, nous conserverons ce nom sous lequel cette méthode est aujourd'hui généralement connue, et nous y comprendrons toutes les autres formes d enseignement, telles que la méthode catéchétique et la méthode euristique qui, s'appuyant sur les mêmes principes, ont aussi pour caractère distinctif de provoquer le travail personnel et réfléchi de l'élève, en le faisant intervenir dans l'exposition même des objets de l'enseignement.

» Afin de faciliter les recherches, les investigations de l'enfant, pour faire arriver plus vite et plus sûrement à son esprit, et aussi pour graver plus profondément dans sa mémoire les connaissances qu'il doit posséder, la méthode socratique fait appel à ses sens. Elle lui *montre*, toutes les fois que cela est possible, les choses dont elle lui parle ; et quand elle ne peut lui faire *voir* ainsi les objets eux-mêmes, elle met alors sous ses yeux leur représentation, leur *image*. Cette méthode emploie donc, comme élément d'étude, l'*intuition*, procédé d'enseignement très-efficace, que nous ne saurions trop recommander aux maîtres, mais dont on a voulu faire à tort une méthode spéciale, sous le nom de méthode *intuitive* ou de Pestalozzi.....

» La méthode d'interrogation offre moins de difficultés, selon nous, que la méthode dogmatique : elle exige cependant certaines qualités du maître ; elle lui impose certaines obligations.

» L'instituteur, d'abord, doit posséder très-bien son sujet. Il faut donc qu'il l'ait préparé sérieusement ; qu'il s'en soit assimilé toutes les parties ; qu'il le domine complétement. Pour cela, au début surtout, une préparation écrite lui est indispensable.

» Afin de bien rattacher ce qu'il veut exposer à ce que savent déjà les élèves, il faut qu'il se rappelle toujours l'objet des leçons antérieures, qu'il les résume lui-même et fasse reproduire ces résumés par les élèves, au commencement de chaque classe....

» Il aura soin, dans la disposition des diverses parties de sa leçon, de distinguer nettement les idées principales de celles qui n'ont qu'une importance secondaire, et il les classera, il les coordonnera toutes, de manière que les unes soient préparées, expliquées, provoquées en quelque sorte par les autres.

» Grâce à cette préparation consciencieuse, qui lui permettra de prévoir jusqu'à un certain point les réponses ou les objections des élèves, le maître ne courra risque ni de rester court, ni de s'égarer dans des développements inutiles ou étrangers au sujet ; ne perdant jamais de vue le but qu'il doit atteindre, il ne s'en laissera jamais détourner par les questions, intentionnelles ou non, que les élèves pourront lui adresser.....

» Préparée à l'avance, avec autant de conscience et de soin, ne peut-on craindre que l'exposition du maître ne devienne une récitation monotone et fatigante, par la régularité même et l'enchaînement systématique des questions ? Ne peut-on redouter une *catéchisation* froide et sèche ? Non. Les réponses des élèves sauront toujours donner à l'entretien socratique le caractère de spontanéité, l'entrain, l'imprévu et le mouvement qui constituent la vie d'une classe.

» Le maître, du reste, tout en suivant un plan méthodique, bien fixé à l'avance, ne s'interdira pas toute digression d'une façon absolue.

» Quand il verra, par exemple, que l'attention des élèves se fatigue, quand il s'apercevra que leur esprit, trop tendu, commence à ne plus le suivre dans ses raisonnements, ses inductions et ses déductions, un petit récit, une anecdote intéressante, amusante parfois, viendra suspendre la leçon, distraire et reposer les élèves, sans cesser de les instruire. Grâce à ce moment de repos, grâce à cette détente des facultés de l'élève, l'exposition pourra reprendre bientôt et se continuer sans fatigue pour le maître et sans effort de la part des enfants.

» Tout d'ailleurs doit concourir à rendre l'enseignement attrayant, vif et animé. Rien, sous ce rapport, n'est à négliger : l'extérieur même de l'instituteur, son attitude ne saurait être indifférente. La chaleur, la vivacité qu'il mettra dans son débit, la clarté, la propriété de son langage, et par-dessus tout le caractère d'utilité pratique qu'il saura donner à son enseignement par le choix des applications qu'il proposera aux élèves, soutiendront l'intérêt et l'attention chez ceux-ci. Il trouvera ensuite pour stimuler, pour exciter le travail personnel des enfants, un très-grand secours dans les procédés intuitifs. La première activité de l'esprit, dit encore Braün, est provoquée par les sens : l'intuition est donc le premier moyen, le moyen le plus rationnel d'activer le développement intellectuel.

» Une des principales difficultés que présente l'emploi de la méthode socratique, c'est le choix et la disposition des questions.

» La question *socratique* n'est pas la question ordinaire ayant pour but de s'assurer que l'élève a compris, appris et retenu ce qui lui a été expliqué ; cette question-là ne s'adresse qu'à la mémoire. La question socratique, elle, a pour objet de conduire, de provoquer, de pousser l'élève à la recherche d'une vérité, dont le principe, le fondement seul est dans son esprit, sans même, le plus souvent, qu'il en ait conscience. Ces sortes de questions constituent, avant tout, un exercice d'intelligence.

» Le talent de savoir bien poser les questions ne peut évidemment s'acquérir que par la pratique, et l'*exemple*, à ce sujet, vaut mieux que tous les préceptes (1). »

La lecture et la méditation de ces lignes écrites de main de maître tiendront lieu des conseils détaillés que nous pourrions donner sur la meilleure manière dont doivent être faites nos leçons de géographie. Disons seulement un mot de la marche générale que nous croyons propre à les rendre aussi fructueuses que possible. Elle est des plus simples.

Après s'être approprié chaque leçon par une lecture attentive, le maître la fait devant ses élèves, en la modifiant suivant les circonstances locales, suivant le temps et les ressources dont il dispose, et aussi suivant le degré de développement intellectuel de son auditoire. Quant au résumé par lequel il doit la terminer, ses élèves le retrouveront immédiatement dans la leçon correspondante du livret qui leur est spécialement destiné (2), et qui est

(1) M. Lenient, inspecteur primaire de la Seine, préfet des études et chargé du cours de pédagogie à l'École normale de Paris (*Journal des instituteurs*, 1876, n° 14).

(2) *Leçons de géographie* d'après les programmes du département de la Seine, *Cours élémentaire*, livret de l'élève (Hachette et Cie).

d'ailleurs reproduit à la fin de notre ouvrage. Ce résumé, qui est très-succinct et qui ne renferme que ce que la leçon développée contient de plus essentiel, devra être appris par cœur. Il formera la base des interrogations par lesquelles le maître aura soin de commencer la leçon suivante.

LEÇONS

DE

GÉOGRAPHIE

D'APRÈS LES

PROGRAMMES DU DÉPARTEMENT DE LA SEINE

COURS ÉLÉMENTAIRE

Le maître, dans cet enseignement comme dans tous les autres, doit procéder du connu à l'inconnu.

Par l'observation attentive des accidents géographiques que les enfants ont sous les yeux, autour de l'école, dans la commune, dans le département, il leur fait comprendre la signification exacte des différents termes de la nomenclature géographique.

Ce n'est qu'après ces démonstrations préliminaires très-simples qu'il passera à la démonstration, très-simple aussi, des points géographiques essentiels de la mappemonde, de l'Europe et de la France.

OCTOBRE

Préparation à l'étude de la géographie. — Ce qu'est une carte. — Tracer sur le tableau noir le plan de l'école, puis celui du quartier ou de la commune, et y faire voyager les élèves à l'aide de la baguette. — Montrer sur la carte du département et de la France les signes conventionnels à l'aide desquels on représente les villes, les cours d'eau, les montagnes, etc.

PREMIÈRE LEÇON.

Mes enfants, comment s'appelle le lieu où nous sommes? — L'école. — Non; l'école ce serait la maison tout entière, les trois salles de classe, mon logement, le préau, la cour, le jardin. — La troisième classe. — Justement, la salle de classe destinée aux plus jeunes élèves de l'école. Cette salle, cette classe est-elle bien grande? — Oh oui! — Sans doute, puisque 80 petits bonshommes comme vous peuvent y tenir sans être trop gênés. Est-elle bien longue? Paul, parcourez-la dans sa *longueur*. Bien. Maintenant, parcourez-la dans sa *largeur*. Mais c'est un voyage cela. — Est-elle plus longue que large? — Elle est plus longue. — Paul, donnez-nous le mètre. Est-elle plus longue que le mètre? — Oh! bien plus longue! — Combien de fois? Essayons... Elle a dix fois la longueur du mètre, elle est longue de 10 mètres; sa longueur est de 10 mètres. Sa largeur... Elle est de 8 mètres. Sa hauteur?... Ce serait une opération trop difficile; ne nous en occupons pas pour le moment. Contentons-nous de savoir que notre salle de classe est plus longue que large, qu'elle a 10 mètres de longueur et 8 mètres de largeur. Si elle était aussi large que longue, elle formerait un carré comme celui-ci... Mais elle est plus longue que large, elle forme un carré allongé, un rectangle, comme cela... Ce rectangle ressemble-t-il à notre salle de classe? Certainement; si nous ôtions les bancs, les tables, le bureau, le poêle, etc., et si nous regardions de la porte d'entrée, devant nous et vers la terre, nous apercevrions une *surface* bien plus grande que celle-ci, mais qui lui ressemblerait. Cette ligne, c'est le mur de droite; celle-ci, le mur de gauche; cette autre, le mur de fond; cette autre encore, le mur qui est là devant moi. Ainsi, ce rectangle représente notre salle de classe. Seulement il est bien plus petit; voyez, le mur de 10 mètres n'a plus ici que 30 centimètres; ce mur de 8 mètres n'a plus, à son tour, que 24 centimètres.

Pourtant, si petite que soit devenue notre salle de classe, nous allons tâcher d'y placer tout ce qu'elle contient. Que faut-il y mettre d'abord? — Le bureau. — Bien; nous allons représenter le bureau par ce petit carré; il faut le mettre bien près de la ligne qui représente le mur près duquel il se trouve. Et ensuite? — Les tables. — Bien encore; comment sont placées les tables? — A la suite les unes des autres, sur deux rangs, avec un espace au milieu. — Dans quel sens? Dans le sens de la longueur ou dans le sens de la largeur? — Dans le sens de la largeur. — Évidemment, dans le sens du mur du fond et de celui-ci; elles sont *parallèles* entre elles et à ces deux murs. Combien y en a-t-il? Paul, comptez-les. — Il y en a 8 à droite et 8 à gauche. — — Bien, nous allons les représenter par 8 lignes tracées ainsi à droite et à gauche, par 8 lignes parallèles entre elles et aux murs. Avons-nous oublié quelque chose? — Oh! bien des choses : le bureau du moniteur, le poêle, les cartes, l'horloge, les fenêtres, la porte... — N'allons pas si vite. Nous n'entendons représenter que la *surface* de notre salle de classe; nous ne pouvons donc indiquer la place que des objets qui touchent par terre. Nous ne pouvons pas représenter l'horloge, les fenêtres, le crucifix, les cartes, le tuyau du poêle. Mais nous pouvons indiquer la place du bureau du moniteur par un petit carré. Où faut-il le placer? — Tout près du petit carré qui représente votre bureau. — Pourquoi? — Parce que le bureau du moniteur touche presque le vôtre. — Et le poêle, où faut-il indiquer sa place? — Tout en bas. — Pourquoi? — Parce que le poêle est là-bas, tout près du mur du fond. — Mieux que cela; il est dans une *niche* que nous allons figurer par une courbe, comme cela, et tracer là un petit carré qui sera le poêle. Et la porte, où est-elle? Là-bas aussi. — Oui, elle est presque à la rencontre du mur de gauche et du mur du fond, presque dans l'*angle*. Voyez-vous comment nous pourrons la figurer? Le mur de gauche est-il interrompu? — Oui; il laisse un espace vide. — Eh bien, nous allons effacer une partie de la ligne d'en bas, près de cet angle, afin que vous puissiez entrer dans votre salle de classe.

Mes enfants, qu'est-ce que nous venons de faire là? — Notre classe. — Non, mais quelque chose qui la représente. Qu'est-ce que nous représentent ces lignes? — Notre classe. — Eh bien, quand on représente ainsi par des lignes une salle, on fait le PLAN de cette salle. Allons, qu'est-ce que ce plan? — Le plan de notre classe. — Paul, venez me montrer le mur de droite, le mur de gauche, le mur du fond, le mur qui est là tout près de moi. Pierre, montrez-moi la place de mon bureau, celle du bureau du moniteur, celle du poêle, celle de la porte. Michel, venez me montrer votre place. — Ici, monsieur, à la cinquième table de droite, au milieu..., etc.

Voilà tout effacé. Qui veut venir refaire le plan de notre salle de classe?..... Qui est-ce qui pourrait nous tracer le plan de la chambrette où il couche?... Personne? Eh bien, demain, vous aurez bien observé votre chambrette, et je donnerai des bons points à ceux qui pourront nous la représenter, nous en faire le plan... Pour aujourd'hui, que chacun tâche de faire sur son ardoise le plan que je vais tracer de nouveau au tableau noir.

DEUXIÈME LEÇON.

Mes enfants, regardez bien ce que je viens de tracer sur le tableau; qu'est-ce? — Le plan de la salle de classe. — Vous le reconnaissez; notre salle de classe forme-t-elle un carré parfait? — Non, car elle est plus longue que large; vous nous avez dit qu'elle formait un carré long, un rectangle. — Eh bien, ce carré long, comme vous dites, que représente-t-il? — La salle de classe. — Tout entière, telle qu'elle est réellement, avec sa longueur, sa largeur, sa hauteur? — Non, sa surface seulement, avec la longueur et la largeur. — Les plans, les plans *par terre* du moins, ne représentent que des surfaces comme celle que vous foulez aux pieds en ce moment.

Cette salle de classe est-elle toute l'école? — Non, elle n'en est qu'une partie, la petite classe; il manque la moyenne classe et la grande. — Quoi encore? — Le logement, le préau, la cour, le jardin. — Pour avoir la représentation complète, le plan complet de l'école, il faudrait donc ajouter tout ce que vous venez de dire. Mais auparavant, Paul, allez dans la cour, regardez au haut, tout à fait au haut de la maison, sur le toit, et revenez nous dire ce que vous aurez vu... Eh bien! qu'avez-vous vu? — Les cheminées. — Et encore? — La girouette. — Non, mais une tige de fer traversée par des flèches qui forment une croix comme cela. A chacune des quatre extrémités, il y a une lettre, en tout quatre lettres; allez voir lesquelles..... — Il y a un N par là, un S vis-à-vis, un E à droite et un O à gauche. — Comme cela? — Justement. — Alors l'N est de ce côté, du côté du mur que nous avons devant nous, l'S du côté du mur du fond de la classe, l'E du côté du mur de droite, et, enfin, l'O du côté du mur de gauche. En ce cas, nous allons mettre, sur notre plan, l'N ici, l'S là, l'E à droite, l'O à gauche. L'N, mes enfants, veut dire *nord*, l'S, *sud*, l'E, *est*, l'O, *ouest;* écrivons ces mots tout entiers et retenez-les bien : nord, sud, est, ouest. Maintenant pourquoi a-t-on mis l'N par là? Vous allez le voir.

Prenez cette petite boîte recouverte d'un verre; passez-vous-la de main en main; regardez bien dedans. Vous y voyez une petite aiguille tremblotante qui se meut sur son pivot; si vous faites tourner la boîte, elle reprend toujours la même position; tenez, elle se dirige toujours vers moi... Rendez-moi ma boîte. Vous avez bien vu, bien constaté que la petite aiguille se tourne par ici, du côté où il y a un N sur la girouette qu'est allé voir Paul, et aussi du côté où, le soir, vous verriez, dans le ciel, une étoile qui est toujours à la même place. Ce côté, ce point du ciel vers lequel se tourne toujours la petite aiguille, où se trouve l'étoile dont je viens de parler, on l'a appelé le *nord*. Le point qui est vis-à-vis, on l'a appelé le *sud;* le point qui est à droite, celui où le soleil se lève, on l'a appelé l'*est*, le *levant* ou l'*orient;* le point qui est vis-à-vis, à gauche, celui où le soleil se couche, on l'a appelé l'*ouest*, le *couchant* ou l'*occident*. Écrivons tous ces mots. Cela nous fait quatre points à retenir, quatre points essentiels, qu'on a appelés *cardinaux*. Jules, combien y a-t-il de points cardinaux? — Quatre. — Nommez-les. — Le nord, le sud, l'est, l'ouest. — Disons cela ensemble : il y a quatre points cardinaux : le nord, le sud, l'est et l'ouest. Encore une fois... Sur notre plan, où est le nord? — En haut. — Le sud? — En bas. — L'est ou l'orient? — A droite. — L'ouest ou l'occident? — A gauche. — Alors ce côté-ci de la classe et cette ligne qui le représente, où sont-ils? — Au nord. — Ceux-ci? — Au sud. — Ceux-ci? — A l'est ou à l'*orient*. — Ceux-ci? — A l'ouest ou au *couchant*. — Paul, quittez votre place et dirigez-vous vers le nord, vers le sud, vers l'est, vers l'ouest. Sur notre plan, placez la craie à l'endroit où se trouve votre place ; dirigez-la vers le nord, vers le sud, vers l'est, vers l'ouest.

Continuons notre plan. Paul, si de votre place vous vous dirigiez vers le nord, que rencontreriez-vous? — Le mur qui est près de vous. Imaginez que vous traversez le mur, que rencontrez-vous? — Votre logement. — Alors, sur notre plan, où faut-il figurer mon logement? — Au nord, en haut. — Quelle est la première pièce qui se présente? — Votre cuisine. — Après? — Le vestibule. — Après ? Votre cabinet. — Après encore? — La remise pour la pompe. — Pouvons-nous figurer tout cela? — Oui, en traçant des lignes comme nous l'avons fait pour la classe. — Voilà qui est fait. Vers quel point cardinal se trouvent toutes ces pièces par rapport à notre salle de classe? — Vers le nord. — Et notre salle de classe, par rapport à ces pièces? — Vers le sud. — Jules, quittez votre place et dirigez-vous vers le mur qui est à ma gauche : vers quel point cardinal marchez-vous? — Vers l'ouest, vers le point où le soleil se couche, vers l'occident ou le couchant, par conséquent. — Si vous traversiez le mur, que rencontreriez-vous? — La cour. — Après? — Le hangar qui nous sert de préau couvert. — Après encore? — Le jardin. — Pouvons-nous figurer tout cela? — Oui, en traçant des lignes, comme nous l'avons fait pour la classe. — C'est fait; mais vers quel point cardinal se trouvent la cour, le préau et le jardin que je viens de tracer? — Vers l'ouest ou le couchant. — Sans doute, et c'est pour cela que je les ai placés sur la gauche de notre salle de classe. — Vers quel point cardinal se trouve tout cela par rapport à notre salle de classe? — Vers l'ouest. — Et notre salle de classe par rapport à tout cela? — Vers l'est, le levant ou l'orient.

Michel, quittez votre place et dirigez-vous vers le mur du fond. — Vers quel point cardinal vous dirigez-vous ? Vers le sud. — Si vous traversiez le mur, que rencontreriez-vous? — La classe moyenne. — Et après? — La classe supérieure. — Et encore plus loin? — Les champs, et d'abord le champ du père Charlot. — Pouvons-nous figurer tout cela? — Oui, en traçant des lignes comme nous l'avons fait pour la classe. — De quel côté de notre plan faut-il tracer ces lignes? — Vers le bas, c'est-à-dire vers le sud. — Voilà qui est fait aussi. Vers quel point cardinal se trouvent les autres classes et le champ du père Charlot par rapport à notre classe? — Vers le sud. — Et notre classe par rapport à tout cela? — Vers le nord.

Voilà notre plan singulièrement agrandi. Est-ce maintenant le plan de notre classe seulement? — Non, c'est le plan de l'école tout entière, le plan de l'école et de ses dépendances. — Qu'est-ce qu'un plan? — C'est la représentation, au moyen de lignes, de la surface occupée par une salle, par un bâtiment, par une maison et ses dépendances. — Disons cela plusieurs fois : Un plan est...

Combien de points cardinaux?... Lequel est le plus important à connaître ? — Le nord? — De quel côté est-il toujours? — Du côté vers lequel se tourne l'aiguille de votre boîte. — Mes enfants, cette aiguille est une *aiguille aimantée :* ma boîte et son aiguille forment une *boussole;* on vous parlera de cela plus tard. — De quel côté encore est le nord? — Du côté du ciel où se trouve une étoile qui ne change pas de place. — Mes enfants, cette étoile s'appelle l'étoile *polaire*. Je tâcherai de la faire reconnaître ce soir à ceux qui voudront bien venir me voir. Quand on regarde cette étoile, qu'est-ce qu'on a à sa droite? — L'est, l'orient ou le levant, c'est-à-dire le côté où le soleil se lève. — Qu'est-ce qu'on a à sa gauche? — L'ouest, l'occident ou le couchant, c'est-à-dire le côté où le soleil se couche. — Derrière soi? — Le sud, le point opposé au nord. — Quand on n'a point de boussole et qu'on ne voit point les étoiles, comment peut-on découvrir le nord? — En se plaçant de manière à avoir à sa droite le côté où le soleil se lève, l'*orient*. Alors qu'a-t-on devant soi? — Le nord. — Derrière soi? — Le sud. — A sa gauche? — L'ouest, l'occident ou le couchant. — A sa droite? — L'est, le levant ou l'*orient*. — Qu'est-ce qui nous a permis de découvrir ainsi, sans boussole et sans étoiles, les quatre points cardinaux? — L'orient. — C'est pour cela que chercher ainsi les quatre points cardinaux s'appelle *s'orienter*. Qu'est-ce que s'orienter? — C'est chercher la place des quatre points cardinaux en mettant l'*orient* à sa droite; c'est, d'une manière générale, chercher les quatre points cardinaux.

Ainsi, mes enfants, vous savez, et vous retiendrez bien tout cela, ce que c'est qu'un plan, combien il y a de points cardinaux, et ce qu'on appelle s'orienter.

TROISIÈME LEÇON.

Mes enfants, nous savons ce que c'est qu'un PLAN. Retraçons celui de notre école : voici notre classe, les autres classes au S., mon logement au N., la cour et le jardin à l'O. Et à l'E., au delà de ce mur de droite, qu'y a-t-il? — La place de la Mairie. — Et au delà encore, juste vis-à-vis l'école? — La mairie elle-même. — Ainsi la mairie est à l'E. par rapport à nous; pour s'y rendre directement d'ici, il faut marcher vers l'E. Mais l'église, où est-elle? — Sur la place aussi. — Oui, sur la place, à gauche de la mairie et assez loin. L'école des filles et la salle d'asile, où sont-elles? — Encore sur la place, mais à droite de la mairie et aussi à une certaine distance. — Ajoutons tout cela à notre plan : ce carré sera la place, ce rectangle la mairie, ces rectangles croisés l'église, cet autre rectangle l'école des filles et l'asile. Représentons par une ligne le chemin qui nous mènerait d'ici tout droit à la mairie, par une autre celui qui nous mènerait à l'église, par une autre encore celui qui nous mènerait à l'asile. Dans quel sens vont ces lignes ou ces chemins? — Le chemin de la mairie va vers l'E. —.Et celui de l'église, va-t-il vers l'E. aussi ? — Non, monsieur, pas tout à fait. — Va-t-il vers le N. ? — Pas tout à fait non plus. — Alors par où va-t-il donc ? Quelle est sa direction ? — Ni vers le N., ni vers l'E., mais vers un point qui est entre les deux. — Bien, mes enfants ; vous remarquez qu'entre le nord et l'est, il y a un point *intermédiaire;* de même entre le S. et l'E., entre le N. et l'O., entre le S. et l'O. Ces points intermédiaires, il faut leur donner des noms : nous appellerons nord-est (N. E.) celui qui est entre le N. et l'E. ; sud-est (S. E.), celui qui est entre le S. et l'E., et les deux autres, nord-ouest (N. O.), et sud-ouest (S. O.). Tout cela ne me paraît pas difficile à retenir : il y a quatre points cardinaux : le N., le S., l'E. et l'O. ; quatre points intermédiaires : le N. E. et le S. E., le N. O. et le S. O. ; répétons cela ensemble : il y a...

Nous sommes maintenant en mesure de reconnaître la position, par rapport à l'école, non-seulement de la mairie, mais aussi de l'église et de la salle d'asile. Paul, déterminez cette position. — La mairie est à l'E. de l'école, l'église au N. E., l'asile au S. E. — Désignez un monument qui soit au N. O. — L'hospice. — Au S. O. — La fabrique. — C'est bien ; quatre points cardinaux, quatre points intermédiaires, voilà des connaissances qui nous seront fort utiles dans nos voyages de tout à l'heure.

Mais, avant de les entreprendre, continuons notre plan; ajoutons la rue de l'Église, qui longe, à l'ouest, le champ du père Charlot, la cour et le jardin de l'école, puis mon logement, pour aboutir à la place. Figurons-la par deux lignes parallèles, représentant le pied des maisons ou les trottoirs qui la bordent... Nous voilà arrêtés : notre tableau noir est trop petit. Et pourtant notre plan n'est pas fini ; je voulais y ajouter tout le quartier, tout le village, toute la commune. Comment faire ? Paul, trouvez-moi quelque moyen de sortir d'embarras ? — Monsieur, quand mon mouchoir est trop gros pour pénétrer dans ma poche, je le comprime de mon mieux, je viens à bout de lui donner moins de volume, et de le faire entrer. — Très-bien; je comprends votre pensée : pour que notre plan, celui que nous avons l'intention de faire, tienne sur le tableau, il faut le rapetisser en quelque sorte, diminuer l'étendue de chaque partie, faire l'école, la place, etc., beaucoup plus petites. Voyons : ce tout petit rectangle serait l'école, ce petit carré la place, ces tout petits rectangles l'église, la mairie, la salle d'asile... Eh mais! cela est fait d'avance. Paul, allez chercher un gros rouleau qui est sur la table de mon cabinet. Le voici ; déroulons-le sur le tableau noir. Qu'est-ce cela, mes enfants?... Lisons ce qui est écrit en haut en grosses lettres : PLAN DE LA COMMUNE DE SAINT-SIGISMOND... c'est-à-dire la représentation de notre commune par des lignes et autres signes convenus d'avance. Ces espaces blancs, allongés et resserrés par deux lignes, ce sont nos rues ou nos chemins. Ces autres espaces blancs, plus étendus et aussi enfermés par des lignes, ce sont nos places. Ces sortes de pâtés plus ou moins alignés, plus ou moins isolés, ce sont les maisons de notre bourg ou de nos hameaux. Ce tout petit rectangle barbouillé de noir, situé à peu près au centre, près de cette place, c'est... — L'école! — Cet autre en face? — La mairie! — Cette sorte de croix arrondie à l'une de ses extrémités? — L'église! — Ces deux lignes si rapprochées qu'elles se confondent presque et qui aboutissent à la place de la mairie? — La rue de l'Église! — Très-bien; nous voilà avec des points de repère, des points où nous nous retrouverons toujours, si nous venions à nous égarer dans les excursions que nous allons faire. Mais, avant tout, orientons-nous. Où doit être l'orient ou l'E., sur notre plan communal? — A droite. — Le N.? — En haut. — Le S.? — En bas. — L'O.? — A gauche. — Le N. E.? — Entre le N. et l'E. — Le N. O.?... Le S. E.?... Le S. O?...

Voyageons maintenant, en partant de chez nous. Suivez bien ma baguette. De quel côté se dirige-t-elle? — Vers le N. — En effet, et elle s'arrête là sur un espace semé de petites croix ; devinez-vous ce que c'est ? — Le cimetière. — Eh oui, le cimetière où reposent les corps de nos grands-parents pendant que leurs âmes sont avec Dieu. Où est le cimetière par rapport à l'école et à la commune elle-même ? — Au N. — L'école et le reste de la commune par rapport au cimetière ? — Au S. — Et maintenant, de quel côté se dirige ma baguette ? — Vers le S. — Qui d'entre vous habite par là, dans le quartier de la Plaine ? — Moi, monsieur. Eh bien ! pour venir à l'école, de quel côté vous dirigez-vous ? — Vers le N. — Et pour retourner dans votre famille ? — Vers le S...

Mes enfants, vous n'êtes pas tous de Saint-Sigismond. Je vois là trois petits pensionnaires ; l'un est de Marcilly, l'autre de Saint-Péray, le troisième du Gault. Ces trois communes ne sont pas éloignées. Tenez, voici, sur notre plan, Marcilly indiqué au N., Saint-Péray à l'O., le Gault au S. Ces communes sont à peu près aussi grandes que la nôtre. On a fait sans doute le plan de chacune d'elles. Pourrait-on facilement ajouter ces plans au nôtre ? — Non, monsieur, ce serait trop grand ; le mur entier n'y suffirait pas. — Sans doute, et ce serait bien autre chose si on voulait y ajouter toutes les communes voisines, puis toutes les communes éloignées. Alors qu'a-t-on fait pour pouvoir mettre sous vos yeux un grand nombre de communes ? On a fait un plan extrêmement réduit du canton, du département, de la France. Seulement ces plans, si réduits qu'une commune, qu'une ville, n'y sont plus figurées que par un rond comme celui-ci, un département par un petit espace enfermé dans une suite de points, comme cela, changent de nom ; ce ne sont plus des plans, mais des CARTES. Tenez, voici la carte du canton que vos camarades plus âgés ont faite l'année dernière ; notre commune de Saint-Sigismond n'y occupe qu'une place bien minime, comme vous voyez. Voici la carte de notre département ; Saint-Sigismond n'y est plus représenté que par ce petit rond. Voici la carte de France ; Saint-Sigismond n'y figure plus du tout ; on n'y trouve plus guère que des ronds indiquant les grandes villes, et des espaces coloriés indiquant les départements.

Ainsi, tandis qu'un plan est la représentation d'un monument, d'une place, d'une propriété, d'un village, une carte est la représentation d'un canton, d'un département, d'un pays tout entier. On dit : le *plan* d'une école, d'une commune, etc. ; mais on dit : la *carte* d'un canton, d'un département, de la France. Une carte est bien une sorte de plan, mais un plan embrassant une importante étendue de pays, où l'on ne peut, par conséquent, figurer que les choses les plus essentielles, en négligeant les petits détails que nous avons trouvés tout à l'heure sur le plan de notre commune.

Du reste, sur une carte comme sur un plan, le N. est en haut, le S. en bas, l'E. à droite et l'O. à gauche.

Allons, si vous m'avez bien écouté, vous savez vous orienter ici, dans la rue, sur une carte ; vous connaissez bien les quatre points cardinaux, de même que les quatre autres points intermédiaires ; vous reconnaissez une carte à première vue, et vous n'êtes pas embarrassés pour vous y diriger vers le N., vers le S., vers l'E., etc. Vous êtes déjà très-forts sur une science qu'on appelle la GÉOGRAPHIE.

QUATRIÈME LEÇON.

Mes enfants, nous allons continuer nos petites leçons de géographie. Mais, avant d'aller plus loin, voyons si vous avez retenu quelque chose de nos entretiens précédents. Qu'est-ce qu'un plan? — La représentation par des lignes et par des signes convenus d'une maison, d'un monument, d'une propriété, d'une commune, etc. — Et une carte? — La représentation aussi par des lignes et par des signes convenus d'un pays de quelque étendue. Qu'avons-nous tracé tout d'abord sur le tableau noir? — Le plan de notre classe, puis celui de l'école et de ce qui l'environne. — Quelle est la carte qui est là, appendue à la muraille? — La carte de France. — Sur une carte, où est le N. ? — En haut. — Qu'est-ce que cela veut dire ? — Que les pays qui sont figurés en haut de la carte sont au N. — Par rapport à quoi? — Par rapport aux pays qui sont figurés au milieu ou en bas. — Qu'est-ce à dire que ces pays sont au N.? — C'est-à-dire que ces pays sont situés du côté vers lequel se tourne l'aiguille de la boussole, du côté où l'on aperçoit, dans le ciel, l'étoile polaire. — Sur cette même carte, où se trouve le S.?..... l'E.?..... l'O.?..... le N. E.?.... le N. O.?.... le S. E.?.... le S. O.?....

Maintenant, revenons au petit pays que nous habitons, à notre commune, à Saint-Sigismond. Quand vous le parcourez, qu'y voyez-vous? — Des maisons. — Des rues. — Des places. — Une église. — Une mairie. — Des écoles.... — Et au dehors, dans la campagne? — Des champs. — Des vignes. — Des bois....

Nous allons y trouver bien d'autres choses que vous oubliez. Maurice, où demeurez-vous? — Au Moulin-à-Vent. — En effet, et votre maison s'aperçoit de très-loin; pourriez-vous me dire pourquoi? — Parce qu'elle est située sur une hauteur. — N'y a-t-il que cette hauteur dans le pays? — Il y en a d'autres encore à droite et à gauche : Rougemont où demeure mon oncle, Bellevue où demeure M. le maire. — Et, pour venir à l'école, quel trajet faites-vous? — Je descends la côte, je traverse la vallée, et je remonte vers le bourg. — Sur quoi passez-vous dans la vallée? — Sur un pont. — Pourquoi un pont? — Parce qu'il y a la rivière. — Où coule la rivière? — Dans le bas, dans la vallée, entre les hauteurs qui sont à droite et à gauche. — Vous, Paul, où demeurez-vous? — Dans la plaine, sur la chaussée du Grand-Étang...

Des hauteurs, une vallée, une rivière, une plaine, un étang..., voilà, mes enfants, des choses bien importantes que vous oubliiez tout à l'heure. Parlons un peu de ces choses, et d'abord des hauteurs et des vallées.

Ainsi, notre pays n'est pas entièrement uni et plat comme la plaine où habite Paul. On y trouve des hauts et des bas, des reliefs et des dépressions, des hauteurs et des vallées. Il en est de même à peu près partout; il est bien difficile de faire un voyage un peu long sans rencontrer ces *accidents de terrain*, des hauteurs plus ou moins considérables, des vallées plus ou moins profondes. Maurice, quand vous arrivez au Moulin-à-Vent, si le temps est beau, n'apercevez-vous rien devant vous et dans le lointain? — Si, monsieur, j'aperçois comme un grand rideau bleu dentelé; papa dit que ce sont les collines du Nivernais et les monts du Morvan. — Et que croyez-vous que soient ces collines ou ces monts? — Des hauteurs bien plus élevées que celle où nous demeurons. — C'est bien cela; les hauteurs s'appellent des *collines*, des *monts* ou *montagnes*, selon leur degré d'élévation. Dans notre pays, les hauteurs sont à peine des collines; celles que Paul voit de chez lui sont de vraies collines et même des montagnes. Il y a des montagnes si élevées que leur *sommet* se perd dans les nuages... Regardez les hauteurs que je trace sur le tableau noir : celles-ci ne sont que des collines; celles-là sont des montagnes; entre elles, vous voyez des abaissements; ce sont les *vallées*. De plus, remarquez qu'elles se suivent, qu'elles se tiennent les unes aux autres comme les anneaux de ma chaîne de montre. C'est en général comme cela qu'elles se présentent, et de là vient qu'on dit une *chaîne* de montagnes pour indiquer une suite de montagnes, des montagnes qui se succèdent en se tenant en quelque sorte par leur pied, par leur base.

Des *montagnes*, des *chaînes* de montagnes, il y en a beaucoup sur la terre. Il a fallu trouver un moyen de les représenter sur les cartes; on a eu recours à ces suites de lignes, ou plutôt de traits plus ou moins rapprochés et plus ou moins foncés, qui,. sur les cartes, ressemblent assez à des chenilles courant dans tous les sens. Tenez, sur notre carte de France, voici une chaîne de montagnes; en voici une autre... Paul, qu'est-ce qu'une montagne?... Qu'est-ce qu'une chaîne de montagnes?... Montrez-moi une chaîne de montagnes sur la carte de France?... Dans quel sens va-t-elle?... Occupons-nous maintenant de notre rivière et de notre étang.

Il n'y a donc pas, dans notre pays, que de la terre sèche,

de la terre ferme, de la terre sur laquelle on peut marcher? — Non, monsieur, il y a aussi de l'eau dans la rivière et dans l'étang. — Voyez-vous une différence entre l'eau de la rivière et celle de l'étang?... Il y en a une bien grande : l'eau de la rivière *coule*, c'est de l'*eau courante;* elle forme un *cours d'eau*. L'eau de l'étang, au contraire, reste à la même place; quand le vent ne l'agite pas un peu, elle est unie comme une glace; on dirait qu'elle *dort :* c'est de l'eau *stagnante* ou *dormante*. Il y a aussi sur la terre bien des *cours d'eau*, et autrement larges et profonds que notre rivière, auprès desquels notre prétendue rivière n'est qu'un tout petit cours d'eau, un *ruisseau*. Il a fallu les représenter sur les cartes. Maurice, avez-vous jamais vu un serpent? — Non, monsieur. — Avez-vous vu au moins des couleuvres? — Bien des fois, en traversant la vallée. — En fuyant devant vous, suivaient-elles une ligne droite? — Oh non! elles faisaient des zigzags. — Pas tout à fait, mais elles décrivaient des courbes, des sinuosités, à la manière du serpent que je vais dessiner sur le tableau... — Oui, monsieur, tout à fait comme cela. — Eh bien, quand de votre hauteur du Moulin-à-Vent, vous suivez de l'œil la vallée où coule la rivière, est-ce que vous la voyez droite et régulière comme cette ligne?... Est-ce que la rivière ne vous paraît pas au contraire décrire, en la suivant, des zigzags, des sinuosités, comme mon serpent? — Si, monsieur. — Est-ce que encore elle ne devient pas plus large au fur et à mesure qu'elle s'éloigne du bois de Charnes où elle commence, où elle prend sa source, toujours comme mon serpent, dont le corps va en grossissant à partir de la queue? — Si, monsieur. — Eh bien, regardez maintenant sur la carte de France, et devinez comment on a pu représenter les cours d'eau semblables à notre rivière. — C'est sans doute par ces grandes lignes qui ne sont qu'un délié en commençant, qui grossissent peu à peu, vont tantôt dans un sens, tantôt dans un autre, et semblent couvrir la carte d'une infinité de serpents. — Justement. Tenez, suivons cette ligne; elle commence là, dans des montagnes, par un délié, puis, en grossissant, elle se dirige vers le N. O., puis vers le S. O., puis à peu près vers l'O. Là, elle décrit les zigzags les plus capricieux, elle *serpente :* elle devient très-grosse et enfin elle se perd... nous dirons plus tard dans quoi. Cette ligne représente un grand cours d'eau qu'on appelle la *Seine.* Allons, montrez-moi d'autres cours d'eau et suivez-les du commencement à la fin... la Loire qui commence ici... la Garonne qui commence là...

A notre étang, maintenant. C'est une étendue d'eau qui ne coule pas, *stagnante* ou *dormante*, avons-nous dit. Mes enfants, il y a sur la terre des étendues d'eau bien autrement considérables : il y a des *lacs* si grands que notre pauvre petit étang ne paraîtrait qu'une mare ou une flaque d'eau auprès; il y a surtout une étendue d'eau si vaste qu'elle couvre les trois quarts de la terre, et qui s'appelle la *mer*, ou bien l'*océan*... Il a fallu encore représenter ces étendues d'eau, les lacs, et surtout la mer, sur les cartes. Voyons comment on l'a fait sur une carte de France : car il y a des lacs en France et dans le voisinage, et la France est entourée en grande partie par la mer. Tenez, voici un lac, le lac de Genève; il est limité par une ligne courbe irrégulière; traçons-la... Puis, l'espace que cette ligne renferme est traversé par une foule de petites lignes qui y font comme de l'ombre.

Voici un autre lac, le lac de Grandlieu, plus petit que le premier; voici de simples étangs dans le genre du nôtre... Mais, attention! Voici la mer... à l'O... au S. E. Ces longues lignes irrégulières et très-accentuées marquent ses bords, ses rivages, ses *côtes*, retenez bien ce mot. Les côtes sont seules ombrées ou coloriées; plus loin on a laissé l'espace en blanc, pour marquer qu'il n'y a rien, ou plutôt qu'il n'y a que de l'eau... Maurice, montrez-nous, sur la carte de France, un lac?... Encore un autre lac?... un étang? François, prenez la baguette; suivez les côtes de la mer, à l'O... au S. E...

Mes chers petits, si vous m'avez bien suivi, vous savez ce que c'est qu'une carte; vous savez vous y diriger et y lire quelque peu, par exemple y distinguer les montagnes, les cours d'eau, les lacs, la mer. De plus, vous vous faites une idée de ce qu'on trouve à la surface de notre globe, et vous comprenez pourquoi on définit la géographie : *la description de la surface de la terre.*

NOVEMBRE

Nomenclature géographique. — Montrer, sur la carte du département et celle de la France, les principaux accidents répondant aux termes de la nomenclature géographique : montagne, chaîne de montagnes, plateau, vallée, lac, fleuve, rivière, cap, île, presqu'île, mer, golfe, détroit.

PREMIÈRE LEÇON.

Mes enfants, nous allons continuer en novembre les études de géographie que nous avons commencées en octobre.

La géographie, nous le savons, est la description de la surface de la terre.

Sans sortir de notre petit pays de Saint-Sigismond, nous avons vu que la surface de la terre n'est pas partout la même ; qu'on y trouve des *accidents de terrain* fort divers, des plaines ou pays plats, des reliefs ou hauteurs, des dépressions ou vallées ; qu'en outre il n'y a pas que de la terre sèche ou ferme, où l'on peut marcher, bâtir, labourer, etc., mais qu'il y a aussi de l'eau, de l'eau qui coule comme notre rivière, ou de l'eau qui semble dormir comme notre étang.

Nous avons appelé *collines*, *monts* ou *montagnes*, selon leur degré d'élévation, les reliefs ou hauteurs ; *chaînes de montagnes*, les montagnes qui se suivent ou se tiennent comme les anneaux d'une chaîne ; *vallées*, les abaissements du sol qui se trouvent au pied des montagnes ou entre les chaînes de montagnes ; *cours d'eau*, l'eau qui coule ; *étang*, une petite étendue d'eau dormante ; *lac*, une étendue d'eau plus considérable ; enfin, *mer* ou *océan*, cette immense étendue d'eau amère et salée qui couvre, avons-nous dit, les trois quarts de la terre.

Nous avons même appris à reconnaître sur une carte, sur notre carte de France, par exemple, les montagnes, les cours d'eau, la mer avec ses bords ou *côtes*. Paul, prenez la baguette et montrez-nous, sur la carte de France, des montagnes... des cours d'eau... un lac... la mer. Suivez les côtes de la mer qui est à l'O., de la mer qui est au S. E.

Il faut que je vous entretienne encore une fois des montagnes et des vallées, des cours d'eau et de la mer.

Maurice, qu'est-ce que je viens de tracer sur le tableau noir? — Une montagne. — En voici même plusieurs qui se suivent et se tiennent; que forment-elles? — Une chaîne. — Qu'y a-t-il entre elles? — Des vallées. — Vraiment oui, des vallées, et remarquez qu'il y en a de très-profondes et de très-étroites. Remarquez, en outre, que ma chaîne de montagnes s'interrompt en quelque sorte ici, pour recommencer plus loin; que, parmi mes montagnes, il y en a qu'il ne serait pas facile de gravir et qui se terminent en pointe, tandis que d'autres ont leurs pentes plus douces et leur sommet arrondi. Tenez, en voici même une qui fume comme la cheminée de la fabrique. J'en ajoute encore d'autres plus ou moins élevées... le tableau en est couvert... Est-ce encore simplement une chaîne de montagnes?... Non; maintenant, c'est un groupe de montagnes; un *massif* ressemblant assez aux massifs d'arbres et d'arbustes que vous avez vus dans le jardin de M. le maire. Causons un peu sur tout cela.

Une montagne, cela est entendu, est une hauteur, une masse de terre s'élevant au-dessus du terrain qui l'environne. Mais, comme quelquefois la montagne est composée de pierres énormes qu'on appelle des *rochers*, nous pouvons dire qu'*une montagne est une masse de terre ou de rochers, qui s'élève au-dessus des terrains environnants*. Répétons ensemble : *Une montagne est...*

Mes montagnes, vous le voyez, ont leur *pied* ou base, qui est leur partie la plus basse; leur *sommet*, qui est leur partie la plus élevée; leurs *flancs* ou *pentes*, plus ou moins escarpés, plus ou moins difficiles à gravir, qui vont de la base au sommet. Leur sommet est tantôt arrondi comme un *dôme*, une voûte ou un *ballon*, et tantôt terminé en pointe comme un pain de sucre. Dans ce dernier cas, la montagne prend le nom de *pic*. Ambroise, lisez ces mots que je vois écrits sur la carte de France, au milieu de ces ombres qui nous indiquent des montagnes. — Puy-de-Dôme... Monts Dômes... Ballon d'Alsace. — A quoi ces mots vous font-ils penser? — A des montagnes dont le sommet est arrondi. — Et ceux-ci que je vois ailleurs : Pic du Midi de Bigorre... Pic du Midi de Pau...? — A des *pics*, à des montagnes terminées en pointe. — Qu'est-ce que vous appellerez *pic* en géographie? — *Une montagne terminée en pointe.*

Parmi mes montagnes encore, vous en remarquez au-dessus desquelles j'ai dessiné des tourbillons de fumée; savez-vous pourquoi?... c'est parce qu'il y a des montagnes qui vomissent des flammes et de la fumée. Ces montagnes, on les appelle des *volcans*. Allons, qu'est-ce qu'un volcan? — *Un volcan est une montagne qui vomit des flammes et de la fumée.* Laissez-moi ajouter que l'endroit par où sortent les flammes et la fumée s'appelle le *cratère* du volcan.

Nous nous rappelons tous ce que c'est qu'une vallée : *c'est une dépression, un abaissement du sol entre deux montagnes ou deux chaînes de montagnes.* C'est ainsi qu'est la vallée où coule notre petite rivière. Seulement, nos montagnes sont de médiocres collines, et notre vallée n'est guère qu'un *vallon*. Les vallées dont je veux parler sont autrement profondes, souvent plus larges, et souvent aussi plus resserrées.

Mes enfants, ces abaissements du sol qui se trouvent entre les montagnes, dont notre vallée nous donne une idée, et que j'ai représentés de mon mieux sur notre tableau noir, prennent des noms fort divers dont je vais vous faire connaître quelques-uns. Sont-ils des passages étroits entre deux montagnes ou deux chaînes de montagnes? on les appelle *cols*. Ces passages sont-ils profonds ou resserrés? on les appelle *gorges*. Ces mêmes passages se prolongent-ils? on les appelle des *défilés*. Nous allons trouver plusieurs de ces dénominations sur notre carte de France. Où faut-il aller les chercher? dans les chaînes de montagnes, naturellement. Tenez, voici une chaîne de montagnes qu'on nomme les Cévennes; une autre qu'on nomme les Corbières. Paul, que voyez-vous écrit entre les deux, à l'endroit où l'une et l'autre semble s'abaisser pour livrer un passage? — Col de Naurouze. Et ici, entre les Vosges et les collines de Belfort? — Col de Valdieu. Et dans la chaîne des Ardennes? — Défilé des Islettes.... Défilé du Chêne Populeux. — Qu'en conclurez-vous? Qu'entre les Cévennes et les Corbières, il y a un abaissement du sol, un passage, un *col* que l'on appelle le col de Naurouze; qu'entre les Vosges et les collines de Belfort, il y a un autre abaissement du sol qu'on appelle le col de Valdieu; que, dans les Ardennes, il y a des passages étroits et prolongés, des *défilés*, le défilé des Islettes, le défilé du Chêne Populeux. Vous avez donc une idée de ce qu'on appelle un col et un défilé : ce sont des passages plus ou moins étroits, plus ou moins prolongés entre des montagnes ou des chaînes de montagnes. Cela me suffit pour le moment.

Pour en finir avec les montagnes, remarquons que la plupart des chaînes qui sillonnent la France vont se terminer dans la mer, par des avancements qu'on appelle des *promontoires*, des *caps* ou simplement des *pointes*. Suivons cette chaîne, la chaîne des Pyrénées : la voici qui se termine dans la Méditerranée, par un avancement près duquel nous voyons écrit : *cap Cerbera*. A la terminaison des collines du pays de Caux, nous lisons : *cap de la Hève;* à celle des monts de Bretagne : pointe Saint-Mathieu. Nous appellerons donc promontoire, cap ou pointe, *un avancement par lequel une chaîne de montagnes se termine dans la mer*. Disons tous ensemble : on appelle promontoire, cap ou pointe...

Il nous reste à dire ce que c'est qu'un *plateau*. Nous

savons tous ce que c'est qu'une plaine ; il y en a une dans notre pays. Eh bien ! un plateau n'est pas autre chose qu'une plaine très-élevée. Plus tard, dans nos excursions à travers la France, nous en rencontrerons un fort étendu : le *plateau de la Beauce ;* c'est ce vaste espace où, sur notre carte, on n'a point figuré de montagnes.

Voilà une leçon un peu longue, mes chers petits. Voyons si vous en avez retenu quelque chose : Qu'est-ce qu'une montagne ? Une chaîne de montagnes ? Un pic ? Un volcan ? Un cap ou une pointe ? Une vallée ? Un col ? Un défilé ? Un plateau ? — Qui serait assez habile pour me montrer sur la carte de France un col ? Un défilé ? Un cap ? Une pointe ? Un plateau ?

Pour vous reposer, amusez-vous à dessiner sur votre ardoise le massif de montagnes que j'ai tracé au tableau noir. Variez vos montagnes : que les unes aient leur sommet arrondi en dôme ; que les autres se terminent en pointe et forment des pics. Aux unes donnez des flancs très-escarpés, aux autres des pentes très-douces. Je suis sûr que vous n'oublierez pas celles qui vomissent des flammes, les volcans.

DEUXIÈME LEÇON.

Mes chers petits, qu'est-ce que je viens de dessiner sur le tableau noir ? — Deux maisons. — Quelle différence voyez-vous entre elles ? — Le toit de l'une est tout plat, tandis que celui de l'autre est pointu. — Justement. Eh bien, dans certains pays on fait le toit des maisons tout plat, comme celui-ci ; on y établit même une terrasse ou un jardin. Chez nous, au contraire, on fait le toit des maisons pointu, comme vous dites, c'est-à-dire composé de deux plans plus ou moins inclinés, plus ou moins écartés l'un de l'autre par en bas, et se joignant en haut pour former une ligne continue qui est le faîte même du toit. Comprenez-vous pourquoi on en agit ainsi chez nous et pourquoi on ne fait pas partout de même ? — C'est sans doute parce que, dans certains pays, il ne pleut que très-peu, tandis que, chez nous, il pleut et il neige souvent : si nos toits étaient plats, l'eau des pluies et des neiges les pénétrerait ou les écraserait. — Très-bien, mon enfant ; marquez un gros bon point à Ambroise pour cette excellente réponse. Voilà, en effet, mes petits amis, pourquoi nous faisons nos toits en pente ; il faut que l'eau qui tombe si souvent dessus puisse facilement s'écouler. Voyons ce que devient cette eau.

A partir du faîte du toit, elle glisse à droite et à gauche sur le chaume, la tuile ou les ardoises ; elle s'accumule peu à peu dans les chéneaux, et de là se rend dans les gouttières, puis dans les bassins placés pour la recevoir. Mes enfants, ce qui se passe sur nos toits se passe aussi sur la terre. Grâce aux pentes dont nous avons parlé, les eaux qui tombent sur la terre descendent des parties les plus élevées dans les parties les plus basses. Quelquefois, comme dans les grosses averses, on les voit courir à la surface même du sol. Le plus souvent elles pénètrent nos champs pour les féconder ; mais elles ne se rendent pas moins, par quelque voie souterraine, dans les grandes gouttières, dans les immenses bassins que la nature leur a préparés. Ces gouttières, ces bassins, vous le devinez, ce sont les vallées. Là, réunies en masses plus ou moins considérables, entraînées par de nouvelles pentes, les eaux forment ces cours d'eau dont nous avons parlé. Remarquez que le sommet des montagnes, comme le faîte de nos toits, les partage aussi entre deux pentes et entre deux bassins opposés. A raison de cette circonstance, une suite de montagnes s'appelle une *ligne de faîte* ou une *ligne de partage des eaux*, et leurs pentes prennent le nom de *versants*. Paul, ne voyez-vous pas, sur la carte de France, une longue chaîne de montagnes qui la traverse du S. O. au N. E. ? — Si, monsieur, la voici, elle va des Pyrénées aux Vosges. — Ne remarquez-vous pas que, sur sa gauche notamment, de grands cours d'eau y commencent, y prennent leur source ? — Si, monsieur, la Loire, la Seine, la Meuse. — Que d'autres y prennent leur source ou coulent à sa droite? — Si, monsieur, la Saône et le Rhône. — Eh bien, songez au toit de ma maison, et voyez si cette longue chaîne de montagnes n'a pas quelque ressemblance avec lui. — Cette chaîne de montagnes doit, comme le haut d'un toit, partager les eaux entre les pentes de droite et de gauche; c'est une ligne de faîte, une ligne de partage des eaux. — Et les pentes de droite et de gauche elles-mêmes, que forment-elles ? — Deux versants? — Et les vallées où se rendent les eaux, où coulent les grands cours d'eau que vous me nommiez tout à l'heure? — Des bassins. — C'est très-bien, mon jeune ami. Vous avez donc au moins l'idée de ce qu'on appelle en géographie une ligne *de faîte* ou de *partage des eaux*, un *versant* et un *bassin*. Si, dans nos entretiens, ces mots sortent de ma bouche, vous en comprendrez le sens; c'est tout ce que je désire pour le moment. Revenons maintenant aux *cours d'eau*.

Les cours d'eau, il est temps que je vous le dise, prennent différents noms. S'ils vont simplement rejoindre un autre cours d'eau plus considérable, ce sont des *rivières*. Ainsi, le petit cours d'eau qui passe à Saint-Sigismond, ou, comme l'on dit en géographie, qui *arrose* Saint-Sigismond, va rejoindre l'Yonne à quelques lieues d'ici; c'est une rivière. L'Yonne elle-même, qui va rejoindre la Seine, ou bien, comme l'on dit encore en géographie, qui va se *jeter* dans la Seine, est encore une rivière. Mais si les cours d'eau se rendent directement dans la mer, on les honore du nom de *fleuve*. Qu'est-ce donc qu'une rivière ? — *Un cours d'eau qui se jette dans un autre.* — Et un fleuve? — *Un cours d'eau qui se jette dans la mer.* — Maurice, venez me montrer, sur la carte de France, des rivières et des fleuves, et gardez-vous bien de confondre les unes avec les autres...

Un cours d'eau, mes enfants, qu'il soit rivière ou fleuve, a deux points bien importants à noter : celui où il commence et celui où il finit. Le point où il commence, vous le savez déjà, c'est sa *source*. Cette source est ordinairement au pied ou sur le flanc d'une montagne; ainsi notre petite rivière commence, a sa source, nous l'avons dit bien des fois, dans le bois de Charnes, à peu près au pied de la hauteur de Rougemont. L'endroit où finit un cours d'eau, soit qu'il aboutisse à un autre, soit qu'il se perde dans la mer, s'appelle son *embouchure*. Notre rivière, à quelques lieues d'ici, mêle ses eaux à celles de l'Yonne; elle a là son *embouchure*. La Seine se jette dans la mer près d'une ville qu'on appelle le Havre : elle a son *embouchure* près du Havre; et c'est pour cela qu'on vous dira plus tard que le Havre est situé à l'*embouchure* de la Seine. Ambroise, venez nous montrer la *source* et l'*embouchure* de nos grands fleuves...

Comme je vous l'ai fait remarquer l'autre jour, quand je vous ai dessiné mes serpents sur le tableau noir, les cours d'eau vont en se grossissant à mesure qu'ils s'éloignent de leur source et qu'ils se rapprochent de leur embouchure. Voyez-vous pourquoi?—Parce que, chemin faisant, ils en reçoivent d'autres. — Sans doute; la Seine, par exemple, reçoit l'Aube, la Marne, l'Oise, etc. Eh bien, ces cours d'eau secondaires dont les eaux *affluent* dans un autre et augmentent peu à peu son volume, on les appelle ses *affluents*. Ainsi, que sont l'Aube, la Marne, l'Oise, etc., par rapport à la Seine ? — Ils sont ses affluents. — Paul, montrez-nous des affluents de la Seine ?... des affluents de la Loire?... des affluents de la Garonne ?... des affluents du Rhône...

J'ai encore à vous apprendre un mot nouveau et qu'il ne faudra pas confondre avec le précédent auquel il ressemble un peu; c'est celui de *confluent*. On appelle ainsi l'endroit où deux cours d'eau se rencontrent, où le grand absorbe le petit. Allons, qu'appelle-t-on *confluent*, en géographie ? On appelle *confluent* le point de jonction de deux cours d'eau, l'endroit où deux cours d'eau se rencontrent. Disons cela ensemble : on appelle *confluent*... Que pourra-t-on dire des villes ou localités qui sont situées près du point où deux cours d'eau se rencontrent ? — Qu'elles sont au confluent de ces deux cours d'eau. — Maurice, déterminez-moi la position de la ville de Lyon, représentée par le petit rond que je vous montre ici? — Je dirai que Lyon est au *confluent* de la Saône et du Rhône. — Ne pourriez-vous pas dire autre chose, à raison de ce que Lyon est en même temps situé à l'endroit où la Saône se jette dans le Rhône? — Si, monsieur; je pourrais dire encore que Lyon est à l'*embouchure* de la Saône.

Encore quelques mots pour finir avec les fleuves et les rivières. Qu'est-ce que je viens de dessiner sur le tableau noir? — Un bateau. — C'est tout simplement une petite barque comme celle que vous avez pu voir sur notre rivière, devant la propriété de M. le maire. Quelqu'un d'entre vous a bien dû monter quelquefois sur cette barque?... Vous, Maurice? — Oui, monsieur; l'autre jour, le jardinier de M. le maire m'a fait faire une promenade sur l'eau. — La barque allait-elle toute seule? — Elle a été toute seule tant que nous avons descendu la rivière; mais quand nous avons voulu la remonter, il a fallu ramer. Retenez ces expressions : *descendre* une rivière, *remonter* une rivière. Descendre une rivière c'est suivre le fil de l'eau, aller du côté vers lequel l'eau s'écoule; la remonter, c'est faire tout le contraire. Eh bien, Maurice, quand vous descendiez la rivière, vous glissiez entre les deux *rives;* vous aviez une rive d'un côté et une rive de l'autre. De ces deux rives, celle qui était à votre droite, c'est la rive *droite* même de la rivière; celle qui était à votre gauche, c'est sa rive *gauche.* Il en est toujours ainsi : la rive droite d'une rivière ou d'un fleuve, c'est la rive qu'a à sa droite une personne qui descend cette rivière ou ce fleuve; la rive gauche est celle que la même personne a à sa gauche. Donc, pour reconnaître la rive droite et la rive gauche d'un cours d'eau, il faut s'imaginer qu'on le descend, ou bien chercher de quel côté coulent ses eaux. François, venez me montrer, sur la carte, la rive droite de la Loire... sa rive gauche... Lisez les mots que je vous montre auprès de ces petits ronds qui, nous en sommes convenus, vous indiquent des villes? — Orléans, Blois, Tours... Les petits ronds qui représentent Orléans et Blois sont à droite de la ligne qui représente le fleuve; le petit rond qui représente

Tours est au contraire à gauche; qu'est-ce que vous en concluez? — Qu'Orléans et Blois sont situées sur la rive droite de la Loire, tandis que Tours est située sur la rive gauche.

En voilà assez, en voilà même beaucoup pour aujourd'hui. Je serai content de vous, mes chers enfants, si de tout ce que nous venons de dire, vous avez retenu au moins ce que c'est qu'une *rivière*, un *fleuve*, la *source* et l'*embouchure* d'une rivière ou d'un fleuve, et aussi ce qu'on entend par les mots *affluent* et *confluent*. Pour me prouver qu'il en est ainsi, reproduisez sur votre ardoise ce grand fleuve de la Seine que je viens de tracer au tableau noir, avec les rivières qui s'y jettent; vous donnerez à chaque chose le nom qui lui appartient : vous mettrez les mots *source*, *embouchure*, *affluent*, *confluent*, à la place qui leur convient; gardez-vous bien de confondre ces deux derniers mots.

TROISIÈME LEÇON.

Jusqu'ici, mes enfants, dans mes entretiens géographiques, nous n'avons point quitté la terre *ferme*, cette terre où l'on peut aller et venir sans rencontrer d'autres obstacles que des montagnes et des cours d'eau; où l'on a bâti les villages et les villes ; où l'on trouve ces riches campagnes qui, chaque année, se couvrent de moissons, ou bien de belles prairies où paissent tranquillement vos vaches et vos bœufs. Aujourd'hui, nous allons nous transporter ailleurs par la pensée, et nous occuper de cette vaste étendue d'eau que nous avons appelée la *mer* ou l'*océan*.

Quelqu'un d'entre vous a-t-il jamais vu un ballon ? — Moi, monsieur, j'en ai vu un à Paris, un jour de fête. — Vous, Michel ? En effet, vous êtes Parisien, et les Parisiens ont le privilége de voir bien plus de choses que nous. Ce ballon ressemblait-il à celui-ci? — Oui, monsieur. — Y avait-il quelqu'un dans la nacelle, ou plutôt dans cette sorte de grand panier suspendu au-dessous? — Il y avait des hommes que le ballon a enlevés si haut que j'ai bientôt cessé de les voir. — Eh bien, figurons-nous que nous étions... que nous sommes avec ces hommes; que le ballon, poussé par le vent, nous a emportés vers l'O., là au-dessus de la mer que notre carte appelle *Océan Atlantique*, que voyons-nous au-dessous de nous? A l'O., une nappe d'eau sans fin, la mer, l'océan Atlantique; à l'E., et du N. au S., la terre, celle que nous habitons, qui est notre pays, notre patrie, la France; entre la mer et la France, cette longue ligne irrégulière où finit la terre et où commence la mer, que nous avons appelée *côtes*, et que nous pouvons appeler indifféremment *côtes de France* ou *côtes de l'océan Atlantique*, sur un espace de plus de mille kilomètres, c'est-à-dire de plus de mille fois la distance du bourg au Moulin-à-Vent.

Je dis que cette ligne est *irrégulière*. En effet, bien loin d'être droite, elle ressemble à un papier qu'aurait découpé ou échancré un aveugle : ici c'est la terre qui s'avance dans la mer; ailleurs, c'est au contraire la mer qui s'avance au loin dans les terres. Mes enfants, ces *accidents géographiques* portent différents noms qu'il faut que vous connaissiez.

Occupons-nous d'abord des avancements de mer dans les terres. En voici de considérables sur notre carte de France. Ambroise, que lisez-vous au milieu même de celui-ci ? — Golfe de la Seine. — Et de celui-ci ? — Golfe de Saint-Malo. — Et de celui-ci encore ? — Golfe de Gascogne. — Et de cet autre? — Golfe du Lion. — De cet autre enfin, qui est presque hors de la carte de France? — Golfe de Gênes. — Que concluez-vous de la rencontre de ce mot *golfe* partout où il y a des avancements considérables de la mer dans les terres. — J'en conclus que l'on appelle *golfe* un avancement de la mer dans les terres. — Répétons tous cela mes enfants : on appelle golfe *un avancement considérable de la mer dans les terres.*

Paul, venez me montrer un golfe ?... A votre tour, Michel..., à votre tour, Gustave...

Mais voici des avancements de mer bien moins grands, bien moins profonds, des petits golfes, en un mot. Voyons quel nom on a bien pu leur donner; Ambroise, lisez. — Baie de Cancale... Baie de Saint-Brieuc... Baie de Douarnenez... Baie de Bourgneuf... — Eh bien, quel nom donne-t-on à un petit golfe ? — Le nom de *baie*. — Définissez une baie ? — Un *petit golfe*. — Disons tous : *Une baie est un petit golfe.*

Voici encore des petits golfes d'une forme particulière, des baies étroites d'abord, qui s'élargissent ensuite, dans tous les cas s'enfonçant assez loin dans les terres ; je m'imagine qu'elles sont abritées contre les vents, et qu'un de ces grands bateaux qu'on nomme *vaisseaux* et dont nous parlerons tout à l'heure, doit y être en sûreté contre les tempêtes. Je lis auprès de celle-ci : rade de Brest ; auprès de celle-là : rade de Toulon. Je dirai donc qu'on appelle *rade une sorte de petit golfe ou de baie très-enfoncée dans les terres, où les vaisseaux sont à l'abri des vents.*

J'ai prononcé le nom de *vaisseau*; Maurice, vous qui avez fait une promenade dans la barque de M. le maire, pourriez-vous me dire ce qu on appelle un vaisseau ? — Monsieur, vous venez de le dire : un grand bateau. — Mais vous, monsieur le Parisien, qui avez vu un ballon, auriez-vous vu aussi un bateau ? — Oh ! j'en ai vu beaucoup sur la Seine, au port Saint-Nicolas, sur le canal, dans le grand bassin de la Villette. — Étaient-ils bien grands ? — Au moins vingt fois plus grands que la barque de M. le maire. — Eh bien ! des vaisseaux, qu'on appelle aussi des *navires*, sont encore bien plus grands que les bateaux que vous avez vus sur la Seine. Il faut une eau profonde pour les porter ; il n'y en a que sur la mer. Pour voyager, pour *naviguer* sur les mers, on monte sur ces vaisseaux ou navires, et, grâce aux vents ou à la vapeur, ils vous transportent d'un pays à un autre. Mais pour y entrer, pour en sortir, pour y charger des marchandises, etc., il faut un lieu où ils puissent aborder facilement la côte, se tenir en repos, être à l'abri des vents qui sont autrement forts dans la *pleine mer* que dans notre plaine, sur notre étang et sur nos collines; il faut un bassin assez étendu pour qu'ils uissent s'y mouvoir à l'aise, assez profond pour que l'eau uisse les porter; en un mot, il faut un *port*. Des ports, a nature en a creusé elle-même sur plusieurs points de nos côtes. Mais il a fallu le plus souvent exécuter de grands ravaux pour les rendre sûrs et commodes. Il y en a un à l'embouchure de la Seine, un dans la rade de Brest, un dans la rade de Toulon, et bien d'autres qu'on vous fera connaître plus tard. Il y en a même sur nos rivières, tels que ceux de Saint-Nicolas et de Bercy que Michel a vus à Paris. On appellera donc *port, un lieu destiné à recevoir es vaisseaux ou navires, et à les abriter contre les vents.* Remarquez que les ports prennent le nom des villes près desquelles ils se trouvent; on dit le *port du Havre*, le *port de Brest*, le *port de Toulon*, le *port de Marseille*, etc. On dit aussi que le Havre, que Brest, que Marseille, etc., sont des *ports de mer*, et il est inutile de vous dire pourquoi.

Arrêtons-nous là, mes chers petits. Nous achèverons un autre jour de faire connaissance avec la mer et ce qui s'y rattache. Ce sera déjà bien beau si, dès aujourd'hui, vous êtes en état de suivre une *côte*, de reconnaître et de définir les principaux accidents géographiques qu'on y rencontre : un *cap* ou une *pointe*, l'*embouchure* d'un fleuve, un *golfe*, un baie, une *rade*, un *port*. Essayons, Paul, montrez-moi, sur notre carte, un cap? une pointe? Ambroise, montrez-moi l'embouchure d'un fleuve?.... Qu'est-ce qu'on appelle un cap ou un une pointe? Qu'est-ce qu'on appelle l'embouchure d'un fleuve? Michel, montrez-moi un golfe?.... Qu'est-ce qu'on appelle un golfe? — Maurice, montrez-moi une baie?.... Qu'est-ce qu'on appelle une baie? Gustave, montrez-moi une rade?.... Qu'est-ce qu'on appelle une rade? François, montrez-moi quelque port de mer?.... Qu'est-ce qu'on appelle un port?.... C'est très-bien; pour vous récompenser de votre attention, je vais vous dire quelque chose de plus sur cette mer dont nous nous occupons. D'abord l'eau en est salée, si salée qu'elle ne désaltère pas, tant s'en faut; si désagréable, que l'estomac ne la supporte pas, bien différente en cela de l'eau de notre rivière, de notre étang, de nos puits. Celle-ci du moins apaise notre soif, et on l'appelle de l'eau *douce* par opposition à celle de la mer. La mer est en outre très-profonde; à bien des endroits, nos collines et notre église avec sa haute tour y disparaîtraient tout entières. Elle a ses habitants, et vous devinez quels ils sont : des poissons. Parmi ces poissons, il y en a d'énormes et de vraiment monstrueux : des baleines, des requins, etc. Il y en a aussi de moins gros : des morues que l'on sale et qu'on nous envoie jusqu'ici. Il y en a de petits, même de fort petits : des harengs, des sardines; vous connaissez tous cela. Enfin, comme nous l'avons dit, les hommes osent voyager sur la mer, en *s'embarquant* sur de gros vaisseaux ou navires. Ah! souvent il leur en coûte cher! Arrive un grand vent, un orage, une tempête... et le gros vaisseau, si fort, si bien construit qu'il soit, est ballotté comme une coquille de noix le serait dans mon grand bassin si vous l'agitiez violemment... il se brise sur les côtes ou il sombre en pleine mer... et tout est englouti : marchandises, *équipage*, *passagers*, tout fait *naufrage!*.... Vous voilà fort effrayés, fort peu décidés à vous risquer dans un vaisseau. Tant mieux! restez à cultiver les champs de vos pères; vous serez là plus heureux et plus tranquilles. Mais revenons à notre leçon. Pour la fixer dans votre esprit, retracez cette côte de l'océan Atlantique, et indiquez-y de votre mieux les caps ou pointes, l'embouchure des fleuves, ainsi que les golfes grands et petits.

QUATRIÈME LEÇON.

Mes enfants, reconnaissez-vous ces trois objets que j'ai tracés sur notre tableau noir, celui-ci, par exemple? — C'est un ballon. — Et celui-là? A vous Maurice, de le reconnaître. — C'est un bateau. — C'est mieux que cela : j'ai, s'il vous plaît, la prétention d'avoir dessiné un *vaisseau*, un *navire*, capable de tenir la mer et d'y naviguer. Et ce troisième objet? Je n'ai pas besoin de vous le faire nommer : c'est un oiseau qui se repose sur un rocher au bord de la mer. Vous verrez tout à l'heure pourquoi je l'ai mis là avec mon ballon et mon vaisseau.

En attendant, remontons, par la pensée, dans notre ballon de l'autre jour, et donnons-nous encore une fois le plaisir de contempler ce qui s'étend au-dessous de nous, à perte de vue : à notre droite, à l'E., de la terre, la France notamment; à notre gauche, à l'O., la mer, l'océan Atlantique; devant et derrière, du N. au S., les côtes de France, ou, si vous aimez mieux, de l'Océan, avec leurs découpures, avec les *golfes*, les *baies*, les *rades*, les *ports* que nous y avons remarqués.

Mais, qu'aperçois-je là-bas, au N. E., au milieu même de la mer? C'est, je crois, une terre comme la nôtre, car je vois là aussi des côtes, des montagnes, des fleuves, des villes, etc. Paul, lisez vite le nom de cette terre, afin que nous en puissions parler plus à notre aise. — Angleterre. — Mon Dieu, oui, c'est l'Angleterre, un pays qui n'est pas très-éloigné de la France, il me semble. Ambroise, iriez-vous facilement de France en Angleterre? — Oui, monsieur, si j'avais un ballon ou un vaisseau, ou bien encore... — Si vous aviez des ailes comme mon oiseau. Et pourquoi, à défaut d'ailes ou de ballon, auriez-vous besoin d'un vaisseau pour aller en Angleterre? — Parce que l'Angleterre est entourée d'eau de tous côtés, et qu'on ne peut marcher que sur la terre ferme ou sèche. — Qu'est-ce qui distingue donc essentiellement l'Angleterre de la France? — C'est que l'Angleterre est entourée d'eau de tous côtés, tandis qu'il n'en est pas de même de la France. — C'est cela ; la France n'est *baignée* par la mer qu'à l'O. et au S. E. ; l'Angleterre, au contraire, en est entourée de tous les côtés ; la mer lui fait comme une ceinture. Mes enfants, une terre entourée d'eau de tous côté est une *île*. Allons, qu'est-ce qu'une île ? — *Une terre entourée d'eau de tous les côtés.* — Qu'est donc l'Angleterre ? — Une île.

Des *îles*, des terres entourées d'eau comme l'Angleterre, nous en apercevons bien d'autres de notre ballon que nous supposons en ce moment nous servir d'*observatoire ;* en voici de grandes, lisez : — Irlande... Corse... En voici de plus petites, lisez : — Ouessant,... Noirmoutier,... Oléron... Que sont l'Irlande? la Corse ? — Des îles, de grandes îles. — Ouessant ? Noirmoutier ? Oléron ? — Encore des îles, de petites îles. Remarquez que, pour celles-ci et afin que vous ne vous y trompiez pas, on a fait précéder le nom de la première lettre du mot *île*, d'un I ; que veut dire cet I ? — Il veut dire *île*. Lisez maintenant en tenant compte de cette lettre. — Ile d'Ouessant,... île de Noirmoutier,... île d'Oléron. — Maurice, n'y a-t-il des îles que dans la mer ? — Monsieur, il faut qu'il y en ait aussi dans les rivières, car devant la maison de M. le maire, à l'endroit où notre rivière est le plus large, il y a, juste au milieu de l'eau, un massif d'arbres où l'on ne peut arriver qu'avec la barque, que l'on appelle l'Ile-aux-Canes, parce que celles-ci y font volontiers leur couvée. — Sans doute, il y a des îles au milieu des fleuves et des rivières et notre Parisien pourrait nous dire qu'il a vu à Paris, entre deux *bras* de la Seine, l'île de la Cité, qui fut jadis tout Paris, et l'île Saint-Louis qui est comme le prolongement de la première. Seulement, ces îles sont si petites qué, sur la mer on les appellerait des *îlots*. Voyez-vous ce que veut dire ce mot ? — Evidemment il veut dire *petite île*.

Quelquefois, ces îlots ne sont que des masses de rochers dont les pointes ou sommets s'élèvent à peine au-dessus de l'eau ; il peut même arriver qu'on ne les voie pas du tout, parce que l'eau les recouvre à une certaine profondeur. Vous comprenez qu'ils soient un *écueil*, un obstacle pour les vaisseaux, que ceux-ci viennent s'y heurter, s'y briser comme les *flots* ou *vagues* que les vents poussent au bord de notre étang. A cause de cela, on les appelle *écueils*, *brisants;* on les appelle aussi des *récifs*. Que devient le malheureux vaisseau qui va donner contre des récifs comme un collin-maillard donne contre un arbre ou un mur? — Il fait sans doute naufrage? — Presque toujours, ou, du moins, il subit de graves avaries.

Revenons à l'Angleterre, ou, ce qui est la même chose pour nous en ce moment, à l'île de la Grande-Bretagne. A l'O. de cette grande île, nous en avons remarqué une très-grande aussi, l'Irlande. En voici une quantité de beaucoup plus petites au N., au N. E., à l'O., au S. E. au S.; en d'autres termes, voici une réunion, un groupe considérable d'îles de toutes les dimensions; la mer en est *semée* sur une certaine étendue. Mes enfants, une réunion, un groupe d'îles ainsi rapprochées les unes des autres s'appelle un *archipel*. La réunion, le groupe d'îles que je viens de vous montrer forme donc un archipel; on vous dira plus tard que c'est l'archipel Britannique ; pour l'instant, contentons-nous de définir un archipel *une réunion ou un groupe d'îles*, ou bien encore *une étendue de mer semée d'îles*. Dites cela avec moi : *un archipel est...*

Maintenant que nous savons bien ce que c'est qu'une île, laissez-moi revenir sur cette expression que j'ai souvent employée : la *terre ferme*. Nous n'appellerons plus seulement ainsi la terre sur laquelle on peut aller et venir, labourer, bâtir, etc.; ainsi compris, le nom de terre ferme conviendrait tout aussi bien à une île qu'à toute autre portion de terre. Désormais l'expressiou *terre ferme* s'appliquera surtout à toute terre qui n'est pas une île; il voudra dire une vaste étendue de terres qui ne sont point interrompues par la mer, comme le sont toutes ces îles que nous avons aperçues de notre ballon. Cette étendue, ou plutôt ces étendues de terre non interrompues par la mer, car il y en a plusieurs que l'on vous a fait nommer à la salle d'asile, sont, à proprement parler, la *terre ferme* ou bien le *continent*, des *continents*. Encore un nouveau nom à retenir, et qui vous rappellera tout le contraire du mot île. Paul, à quoi vous fait penser le mot *île?* — A une terre entourée d'eau de tous côtés. — Et le mot *terre ferme* ou *continent?* — A une vaste étendue de terres qui ne sont point interrompues par la mer. — L'Angleterre est-elle une île? — Oui, monsieur. — Pourquoi? — Parce qu'elle est entourée d'eau de tous côtés. — La France est-elle une île? — Non, monsieur, car je ne la vois entourée d'eau que de deux côtés, à l'O. et au S. E. — Sans doute, la France n'est pas une île; elle fait partie d'un continent; quand on est en France, on est sur la *terre ferme*, sur le *continent*. Un Anglais qui vient en France, vient sur le continent; un Corse qui habite une île, qui est un *insulaire*, quand il vient en France, aborde le continent, et visite ses compatriotes du continent, qu'il appelle à cause de cela *continentaux*. Ambroise, prenez la baguette; passez du continent dans une île,... revenez sur la terre ferme ou sur le continent... Où faut-il aller chercher des îles? — Dans la mer. — Sans doute, ou tout au plus sur les lacs ou sur les fleuves. Que penseriez-vous si on vous parlait d'une île en terre ferme? — Je penserais qu'on veut plaisanter ou qu'on s'imagine que je ne connais pas la géographie; il n'y a des îles que là où il y a de l'eau pour les entourer. — Très-bien; vous ne vous laisseriez donc pas, comme un certain Sancho Pança dont j'ai lu l'histoire, promettre une île en terre ferme.

Mais, si une terre était entourée d'eau de tous les côtés excepté par un seul, serait-elle une île? — Non, monsieur, pas tout à fait. — Mes enfants, elle formerait presque une île, une *presqu'île;* voilà qui n'est pas difficile à retenir; seulement, une presqu'île s'appelle en outre une *péninsule*, mot qui veut dire exactement la même chose. Je ne vois pas beaucoup de presqu'îles sur nos côtes. Pourtant voici un avancement de terre dans la mer, une partie de terre entourée d'eau à l'E., au N., à l'O., mais qui ne l'est pas par le S.; ne serait-ce pas une presqu'île? — Si, monsieur, car elle est entourée d'eau de tous les côtés excepté par un seul. — En effet, c'est la presqu'île du Cotentin. En voici une autre bien plus grande; vous verrez plus tard que c'est la Bretagne. Seulement ces presqu'îles sont trop ouvertes, trop larges du côté du continent pour vous donner une idée juste d'un nouvel accident géographique que j'ai à vous faire connaître. Je vais aller chercher plus loin l'exemple dont j'ai besoin. Regardez ce que je viens de tracer sur le tableau : cette sorte de grand sabot, c'est une mer que vous trouverez plus tard sur une carte qui ne représente pas seulement la France, mais une partie du monde que l'on vous a fait nommer aussi à l'asile, l'Europe tout entière. Cette mer, on vous l'appellera la mer Noire. Qu'y ai-je tracé vers le N.? — Une presqu'île. — Oui, la presqu'île de Crimée. — Pourrions-nous en sortir sans traverser la mer? — Certainement, puisque ce n'est qu'une presqu'île. — En effet, nous en sortirions par cet étroit passage que j'ai laissé entre deux golfes fort rapprochés l'un de l'autre, et qui, ici, ne paraît pas plus large que votre langue. Eh bien cet étroit passage, cette *langue* de terre, qui permet de sortir d'une presqu'île, s'appelle un *isthme*. C'est un peu difficile à prononcer ; dites avec moi: un *isthme*. Tous les isthmes ne sont pas aussi resserrés que celui-ci ; il y en a de plus larges, il y en a aussi de plus étroits encore, mais l'on peut dire en général qu'un isthme *est une bande ou une langue de terre qui joint une presqu'île au continent ;* disons tous ensemble : *un isthme est...*

Résumons notre entretien mes enfants. Comme la terre, la mer ou l'océan nous a fourni de nombreux sujets d'étude : les *îles*, les *archipels*, les *presqu'îles* ou *péninsules*, les *isthmes*. Nous avons trouvé des îles et des archipels dans la mer même qui nous avoisine, des presqu'îles sur les côtes de France, et un isthme sur celles de la mer Noire. C'était peut-être aller chercher bien loin ce que nous avons souvent à notre porte. Notre cour et notre place sont assez mal *nivelées*, ce qui veut dire qu'elles ne sont pas bien unies ni toujours bien en pente, qu'elles contiennent des hauts et des bas, que l'eau y séjourne souvent plus longtemps que nous ne le voudrions et y laisse des flaques d'eau qui sont pour vous la cause de plus d'une mésaventure. Dans les grandes pluies qui viennent d'avoir lieu, elles ressemblaient en vérité à de petites mers. Des morceaux de bois et des débris de planches y naviguaient en guise de vaisseaux. Puis, les eaux se retirant peu à peu, on voyait apparaître le sommet des montagnes, c'est-à-dire des petites aspérités dont je me plaignais tout à l'heure. Bientôt c'étaient des îles, des archipels, des presqu'îles, des isthmes dont vous profitiez pour enjamber, en vrais géants, des golfes, des baies, des rades, etc. Enfin, il restait des flaques d'eau où barbotaient mes canards, dans lesquelles vous pouviez voir des lacs, et qui, dans tous les cas, étaient des écueils dont vous aviez à vous garder dans vos ébats. Voilà, j'espère, un riche sujet d'observations pour la plus prochaine averse. En attendant, reproduisez sur vos ardoises la côte de France, en vous étendant un peu au N. E., afin d'y placer les îles et presqu'îles que nous avons notées.

DÉCEMBRE

Continuation de l'étude de la nomenclature géographique.
Lecture des cartes.

PREMIÈRE LEÇON.

Peut-être, mes chers petits, ne seriez-vous pas fâchés d'en avoir fini avec la mer, depuis que vous savez qu'elle punit souvent par de terribles naufrages les audacieux qui ne craignent pas de lui confier leur personne et leur fortune. Pourtant il faut que nous nous occupions d'elle encore, et ce ne sera probablement pas la dernière fois : elle est si vaste, elle présente tant *d'accidents géographiques*, que ce n est pas trop de plusieurs leçons pour l'étudier.

Je vous ai dit que la mer couvre de ses eaux les trois quarts de notre terre ; vous verrez bientôt que je n'exagère pas, et vous devinez facilement qu'elle l'envahirait tout entière si ses flots ne rencontraient une barrière bien autrement difficile à franchir que le mur et la grille qui vous empêchent de sortir de l'école sans ma permission. Cette barrière, ce sont les côtes que nous avons étudiées ; quoique parfois un peu basses et sablonneuses, elles sont pourtant assez élevées et assez solides pour arrêter la mer tout court et lui dire en quelque sorte de la part de Dieu : Tu n'iras pas plus loin.

Ces côtes reçoivent d'elle les formes les plus diverses : nous avons vu qu'elle les taille en *caps*, en *pointes*, en *presqu'îles*, etc. Mais les côtes le lui rendent bien, puisque, comme nous l'avons vu aussi, elles découpent ses bords en *golfes*, en *baies*, en *rades*, en *anses*, etc. Elles resserrent en outre quelques-unes de ses parties entre deux rivages, par exemple entre le *continent* et une *île*, ou bien tout simplement entre deux îles.

De l'*observatoire* où nous nous sommes placés, du haut des airs où nous a portés notre ballon, ces parties de mer ne doivent pas paraître plus larges que votre bras, que la manche de votre blouse, ou bien que le canal que Michel a vu à Paris, ou bien encore qu'un grand fossé qui serait facilement enjambé d'un seul pas par un géant. Voyons si, sur la carte de France, nous n'allons pas trouver en effet les mots *bras*, *manche*, *canal*, *pas*, employés pour exprimer des parties de mer ainsi resserrées et comme étreintes entre deux côtes ou rivages.

Je cherche vainement, je l'avoue, le mot *bras*. Mais quand je vous parlerai d'un *bras de mer*, à quoi penserez-vous? — A une partie de mer resserrée entre deux terres, et qui, de bien haut, ne paraîtrait pas plus large que notre bras. — Très-bien et cela me suffit. Nous allons être plus heureux pour les autres mots. Paul, lisez ce que je vois écrit en grosses lettres au bout de ma baguette. — Manche. — C'est le nom donné à cette partie de mer, à cette mer qui s'étend là, entre la côte méridionale de l'Angleterre et une partie de la côte de France. Sans être très-resserrée, cette mer n'est pas non plus très-large, par exemple ici, entre la côte anglaise et la presqu'île du Cotentin. Les *marins* qui la traversent si souvent en allant de France en Angleterre et réciproquement, l'auront nommée à cause de cela, et aussi à cause de sa forme, une *manche*, la *Manche*. Par rapport à nous, les Anglais habitent au delà de la Manche, *outre* la Manche. Aussi les appelons-nous souvent nos voisins d'*outre Manche*.

Je laisse de côté un instant les autres mots *canal* et *pas* dont vous voyez bien que je veux vous entretenir, pour éveiller votre attention sur un point assez important. En jetant les yeux sur nos côtes, vous avez probablement remarqué que la mer y prend différents noms. En haut, vous lisez : *mer du Nord;* ici : *Manche;* plus bas : *mer de France;* au S. E. : *Méditerranée*. C'est vous dire que cette grande étendue d'eau, que nous appelons la *mer*, l'*océan*, se divise, surtout dans le voisinage des terres, en mers *particulières* qui empruntent leur dénomination à leur situation, à leur forme, aux pays qu'elles baignent, quelquefois à la couleur de leurs eaux, à telles ou telles circonstances qui les caractérisent. Vous devinez que la *mer du Nord* s'appelle ainsi parce que, par rapport à nous notamment, elle est située vers le nord ; que la *Manche* tire son nom de sa forme et de son peu de largeur, la *mer de France* des côtes de la France qu'elle baigne sur une grande étendue. *Méditerranée* veut dire mer au milieu des terres. La *mer Rouge*, dont on vous a parlé dans une leçon d'histoire sainte, doit cette qualification à ses eaux rougeâtres. Plus tard, on vous montrera la *mer Bleue*, la *mer Jaune* et même la *mer Noire*, c'est-à-dire dangereuse pour les vaisseaux qui y naviguent. Plus tard aussi, au lieu de vous faire dire partout l'*Océan*, on vous fera distinguer l'océan *Atlantique*, l'océan *Pacifique*, l'océan *Indien*, etc. Maintenant que vous voilà prévenus que la mer prend différents noms, qu'il y a une quantité de mers particulières, et que vous en connaissez même dès maintenan quelques-unes, la *Manche*, la *mer du Nord*, la *mer de France*, la *Méditerranée*, etc., je reviens à ce qui fait l'objet de notre leçon d'aujourd'hui.

Nous en étions, je crois, à la Manche. Où dira-t-on que sont situées les villes que je vous montre : Saint-Malo, le Havre, Dieppe? — Sur les bords ou sur les côtes de la Manche. Mais, en continuant de chercher des villes sur ces côtes, j'en rencontre une où je vais m'arrêter un peu : *Calais.* Voyez donc comme la Manche est devenue étroite dans les environs de Calais! C'est bien le cas de dire qu'elle n'est plus qu'un grand fossé, et qu'un géant l'enjamberait d'un seul pas. Aussi voyez le nom qu'on lui a donné ; lisez. — Pas-de-Calais. — Mon Dieu, oui, on a appelé ce bras de mer un pas, le *Pas-de-Calais, pas,* parce qu'il est très-étroit, *Pas-de-Calais,* parce qu'il est situé dans le voisinage de la ville ou du port de Calais. Moi qui n'aime que médiocrement la mer, si jamais je suis obligé de passer de France en Angleterre, j'irai m'embarquer à Calais, afin de n'avoir à traverser qu'un bras de mer large à peine de trente kilomètres. Si jamais aussi on veut unir la France et l'Angleterre par un pont, je crois bien que c'est sur ce point qu'on l'établira. Mais, tout en causant avec vous, j'ai dessiné le Pas-de-Calais. Voici les côtes de France et celles d'Angleterre ; voici la Manche et la mer du Nord. J'ai même placé un magnifique vaisseau dans la Manche ; le vent du S. enfle ses voiles et le pousse vers la mer du Nord ; par où devra-t-il passer pour pénétrer dans cette mer? — Par le Pas-de-Calais. — Le Pas-de-Calais sert donc de passage entre la Manche et la mer du Nord ; il unit ces deux mers, il les met en communication.

Il reste à trouver le mot *canal,* que je vous ai annoncé comme indiquant aussi une partie de mer resserrée entre deux terres. Le voici écrit deux fois, assez loin et vers le N. O., entre l'Angleterre et l'Irlande, deux grandes îles, que l'on a bien fait d'ajouter à la France sur notre carte. Lisez. — *Canal Saint-Georges... Canal du Nord.* — Quelles mers le canal Saint-Georges et le canal du Nord mettent-ils en communication? — La mer d'Irlande et l'océan Atlantique.

Revenons sur les côtes de France, dont je m'éloigne, pour ma part, toujours à regret, même dans une leçon de géographie. J'y vois, entre la terre ferme et l'île de Ré, entre l'île de Ré et l'île d'Oléron, entre cette dernière et le continent, des petits bras de mer, des passages vraiment étroits, ceux-là. Lisez les noms qu'on leur a donnés. — *Pertuis Breton... pertuis d'Antioche... pertuis de Maumusson...* — Que concluez-vous de ces mots? — Qu'on a encore appelé *pertuis* certaines parties de mer resserrées entre des terres.

Cela nous fait déjà bien des noms à appliquer à ces parties de mer : *manche*, *pas*, *canal*, *pertuis*. Eh bien, ce n'est pas tout encore; il faut y ajouter ceux de *phare*, de *bosphore*, et enfin, le plus important de tous, celui de *détroit*. Je les ai réservés pour la fin, parce qu'il faut aller les chercher ailleurs que sur notre carte de France, et pour les trouver, faire connaissance avec une nouvelle carte, avec la carte d'Europe. Nous laissons cette tâche pour la prochaine leçon. Terminons celle-ci en voyageant un peu. Ambroise, prenez la baguette. Montrez-nous la Manche... Passez de la Manche dans la mer du Nord : bien; qu'avez-vous traversé? — Le Pas-de-Calais. — Montrez-nous la mer d'Irlande... Par où pouvez-vous en sortir et rentrer dans l'océan Atlantique proprement dit? — Par le canal Saint-Georges ou par le canal du Nord. — Faites le tour de l'île de Ré... de l'île d'Oléron... Par où avez-vous passé? — Par les pertuis Breton, d'Antioche et de Maumusson. — Vous, Michel, prenez à votre tour la baguette; placez-en l'extrémité sur les côtes de la Manche... Allez en Angleterre... Qu'avez-vous traversé? — La Manche. — Montrez-moi le port de Calais... Allez à Douvres, en Angleterre .. Qu'avez-vous traversé encore? — Le Pas-de-Calais. — Quels sont les mers ou bras de mer qui nous séparent de l'Angleterre. — La Manche et le Pas-de-Calais. — De quels ports peut-on aller facilement de France en Angleterre? — De ceux de Saint-Malo, du Havre, de Dieppe, de Calais, et probablement de bien d'autres. — C'est très-bien... Comme exercice d'application, tracez de nouveau les côtes de France. Étendez-vous jusqu'à l'Irlande et donnez aux parties de mer dont nous nous sommes occupés les noms que je viens de vous apprendre. Une petite causerie maintenant.

Nous voici tout à l'heure à Noël. Les plus robustes d'entre vous iront à la messe de minuit. Plusieurs s'y rendront de fort loin. S'il fait noir, quelles précautions prendront-ils? — Ils se pourvoiront d'une lanterne. — Oui, et ils n'oublieront pas, comme, dit-on, les habitants de Falaise, d'y mettre une lampe ou une chandelle et de l'allumer. Et pourquoi cette précaution? — Pour ne pas se heurter aux haies et aux buissons, et aussi pour ne pas s'égarer à travers les champs. — Mes enfants, cette nécessité de s'éclairer pendant la nuit ne se fait guère sentir pour nous qu'une fois par an. Mais vous comprenez qu'il en est autrement dans les villes, où les obstacles et les dangers sont plus nombreux, et où aussi les passants et les voitures circulent jusqu'à une heure fort avancée, pendant que nous, nous reposons paisiblement dans nos demeures. Vous comprenez surtout qu'il en est autrement sur les bords de la mer. Les vaisseaux qui naviguent dans les ténèbres se briseraient infailliblement sur les côtes, si rien ne les avertissait de leur voisinage. Pour prévenir ce danger, si, pendant la nuit, on n'éclaire pas entièrement les côtes comme les rues de nos grandes villes, on y a au moins placé, de loin en loin, sur des hautes tours, des sortes de grandes lanternes dont les feux disent aux marins : Prenez garde; la côte est là! tout comme au jeu de colin-maillard, vous dites à votre camarade, qui, les yeux bandés, va se heurter à un mur : Casse-cou! Eh bien, on a donné à ces grandes lanternes, à ces feux placés au haut d'une tour, sur les côtes de la mer, le nom de *phare*. J'aurai besoin, dans ma prochaine leçon, que vous sachiez ce que c'est qu'un phare; dites-le donc avec moi et retenez-le bien : *Un phare est une tour surmontée d'un fanal* (une lanterne), *qu'on établit sur les côtes pour guider les vaisseaux pendant la nuit.* Pour bien fixer cela dans votre mémoire, je vais laisser quelque temps sur le tableau noir le phare que j'y ai dessiné.

DEUXIÈME LEÇON.

Mes enfants, je vous ai dit, dans la dernière leçon, que nous avions besoin de faire connaissance avec une nouvelle carte, la *carte d'Europe*. La voici sous vos yeux. Elle n'est guère plus grande que la carte de France, et pourtant que de pays elle contient! la France que vous reconnaissez à sa forme, les Iles Britanniques qui nous ont fourni l'exemple d'un archipel, la Belgique, l'Allemagne, la Suisse, l'Italie, l'Espagne, dont la carte de France ne nous donnait que des fragments, etc. Comment ce carré de papier, qui n'a pourtant guère que les dimensions de la carte de France, peut-il représenter tant de contrées avec la France elle-même? Vous vous l'expliquerez facilement; on a tout rétréci, tout rapetissé, tout ramené à de moindres proportions, comme nous l'avons fait dans le temps pour pouvoir figurer, sur notre tableau noir, non-seulement notre salle de classe, mais encore l'école tout entière avec ses dépendances. Aussi comme tout y est petit! c'est là que certaines parties de terre peuvent bien s'appeler des *langues* de terre, certaines parties de mer des *bras* de mer! Occupons-nous de ces dernières afin de continuer l'explication des termes géographiques *manche*, *canal*, *pas*, *pertuis*, *phare*, *bosphore*, *détroit*, termes employés, avons-nous dit, pour exprimer des parties de mer resserrées entre deux terres, par exemple entre le continent et une île, entre deux îles rapprochées, ou même entre deux continents. Nous n'avons point trouvé les deux derniers sur la carte de France. Voyons si nous allons être plus heureux sur la carte d'Europe.

Suivez-moi dans cette grande presqu'île qui ressemble à une botte de gendarme, en Italie. D'abord, vous voyez bien pourquoi j'appelle l'Italie une presqu'île? — Parce qu'elle est entourée d'eau de tous les côtés excepté par un seul. — Faites avec moi le tour de cette île, de la Sicile. Vous voyez bien aussi pourquoi j'appelle la Sicile une île?

— Parce qu'elle est entourée d'eau de tous les côtés. — Que remarquez-vous entre l'Italie et la Sicile? — Un bras de mer. — Oui, un bras de mer fort étroit, séparant la Sicile qui est une île, de l'Italie qui est une presqu'île et qui tient au continent. Près de là est une ville nommée Messine. Près de là est aussi une tour surmontée d une grande lanterne destinée à éclairer les vaisseaux pendant la nuit, c'est-à-dire? — Un phare. — Eh bien, sans doute à cause de ces deux circonstances, le bras de mer en question a reçu le nom de *phare de Messine*. Lorsqu'on parlera devant vous du phare de Messine, à quoi penserez-vous? — A un bras de mer, au bras de mer qui sépare l'Italie de la Sicile.

A la salle d'asile, on vous a fait nommer les cinq parties du monde : l'Europe, l'Asie, etc. Notre carte nous représente l'Europe, et, en outre, une petite partie de l'Asie. Que faudrait-il franchir ici, pour passer d'Europe en Asie? — Un bras de mer. Ce bras de mer est si peu étendu que les anciens (les hommes qui vivaient il y a bien longtemps) pensaient qu'un bœuf pouvait le traverser à la nage, et ils l'ont appelé à cause de cela *bosphore*, c'est-à-dire le trajet que peut faire un bœuf. Allons, comment s'appelle le bras de mer que je vous montre ici, entre l'Europe et l'Asie? — Bosphore. — Mon Dieu, oui, bosphore, le *bosphore de Constantinople*, parce que la ville de Constantinople est bâtie sur ses bords. A quoi vous fera encore songer le mot bosphore? — A un bras de mer, au bras de mer qui sépare l'Europe de l'Asie près de Constantinople.

Nous arrivons enfin au mot *détroit*. Mes enfants, le mot *détroit* a un sens bien plus étendu et bien plus général que tous ces autres mots : *manche*, *pas*, *canal*, *pertuis*, *phare*, *bosphore*. Ces derniers désignent tout au plus une, deux, trois parties de mer resserrées entre deux terres. Le mot détroit, au contraire, s'applique ou peut s'appliquer presque à toutes les parties de mer de ce genre. On pourrait dire à la rigueur le détroit de Calais ; cela est si vrai qu'on dit souvent que, pour venir chez nous, les Anglais passent le *détroit*. On pourrait dire aussi, sans faire une faute contre la géographie : le détroit de Messine, le détroit de Constantinople, etc., tandis qu'il faudrait bien se garder de généraliser les mots manche, pas, canal, pertuis, etc., il faut réserver exclusivement ces dénominations aux bras de mer qu'il a plu aux géographes d'appeler ainsi. Définissons donc soigneusement le mot *détroit : un détroit est une partie de mer resserrée entre deux terres*. Ajoutons, pour être complets, qu'un détroit unit deux mers entre elles, met deux mers en communication, sert de passage aux vaisseaux pour se rendre d'une mer dans une autre. Disons enfin que les bras de mer appelés *manche, pas, canal, pertuis, phare, bosphore*, ne sont en somme que des *détroits* portant un nom particulier.

Si les détroits nous ont fait défaut sur la carte de France, il n'en sera probablement pas de même sur la carte d'Europe. Paul, essayez de nous en trouver quelques-uns : que faut-il chercher? — Des bras de mer resserrés entre des terres, les séparant, et formant un passage pour les vaisseaux qui veulent se rendre d'une mer dans une autre. — Eh bien, cherchez... Je vous conseille de porter vos regards tout à fait au S. de l'Europe, vers le S. E. — Ah! monsieur, en voilà un pour sûr ; il sépare l'Europe de l'Afrique, et fait communiquer l'océan Atlantique avec la Méditerranée. — Très-bien ; lisez son nom. — Détroit de Gibraltar. — Ainsi, mes enfants, au S. E., l'Europe n'est séparée de l'Afrique que par un *détroit*, le détroit de Gibraltar. On vous dira plus tard pourquoi ce détroit s'appelle ainsi. A votre tour, Ambroise ; promenez vos yeux et votre baguette à l'opposé, c'est-à-dire vers le N. E. de l'Europe, et tâchez d'y découvrir aussi un détroit, sinon plusieurs. — Monsieur, j'en tiens un... deux... trois! — Nommez-les vite. — Le Sund, le Cattégat, le Scager-Rack. — Quelles mer font-ils communiquer? — La mer du Nord et la mer Baltique. — Entre quelles contrées se trouvent-ils? — Entre une grande presqu'île que je vois appelée la *Suède* et la *Norvége*, et des îles à travers lesquelles je vois écrit *Danemark*. — Ces mêmes îles ne forment-elles pas un groupe? La mer n'est-elle pas semée d'îles dans ces parages? — Si, monsieur. — Qu'en concluez-vous? — Qu'il y a là un *archipel.* — Vous verrez plus tard que c'est l'archipel Danois.

Mes enfants, vous vous êtes montrés très-attentifs. Pour vous en récompenser, nous allons faire maintenant un petit voyage; que dis-je, un petit voyage? un long voyage autour de l'Europe, et sur mer par-dessus le marché! Que nous faut-il pour cela? — Un vaisseau. — Et où pouvons-nous nous *embarquer*, monter sur ce vaisseau? — Dans un port. Qu'à cela ne tienne; la plupart de ces villes que vous voyez situées sur les bords de la mer, sont des ports. Choisissons au hasard. Tenez, embarquons-nous là haut, à Arkangel. Peu nous emporte, pour le moment, que cette ville soit en Russie, qu'il y règne un froid rigoureux, etc.; c'est un port, un lieu où l'on peut s'embarquer; cela nous suffit. Je remarque pourtant que cette ville est située *au fond*, c'est-à-dire à l'extrémité d'un *golfe.* Vous rappelez-vous ce que c'est qu'un golfe? — Une partie de mer qui s'avance dans les terres.

Quittons ce golfe au fond duquel se trouve Arkangel; nous gagnons la *pleine* mer. Toutefois sommes-nous déjà dans l'Océan à proprement parler? Non, nous sommes dans ce que nous avons appelé une mer particulière. N'avons-nous pas dit, en effet, que l'océan, la mer, cette vaste étendue d'eau qui couvre les trois quarts de la terre, prend des noms fort divers, forme, surtout dans le voisinage des côtes, des mers particulières, tirant leur nom tantôt d'une circonstance, tantôt d'une autre? — Si, monsieur, nous avons dit qu'il y a la Manche, la mer du Nord. — Eh bien, celle où nous sommes est la mer Blanche. Je suppose qu'on la nomme ainsi parce qu'elle est souvent couverte de glace ou de neige. De quel côté se dirige notre vaisseau ou plutôt ma baguette qui le représente? — Vers le N. — Et maintenant? — Vers l'E. — Et encore? — Vers le S. — Il me semble que là, sur les côtes de la Norvége, la mer est passablement semée d'îles. Comment appellerez-vous ces groupes d'îles? — Des archipels. — Vous

vous souvenez donc qu'un groupe, qu'une réunion d'îles est un *archipel*. Continuons. Nous traversons ce que nous avons appelé le Skager-Rack, le Cattégat, le Sund, et nous sommes de nouveau dans une mer particulière, dans la Baltique, jetée là au milieu des terres comme un grand golfe et en projetant elle-même bien d'autres : un... deux... trois... quatre. Au fond ou à l'extrémité de celui-ci, il faut nous arrêter ; la mer nous manque ; nous nous trouvons en présence d'une terre assez resserrée entre l'océan Glacial, où nous étions tout à l'heure, et la mer Baltique, où nous sommes maintenant, d'une terre qui nous empêche d'achever de faire le tour de cette grande presqu'île, et qui l'unit au continent. Comment pourrez-vous l'appeler à raison de ce qu'elle joint une presqu'île au continent? — Un *isthme*.

Retournons donc en arrière. Passons de nouveau par le Sund, le Cattégat et le Skager-Rack. Ces bras de mer ne sont, ma foi, pas trop larges, surtout le Sund ; ils séparent notre grande presqu'île de tout à l'heure des îles voisines ; ils font communiquer la Baltique avec la mer du Nord..... Quel nom dès lors pouvez-vous bien leur donner? — Le nom de détroit. — Ce sont en effet des *détroits* ; nous les connaissons déjà. Et la mer du Nord aussi, nous la connaissons déjà ; elle aboutit, près de notre pays, à un détroit que vous appelez?... — Le Pas-de-Calais. — Puisque nous voilà chez nous, cherchons, sur la côte, un port pour y faire *relâche* : Calais ; *débarquons*, et reposons-nous là jusqu'à la prochaine leçon. Ou plutôt, reposez-vous, car, moi, il faut que je vous retrace au tableau noir les mers que je viens de parcourir. Voyez bien si je n'oublie pas quelque *mer particulière*, quelque *golfe*, quelque *archipel*, quelque *presqu'île* ou quelque *détroit*.

TROISIÈME LEÇON.

Mes chers enfants, par quoi avons-nous terminé notre dernière leçon de géographie? — Par un voyage. — Sur terre ou sur mer? — Sur mer. — Sans doute, même que nous nous imaginions que nous avions à notre disposition un navire et des marins pour le conduire. Nous nous étions embarqués à Arkangel, sur la mer Blanche. Nous sommes entrés dans l'océan Glacial, puis dans l'Atlantique, puis dans la Baltique; revenant ensuite sur nos pas, nous avons traversé ici... — Des détroits. — Qu'est-ce à dire des détroits? — Des bras de mer resserrés entre deux terres. — Ajoutez qui mettent deux mers en communication. Ainsi, les détroits dont vous parlez nous ont permis de passer de la Baltique dans la mer du Nord. N'avons-nous remarqué, dans notre excursion, que des détroits? — Oh! beaucop d'autres choses encore : des mers particulières..., des golfes..., des archipels... une grande presqu'île..., un isthme. — Où nous sommes-nous arrêtés enfin? — Dans un port..., à Calais. — En effet, et voilà notre vaisseau qui nous attend. Les *matelots* ont *appareillé*; le pilote est à son poste pour nous sortir du port; le vent enfle les voiles... Messieurs les voyageurs, vous avez eu le temps de vous reposer, de vous guérir du *mal de mer* si vous l'aviez attrapé, faites vos paquets et retournez *à bord*: *rembarquez-vous*, pour continuer notre tour d'Europe. Seulement, nous allons prendre *le chemin des écoliers*, c'est-à-dire celui qui n'est pas le plus court s'il n'est pas tout à fait le plus long, celui que prendrait volontiers plus d'un d'entre vous pour venir à l'école. Nous voici en pleine mer. Nous quittons encore une fois ce bras de mer assez étroit qu'on appelle Pas-de-Calais pour entrer?... — Dans la mer du Nord. Nous tournons vers l'ouest, puis vers le sud. Nous voici?... — Dans le *canal* du Nord..., dans la mer d'Irlande..., dans le *canal* Saint-Georges..., dans la *Manche*. — Que vous indiquent tous ces mots : *canal* du Nord, *canal* Saint-Georges, la *Manche?* — Encore des parties de mer resserrées entre des terres. — Et cette grande terre dont nous avons presque fait le tour, vous l'appelez? — Une île. Que forme-t-elle avec toutes les autres îles qui l'avoisinent? — Un archipel. C'est, avons-nous dit, l'archipel britannique. Mais la nuit s'est faite; nous apercevons vaguement, devant nous, des côtes, nos chères côtes de France. Comment appelez-vous ces feux qui y brillent de loin, sur des hautes tours? — Ce sont sans doute des *phares*. Éloignons-nous alors, car il y a, outre les côtes, des rochers à fleur d'eau bien dangereux; j'entends les flots s'y heurter, s'y briser; ce sont? — Des *brisants*....., des *récifs*..., des *écueils*. Le jour est revenu; nous sommes d'ailleurs *au large;* nous n'avons plus rien à craindre; continuons à noter ce que nous apercevons. Cet avancement de la Manche dans les terres?... — C'est un *golfe*. Cet autre avancement beaucoup moins considérable?... — Une *baie*. Oui, le premier est le golfe de la Seine, le second la baie de Cancale; il m'importe peu d'ailleurs que, pour le moment, vous reteniez ces noms. Mais le vent s'est élevé; le tonnerre gronde; c'est la tempête qui menace... Où nous réfugier, mon Dieu? Cherchons vite quelque petite baie, quelque *rade*, où nous soyons à l'abri de ce grand vent. En voici une, il me semble; la reconnaissez-vous? — C'est la *rade* de Brest. En effet, il n'est pas facile d'y pénétrer; son entrée ressemble un peu au goulot d'une bouteille, et c'est peut-être pour cela qu'on l'appelle le *goulet*. Un pilote nous introduit dans le port; nous *jetons l'ancre*, un de ces gros instruments en fer à deux crochets que je viens de dessiner. Notre vaisseau va rester là solidement attaché en attendant que le vent cesse et que la mer s'apaise Pendant ce temps, jetons un regard au loin sur le *continent*. Voici une *presqu'île*, la presqu'île du Cotentin; un *cap*, de nombreuses *pointes*, qui s'avancent dans la mer et y terminent des chaînes de montagnes; l'*embouchure* de la Seine, celle de la Loire, c'est-à-dire l'endroit où ces *fleuves se jettent* dans la mer.

Le calme s'est rétabli; reprenons encore une fois notre voyage et continuons à *côtoyer* la France. Voici deux îles fort rapprochées l'une de l'autre, les îles de Ré et d'Oléron ; amusons-nous à en faire le tour : que trouvons-nous? — Des *pertuis*. Qu'est-ce à dire? — Des bras de mer fort étroits auxquels on a donné ce nom.

Mais il nous reste beaucoup de chemin à faire et bien des choses à voir ; hâtons-nous. Quittons cette mer de France et ce golfe de Gascogne. Entrons hardiment dans l'océan Atlantique, puis quittons-le pour pénétrer dans cette vaste mer *intérieure*, jetée là comme un grand *lac* dans l'intérieur ou au milieu des terres, et qu'on appelle à cause de cela la mer *Méditerranée*. Traversons le *détroit* de Gibraltar. C'est fait. Ah! si nous avions le temps, nous nous arrêterions volontiers dans ces parages : le ciel, si triste en ce moment chez nous, y est bleu et pur ; l'air y est tiède ; le soleil y brille comme dans nos plus beaux jours. Cette grande presqu'île, au S. de laquelle nous sommes, est le pays des oranges et d'autres fruits auxquels vous goûteriez volontiers ; mais nous sommes en ce moment comme le Juif-Errant dont vos grand'mères vous ont bien sûr conté l'histoire, il nous faut avancer, avancer toujours.

Nous naviguons donc dans la Méditerranée. Laissons de côté toutes les autres îles qu'elle contient et ne nous occupons que de celle-ci, de la Sicile. Faisons-en le tour. Quelqu'un d'entre vous se rappelle-t-il le nom de ce bras de mer qui la sépare de l'Italie? On a placé là, il me semble, près de Messine, un *phare*... — Ce bras de mer s'appelle le *Phare* de Messine. Très-bien, mais écoutez!... On entend des bruits souterrains, semblables à de lointains coups de tonnerre... la terre tremble... la mer bouillonne..... Soudain, à notre droite, à notre gauche, derrière nous, éclatent comme d'immenses incendies. Je vois là, en Sicile, ici, en Italie, ici encore, dans une petite île, la terre vomir des torrents de flammes et de fumée. Que peut-il bien y avoir dans ces pays, pour produire ces secousses et ces lueurs sinistres? — Ce sont sans doute des *volcans*....., des montagnes qui vomissent des flammes. Justement, Paul, vous avez une heureuse mémoire. Il ne vous reste qu'à vous rappeler le nom donné à l'ouverture même d'où s'échappent les flammes du volcan. — On appelle cette ouverture le *cratère* du volcan. C'est bien cela ; l'on dit le *cratère* du Vésuve, le *cratère* de l'Etna, le *cratère* du Stromboli ; car c'est ainsi, comme vous le verrez plus tard, que s'appellent les trois volcans qui viennent de nous causer une si grande frayeur. Croyez-vous qu'il y ait ainsi partout des volcans sur la terre? Heureusement que non. Il y en a eu autrefois dans notre France ; mais ils sont *éteints ;* ils ont cessé d'être en *activité ;* rien ne s'échappe plus de leurs cratères silencieux, et, jusqu'à nouvel ordre, jusqu'à ce que de nouvelles *éruptions* se produisent, si jamais il s'en produit, vous pouvez dormir tranquilles, ou plutôt, mes chers petits, étudier paisiblement, en attendant que vienne pour vous l'âge de travailler aux champs ou à l'atelier.

Quittons ces contrées où le sol tremble et rendons-nous tout d'un trait au terme de notre excursion. De la Méditerranée proprement dite, passons dans cette mer qui est si semée d'îles qu'on l'a appelée l'*Archipel*, puis pénétrons par ce détroit (le détroit des Dardanelles) dans la mer de Marmara, et enfin arrivons sur les rives du *Bosphore*. Rappelez-moi ce que veut dire ce mot. — Passage ou trajet d'un bœuf, bras de mer assez étroit pour qu'un bœuf puisse le traverser à la nage. Le *Bosphore*, le *bosphore* ou le *canal* de Constantinople, n'est donc pas autre chose non plus qu'un de ces bras de mer resserrés entre deux terres, auxquels on a donné, comme nous l'avons vu, le nom général de *détroit*, et les noms particuliers de *manche*, de *canal*, de *pas*, de *pertuis*, de *phare*, de *bosphore*.

Vous avez compris que le but de cette leçon était de vous bien fixer sur ces dénominations, et aussi de vous rappeler une partie des mots qui composent la *nomenclature géographique : île, presqu'île, isthme, golfe, baie, rade, cap, pointe, archipel.* Nous achèverons cette étude avec l'année dans notre prochaine leçon. Pour vous récréer, voulez-vous essayer de dessiner notre navire ou vaisseau, que j'ai laissé là sur notre tableau noir? Hâtez-vous, car, comme nous reviendrons de Constantinople en France par la voie de terre, nous n'en avons plus besoin, et, dans un quart d'heure, je l'effacerai en faisant nos adieux à la mer.

QUATRIÈME LEÇON.

Mes chers voyageurs, dans nos dernières leçons de géographie, nous avons presque fait le tour de l'Europe. Après avoir parcouru maintes *mers particulières*, franchi *maints détroits*, reconnu des *îles*, des *presqu'îles*, des *archipels*, voire même des *volcans*, nous nous sommes arrêtés, si je me souviens bien, sur les bords d'un bras de mer que nous appellons *bosphore*, le bosphore ou canal de Constantinople. Paul, pourriez-vous le retrouver? — Le voici, à l'est de l'Europe, entre l'Europe et l'Asie. En effet, mais nous sommes là terriblement loin de la France et de Saint-Sigismond! Si, comme je n'en doute pas, la *patrie* et le *pays natal* vous sont chers, vous devez avoir hâte d'y revenir. C'est ce que nous allons tâcher de faire aujourd'hui. Seulement, si vous m'en croyez, nous quitterons cette fois la mer pour tout de bon, et, pour varier nos plaisirs, nous prendrons la voie de terre. Ah! si nous avions plus de temps, si surtout vous étiez plus grands et plus instruits, nous aurions bien des choses à voir et à dire sur les contrées où nous nous trouvons en ce moment. Nous prendrions encore une fois le chemin des écoliers; nous ferions une excursion dans ce grand pays que vous voyez appelé la Russie. Nous y trouverions des choses que nous n'avons pas encore nommées, par exemple, des *déserts*, c'est-à-dire des étendues de terres où l'on ne rencontre à peu près ni habitants, ni champs cultivés, ni villes, ni villages; des choses que nous connaissons déjà, des *plateaux*, c'est-à-dire des *plaines* fort élevées, où il doit faire bien froid en ce moment.

Mais non, nous sommes petits et pressés d'ailleurs de nous rendre; nous allons tâcher de trouver un chemin aussi court et aussi direct que possible. Tenez, j'aperçois un grand fleuve qui traverse presque toute l'Europe vers son centre. Il coule évidemment dans une *vallée*. Nous la suivrons, et je vois d'avance qu'elle nous conduira, sinon en France, du moins bien près de nos frontières. Le fleuve dont je veux parler, c'est le Danube. Je fais tout d'abord plusieurs remarques à son sujet : il se jette dans une mer, et c'est pour cela que nous disons que c'est un *fleuve*. Il s'y jette par plusieurs *embouchures*, qu'on appelle *bouches*, et l'on dit : les *bouches du Danube*, comme l'on dit en France : les *bouches du Rhône ;* enfin, deux de ses bras forment, avec le rivage de la mer, un *triangle* comme cela... une lettre qui est le *d* des Grecs et que ceux-ci appellent *delta ;* il en est encore de même de notre fleuve du Rhône, et c'est pour cela qu'un jour, quand on vous fera étudier le cours du Rhône, on vous parlera de son *delta* en même temps que de ses *bouches*.

Mais partons sans plus tarder en nous dirigeant vers l'ouest, vers la France. Nous suivons, avons-nous dit, le Danube ou sa vallée, mais en allant vert sa *source*. Direz-vous que nous *remontons* le Danube ou que nous le *descendons ?* — Nous dirons que nous le remontons. — Pourquoi ? — Parce que nous allons du côté d'où viennent ses eaux, d'où ses eaux coulent d'un lieu plus élevé vers des lieux plus bas ; ce serait le contraire si nous marchions vers son embouchure ; dans ce dernier cas, nous dirions que nous le descendons. Puisque l'occasion s'en présente, laissez-moi vous dire que les pays ou les villes qui sont devant nous, au-dessus de l'endroit où nous sommes, sont en *amont* du fleuve ; que les pays ou les villes qui sont derrière nous, au-dessous de l'endroit où nous sommes, sont en *aval*. Appliquons cette observation à ce qui est plus près de nous, à notre rivière même de Saint-Sigismond. Plaçons-nous par la pensée sur le pont que traversent tous les jours plusieurs d'entre vous pour venir à l'école ; tournons-nous du côté d'où l'eau descend des montagnes, ou, si vous aimez mieux, des collines de la forêt de Charnes, que pourrons-nous dire de la maison de M. le maire, du moulin à eau qui en est tout proche? — Qu'ils sont en *amont* du pont. — Et des maisons qui sont derrière nous, par où la vallée s'abaisse de plus en plus? — Qu'elles sont en *aval* du pont. Bien, voilà encore quelques expressions ajoutées à notre nomenclature géographique. Poursuivons notre voyage en en rappelant d'autres que nous avons peut-être oubliées. Ambroise, vous avez votre main droite et votre main gauche ; le Danube, lui, comme tous les cours d'eau, a sa rive droite et sa rive gauche. Montrez-moi les pays qui sont sur sa rive droite?... sur sa rive gauche?...

Comme tous les fleuves encore, le Danube est grossi peu à peu par des cours d'eau qui viennent s'y jeter. Rappelons-nous premièrement que ces cours d'eau sont de simples *rivières*, secondement qu'ils sont des *affluents* du fleuve dans lequel ils se jettent. Ambroise, montrez-nous des affluents du Danube, sur sa rive droite?..... sur sa rive gauche? Et les points où ces affluents joignent le fleuve, comment les appelez-vous? — Des *confluents*. — Que direz-vous de ces villes qui se trouvent juste à ces points de rencontre ou de jonction? — Qu'elles sont au confluent du Danube et de telle ou telle rivière.

Pendant que je parle, ma baguette, en notre lieu et place, remonte le Danube. La voici au milieu d'ombres très-prononcées, si épaisses qu'elles forment comme une masse noire au centre de l'Europe. Que vous indiquent ces ombres? — Des *montagnes*, un *massif* de montagnes sans doute. — C'est bien cela ; on vous dira plus tard que c'est le massif des Alpes. Et ces prolongements, ces *ramifications* qui s'en échappent comme les rameaux du tronc d'un arbre, pour courir dans tous les sens à travers la carte, qu'est-ce que cela vous représente? — Des *chaînes de montagnes*. Très-bien encore ; en voici une qui nous arrête tout court, et où, du reste, commence comme un fin délié, la ligne sinueuse qui nous figure le Danube, où sans doute le Danube prend sa source. Je la vois appelée *monts de la Forêt-Noire*. Elle me paraît fort élevée ; cherchons, pour la franchir, quelque endroit où elle s'abaisse, ne fût-ce que quelque *col*, quelque *défilé*, quelque *gorge*. En voici un : le Val-d'Enfer. Échapponsnous par là, à travers les *précipices*, comme vous verrez que l'a fait un général célèbre, obligé de se retirer devant l'ennemi. Respirons... nous sommes presque en France... nous y sommes... Salut, Saint-Sigismond! C'est là que nous allons nous reposer, ou plutôt nous recueillir pour passer en revue les petites connaissances que nous avons acquises depuis trois mois et en faire, pour ainsi dire, l'inventaire. Ce sera l'affaire du mois de janvier.

Car le voici arrivé, ce mois si cher aux enfants de votre âge. Mais, dites-moi, si, lorsque vous allez souhaiter la bonne année à vos parents, ils vous demandent ce que vous avez appris en géographie, que pourrez-vous leur répondre? Je vais vous l'indiquer en quelques mots.

Vous leur direz : « Cher père, chère mère, nous avons appris ce que c'est qu'une carte : une carte est la représentation par des signes convenus de tout ce qu'on rencontre à la surface de la terre. Nous avons appris à connaître ces signes, à nommer à première vue ce qu'ils représentent : cours d'eau, montagnes, mers, golfes, îles, presqu'îles, détroits, etc. En un mot, nous avons appris à lire sur une carte comme dans notre livre de lecture; car, voyez-vous, cher père, chère mère, une carte, pour qui la sait déchiffrer, c'est un livre. Eh bien, il y a trois mois, ce n'était pour nous qu'une image, qu'un assemblage confus de lignes bizarres, d'ombres sans but, de couleurs sans langage. Aujourd'hui, tout cela s'explique et nous parle. Ceci nous dit : Je suis un fleuve, une rivière; cela, une chaîne de montagne; cela encore, la mer, un golfe, une île. Tenez, voyez plutôt... » Et si l'on voit en effet que vous savez lire, ne fût-ce qu'en bégayant, sur une carte de France ou sur une carte d'Europe, vous aurez, j'en suis sûr, un gros baiser de plus et des étrennes à souhait. Bon jour, bon an, mes chers petits, et à l'année prochaine!

JANVIER

Révision des matières du trimestre précédent.

PREMIÈRE LEÇON.

Mes chers enfants, lorsque vous passez pour la première fois dans un de nos sentiers, les petits accidents de terrain qui se présentent à vos yeux ne se fixent pas tout d'abord dans votre esprit. Pour que vous vous rappeliez bien qu'il y a là un buisson, ici un bouquet de bois, ici encore une vigne, un champ, un fossé, un enclos, etc., il faut que vous fassiez plusieurs fois le même trajet, et que, plusieurs fois aussi, votre attention se porte sur les objets environnants.

Ce qui est vrai pour les excursions que vous faites à travers nos campagnes, où tout vous est pourtant familier, l'est bien plus encore pour celles que je vous fais faire dans le domaine des sciences, où tout est nouveau pour vous, aussi bien les choses dont je vous parle que les mots dont je me sers pour les exprimer. Ainsi, depuis trois mois, nous nous occupons des *éléments* de la géographie, des choses et des mots qu'il faut absolument connaître, sous peine de ne rien comprendre à cette science. Vous avez écouté et vous avez regardé ; vous avez entendu et vous avez vu. Mais je crains bien que, comme dans cette première excursion dont je parlais tout à l'heure, ce que je vous ai dit et montré ne soit pas resté suffisamment gravé dans votre esprit. Je vais donc tout recommencer. Ceux qui ont retenu en retiendront mieux, et ceux qui ont quelque peu oublié raviveront leurs souvenirs. Seulement, lorsqu'on a trois fois moins de temps qu'on n'en avait d'abord pour exécuter un travail, que faut-il faire ? Il faut aller trois fois plus vite. Eh bien, c'est justement où nous en sommes : nous n'avons qu'un mois pour revoir ce que nous avons mis trois mois à étudier ; il nous faut donc doubler et tripler le pas, si nous voulons accomplir notre tâche dans l'espace de temps prescrit par notre programme.

Et d'abord revenons à notre point de départ, à notre salle de classe, à notre école, à notre village. Représentons, comme nous l'avons fait dans notre première leçon, notre salle de classe par des lignes : voici le mur qui est devant nous avec mon bureau et celui du moniteur ; le mur de gauche et le mur de droite; le mur du fond avec cette baie ou ouverture qui marque la place de la porte, avec cette courbe qui n'est autre chose que la niche du poêle ; nos deux rangs de tables avec les espaces du milieu et du pourtour. Comment appelez-vous cet ensemble de lignes ? — Un plan, le plan de notre classe. Il nous reste à l'*orienter*, c'est-à-dire, si vous vous rappelez bien, à indiquer le côté qui est tourné vers le point où le soleil se lève, et qu'on appelle l'*orient*, le *levant* où l'*est*. Le soleil se lève à notre droite ; c'est donc le mur de droite qui est à l'orient, au levant ou à l'est. Le mur de gauche, par contre, regarde ou *aspecte* le point où le soleil se couche, c'est-à-dire le *couchant*, l'*occident* ou l'*ouest*. Et le mur d'en face, celui qui est représenté en haut sur notre plan, vous souvenez-vous vers quel point il est tourné ? — Vers le nord. — Très-bien, vers le *nord* ou *septentrion* ; et le mur du fond ? — Vers le sud. — C'est cela, vers le *sud* ou *midi*. Ne vous ai-je pas dit quelque chose de particulier sur le *nord ?* — Vous nous avez dit que l'aiguille de votre boussole se tourne toujours vers le nord. — Et encore ? — Qu'il y a dans le ciel, au nord, une étoile qui reste immobile pendant que toutes les autres semblent se déplacer pour tourner autour d'elle et autour de la terre. — Quelqu'un saurait-il me nommer cette étoile ? — C'est l'étoile *polaire*. — Paul, la reconnaîtriez-vous parmi toutes les autres ? — Oh ! oui, monsieur, vous nous l'avez montrée plusieurs fois; elle est là, tous les soirs, presque au-dessus de l'église. Très-bien ; je vous récompenserai de votre attention, mes enfants, en vous racontant, à la fin de la leçon, une histoire qui vous montrera qu'il est quelquefois bon de savoir reconnaître l'étoile polaire. En attendant, puisque nous savons où sont l'*orient* ou l'*est*, l'*occident* ou l'*ouest*, le *nord* ou *septentrion*, le *midi* ou *sud*, marquons ces quatre points que l'on appelle? ... — Cardinaux. Marquons, dis-je, ces quatre points cardinaux sur notre plan. Où faut-il marquer le nord? — En haut. — Le sud? — En bas. — L'est? — A droite. — L'ouest? — A gauche. — Et par quelles lettres les indiquerons-nous? — Le nord par un grand N, le sud par un grand S, l'est par un grand E, l'ouest par un grand O, comme sur la girouette qui est au-dessus de l'école. Mettons donc au haut de notre plan un N., au bas un S., à droite un E., à gauche un O.

Comme dans notre deuxième leçon, ajoutons à notre salle de classe tout ce qui l'entoure. Que mettrons-nous à la suite de cette salle, en haut? — Ce qui se trouve au N.: votre cuisine, le vestibule, votre cabinet, la remise à pompe. — Et après? — Après, ce ne serait plus l'école; mais la rue de l'Église. Que mettrons-nous toujours à la suite de notre salle de classe, mais en bas? — Ce qui se trouve au S.: la classe moyenne et la classe supérieure. — Et après? — Après ce serait le champ du père Charlot. Que mettrons-nous à gauche? — Ce qui se trouve à l'O.; la cour, le hangar, le jardin. — Et après? — Ce seraient d'autres maisons. Que mettrons-nous à droite? — Ce qui se trouve à l'E.: le mur de clôture. — Et après? Ce serait la place de la Mairie. J'ai figuré par des lignes tout ce que vous m'avez indiqué. Qu'avons-nous maintenant sous les yeux? — Le plan de l'école et de ses dépendances. Et si je figurais en outre tout ce qui est contigu à l'école, puis, de proche en proche, les rues, les maisons, les champs, tout ce qui forme notre village, notre commune? — Vous feriez le plan de notre village, de la commune; mais le tableau noir serait trop petit; vous seriez obligé de tout diminuer, de tout rétrécir, de tout faire plus petit. — A-t-on fait le plan de la commune? — Oui, monsieur, et vous nous l'avez montré. Le voici de nouveau sous vos yeux. Reconnaissez ici l'école où nous sommes; vers le N., le cimetière; vers le S., le quartier de la Plaine; vers l'E., la mairie; vers l'O., la rivière avec le lavoir, l'abreuvoir, etc. ; vers le N. E., l'église ; vers le S. E., l'asile et l'école des filles ; vers le N. O., l'hospice ; vers le S. O., la fabrique... Mais je maperçois que j'emploie d'autres expressions que celles de N., S., E. et O., c'est-à-dire que celles qui désignent les points cardinaux. Je dis : N. E., N. O., S. E., S. O. ; il y a donc d'autres points de direction que les quatre points cardinaux proprement dits ? — Il y a encore les points intermédiaires : N. E., veut dire entre le N. et l'E. ; N. O., entre le N. et l'O. ; S. E., entre le S. et l'E ; S. O., entre le S. et l'O. — Montrez-moi que tout cela est dans votre intelligence au moins autant que dans votre mémoire, et que vous ne confondez pas tous ces points entre eux. Ambroise, prenez ma baguette ; dirigez-vous de l'école vers le N..., vers le S..., vers l'E..., vers l'O..., vers le N. E..., vers le N. O..., vers le S. E..., vers le S. O... Enfin, placez la baguette tout à fait au N. du plan communal ; où est l'école par rapport à ce point ? — Au S. — De quel côté se dirigent les enfants qui habitent au N. de la commune pour venir à l'école ? — Vers le S. — Et pour retourner de l'école chez eux ? — Vers le N... Mais c'est très-bien tout cela, et me voilà obligé de vous raconter l'histoire que je vous ai promise. Écoutez-la ; encore bien qu'elle n'ait pas été inventée à plaisir et pour les besoins de la cause, elle aura l'avantage de vous rappeler quelques-unes des expressions géographiques dont nous nous sommes servis dans nos entretiens.

Albert était un enfant assez peu désireux de s'instruire : il croyait notamment que s'il avait quelque intérêt à étudier ce qui se passe sur la terre, il n'en avait aucun à savoir comment vont la lune ou l'étoile polaire.

Un jour, son précepteur (celui même qui vous parle) et lui furent députés du château de la Canté qu'ils habitaient, à celui de la Bretêche, situé à sept ou huit kilomètres de là. C'était une agréable promenade à faire, par une belle après-midi de novembre, à travers les bruyères et les sapins de la Sologne.

Ayant mal mesuré leur temps, ils se trouvèrent attardés pour le retour. Ils n'étaient pas encore à moitié chemin que le soleil disparut et qu'une brume épaisse s'éleva des landes et des étangs ; les ténèbres se firent ; il devint impossible de reconnaître des sentiers à peine tracés..., bref, ils furent bientôt égarés de telle sorte que les *quatre points cardinaux* se confondirent pour eux, et qu'ils ne surent plus de quel côté ils se dirigeaient.

Point de passants pour les renseigner ; une solitude profonde, un vrai *désert;* un silence sinistre que troublaient seuls le bruissement du vent dans la cime des arbres, les hou-hou du chat-huant, les soubresauts des lièvres, des lapins ou des renards troublés dans leur gîte, le hurlement de quelque loup à la recherche de sa proie, ou tout simplement le froissement des hautes herbes sous les pas de nos deux voyageurs. Albert tremblait de frayeur ; le précepteur n'était guère plus rassuré ; la situation devenait inquiétante : on courait risque de passer la nuit à la belle étoile.

Mais voici que le brouillard s'abaisse ; si la terre reste obscure, le ciel s'éclaircit et les étoiles apparaissent. Aussitôt le précepteur en cherche une ; devinez-vous laquelle? — L'étoile polaire sans doute ? — Justement. Il la reconnaît seulette, à la queue d'une constellation que l'on appelle la Petite-Ourse, que j'ai montrée à plusieurs d'entre vous, et que vous pouvez reconnaître ici, dans ce groupe d'étoiles que je viens de tracer sur le tableau noir... Il la montre à Albert et lui explique l'importance de cette découverte : le château de la Bretèche est au N. de celui de la Canté ; donc en tournant le dos au N., à l'étoile polaire, on tourne le dos aussi au château de la Bretèche et l'on marche vers le sud, vers la Canté ; comprenez-vous ?...

Albert a compris ; il se rassure, il monte même bravement sur un arbre comme le Petit-Poucet, et, ô bonheur !... comme le Petit-Poucet aussi, il aperçoit dans le lointain une lumière qui brille et qui s'agite. C'est un fanal que la prévoyance maternelle a fait placer au haut d'une tourelle pour servir de *phare* aux deux attardés. Voilà deux points de repère au lieu d'un : par derrière, au N., l'étoile polaire ; à l'opposé, au S., la bienheureuse lumière. C'est plus qu'il n'en faut pour *s'orienter* et pour se reconnaître. Inutile de vous dire la suite et la fin de l'aventure. Nos deux voyageurs reprirent courage. Que bien, que mal, non sans se heurter à maint buisson, sans trébucher à maint ados de fossé, ils arrivèrent... Depuis ce temps, Albert cessa de bâiller aux leçons de géographie de son maître, et vit qu'il pouvait être utile de savoir lire un peu sur la carte du ciel en même temps que sur les cartes de la terre.

Je vous raconterais bien une autre histoire dans laquelle vous verriez une petite *boussole* sauver la vie à une bonne religieuse, la sœur Gabrielle. Mais il ne faut pas faire comme nos deux voyageurs de tout à l'heure, nous attarder dans notre petit enseignement : ce sera pour une autre fois. — Si mon historiette vous a causé quelque plaisir, rendez-le-moi en reproduisant sur votre ardoise cette *rose des vents* qui vous indique les quatre points cardinaux et les autres points intermédiaires.

DEUXIÈME LEÇON.

Mes enfants, dans la petite histoire qui a terminé notre dernière leçon, j'ai laissé échapper le mot de *cartes de la terre et du ciel* sans les expliquer. C'est que vous savez depuis longtemps ce que c'est qu'une *carte*. Vous veniez de renouveler connaissance avec le *plan* de notre école et de notre commune, cela me suffisait. Ce mot de *carte* vous faisait songer immédiatement à ces plans très-diminués, très-réduits, où l'on figure des pays d'une étendue considérable, en indiquant, par des signes convenus d'avance, leurs contours, leur forme, les principaux accidents de terrain ou géographiques qui s'y rencontrent : cours d'eau, lacs, montagnes, mers, îles, etc. Vous vous êtes rappelé qu'il y a une grande ressemblance entre un plan et une carte ; que, sur une carte, tout est disposé comme sur un plan ; qu'on y figure en haut ce qui est au N., en bas ce qui est au S., à droite ce qui est à l'E., à gauche ce qui est à l'O.; qu'on réserve le nom de plan pour la représentation d'une maison, d'une propriété, d'une commune, et qu'on donne le nom de carte à la représentation d'un canton (réunion de plusieurs communes), d'un arrondissement (réunion de plusieurs cantons), d'un département (réunion de plusieurs arrondissements), de la France (réunion de tous es départements dont se compose la France). Tenez, reconnaissez la carte de notre canton..., de notre arrondissement..., de notre département..., de la France entière... Qu'est-ce que toutes ces cartes? Des plans réduits; la représentation, par des lignes et des signes convenus, d'étendues de pays plus ou moins considérables, ici de notre canton, là de notre arrondissement, de notre département, de la France. Ces cartes sont disposées, orientées comme notre plan de la dernière leçon: ce qui est au N. y a été placé vers le haut; ce qui est au S., vers le bas; ce qui est à l'E., vers la droite; ce qui est à l'O., vers la gauche. Vous pouvez y voyager au moins aussi facilement que sur notre plan communal. Exerçons-nous d'abord sur la carte de notre canton: Paul, prenez la baguette, placez-en le bouton au milieu de notre commune de Saint-Sigismond; dirigez-vous vers le N.; que rencontrez-vous? — La commune de Marcilly. — Dirigez-vous vers le S; que rencontrez-vous? — La commune du Gault. — Que rencontrez-vous vers l'E.? — Saint-Léger. — Vers l'O.? — Saint-Peray. — Qu'en concluez-vous? — Que Marcilly est au N. de Saint-Sigismond, que le Gault est au S., Saint-Léger à l'E., et Saint-Peray à l'O. — Pourquoi, sur cette carte, a-t-on placé Marcilly en haut? — Parce que Marcilly est au N. de Saint-Sigismond et du canton. — Pour aller à Marcilly, de quel côté vous dirigeriez-vous? — Vers le N. — Et pour aller au Gault? — Vers le S. — A Saint-Léger? — Vers l'E. — A Saint-Peray? — Vers l'O. — Faisons ce même exercice sur la carte de l'arrondissement..., du département..., sur la carte de France.

Maintenant que nous savons bien ce que c'est qu'une carte, que nous nous y orientons sans peine, que nous y voyageons sans crainte de nous égarer, voyons ce qu'on a pu y figurer ; ce que veulent dire ces ronds, ces ombres, ces lignes si capricieuses, dont sont semées nos cartes, et jusqu'à ces couleurs dont elles sont enluminées à votre grand plaisir. Tout cela doit représenter sans doute des choses que l'on rencontre à la surface de la terre. Eh bien, sans aller plus loin d'abord, circulons dans notre petit pays de Saint-Sigismond ; nous allons y rencontrer de ces choses, de ces *accidents de terrains*, de ces *accidents géographiques* qui sont figurés sur les cartes. Mais nous avons déjà fait une excursion sur le territoire de notre commune. Vous rappelez-vous ce que nous avons remarqué ? — Des montagnes..., une vallée..., une rivière..., une île..., un plateau..., un lac... Oh oh ! voilà bien de l'honneur pour Saint-Sigismond ! Il faut passablement en rabattre, mes enfants. Avant tout, soyons vrais. Les *reliefs* de notre sol, que vous appelez ambitieusement des *montagnes*, sont de modestes *hauteurs*, tout au plus des *collines* ; la *dépression* que vous décorez du nom de *vallée* n'est guère qu'un vallon ; notre rivière est un *ruisseau*, et l'*île* qui s'y trouve, une bien petite île, un *îlot* ; notre *plateau* est une simple *plaine*, et notre *lac*... un *étang* ; peut-être même qu'un habitant des bords du lac de Genève — un vrai lac, celui-là — nous ferait l'injure de n'y voir qu'une *mare*, et dirait, à notre grande confusion : la mare de Saint-Sigismond.

Pourtant ces accidents de terrain, si médiocres qu'ils soient, suffisent pour nous donner l'idée de ceux qu'on trouve ailleurs, et me permettent de renouveler, sans crainte de n'être pas compris, des définitions déjà peut-être sorties de votre mémoire.

Il y a, à la surface de la terre, des eaux courantes, des *cours d'eau*. Ces cours d'eau commencent à un endroit plus élevé qu'on appelle leur *source* ; ils coulent dans une *vallée* qui leur sert de *bassin*, vers des régions plus basses ; chemin faisant, ils se grossissent des eaux qu'ils recueillent à droite et à gauche ; après avoir été de simples ruisseaux, ils deviennent de véritables *rivières*, et même des *fleuves* s'ils se rendent tout droit à la mer. Les cours d'eau qu'ils reçoivent sont leurs *affluents*, et l'endroit où ces affluents se joignent à eux est un *confluent*. Ils ont une *rive droite*, celle qui est à la droite d'une personne qui les descend, une *rive gauche*, celle qui est à la gauche de cette même personne. Si vous vous tenez au bord d'un cours d'eau, ruisseau, rivière ou fleuve, tout ce qui se trouve au-dessus de vous, du côté d'où viennent les eaux, est en *amont*; tout ce qui se trouve au-dessous, c'est-à-dire du côté opposé, du côté vers lequel les eaux s'en vont, est en *aval*. Sur les cartes on représente les cours d'eau par de simples lignes, d'abord fines comme un délié à leur source, puis de plus en plus accentuées, de plus en plus grosses à mesure qu'ils s'avancent vers l'endroit où ils se terminent, vers leur *embouchure;* seulement, à raison de ce que, dans leur course, les rivières ou fleuves ne suivent pas un chemin droit comme une règle, qu'ils sont renvoyés tantôt à droite, tantôt à gauche, par les obstacles qu'ils rencontrent, qu'ils sont obligés de décrire toutes les *sinuosisés* de leur vallée, les lignes qui les représentent sont *sinueuses*, forment des courbes, des angles arrondis, à peu près comme ces serpents ou couleuvres dont nous avons parlé dans le temps. Il va sans dire que, pour distinguer les cours d'eau les uns des autres, on leur a donné des noms tout comme on vous en a donné à vous-mêmes. Ainsi, l'on dit : l'Yonne. la Seine, la Loire, le Rhône, etc.

A la carte maintenant, et trouvons-y tout ce que nous venons de nommer. Pour plus de commodité nous choisirons la carte de France.

Paul, montrez-nous des cours d'eau... Suivez-les de leur source à leur embouchure... Quels noms divers prennent les cours d'eau?— Tout petits, ce sont des *ruisseaux;* plus grands, ce sont des *rivières;* s'ils se rendent directement à la mer, ce sont des *fleuves*. — Prenez-en un à votre choix, que nous allons étudier un peu à fond avec vous.— Je choisis la Seine. — Montrez-nous la source de la Seine. — La voici. — En effet; descendons la Seine; qu'est-ce que cela veut dire, *descendre* la Seine? — Marcher dans le même sens que ses eaux. — Montrez-nous sa rive droite... sa rive gauche... Lui voyez-vous des *affluents* sur sa rive droite? — En voici un, l'Aube ; en voici un autre, la Marne; encore un autre, l'Oise. — Et sur sa rive gauche? — Je vois l'Yonne, le Loing, l'Eure. — Qu'entendez-vous par des *affluents?* — Des cours d'eau qui vont se jeter dans un autre. — Ces affluents de la Seine que vous venez de nous montrer sont-ils des fleuves? — Non, monsieur, ce ne sont que des rivières, parce qu'ils ne se rendent pas tout droit à la mer; la Seine, elle, est un fleuve. — Comment appelez-vous les points où ces rivières se terminent? — Leur embouchure. — Et ces mêmes points à raison de ce que l'Aube, la Marne, l'Oise, etc., y rencontrent la Seine et se mettent à couler avec elle? — Des *confluents*. — Montrez-moi une ville qui soit située au confluent de la Marne et de la Seine? — Charenton. — Une ville qui soit située à l'embouchure de la Seine? — Le Havre. — Maintenant, que direz-vous de ces dépressions, de ces abaissements du sol où coulent la Seine et ses affluents? — Que ce sont leurs vallées ou leurs bassins. — Et par quoi sont formés et comme entourés ces vallées et ces bassins. — Par des montagnes. — Mon Dieu oui, par des montagnes, par des collines, par des plateaux, en un mot par des hauteurs ou reliefs du sol dont nous avons commencé à parler tantôt, et dont il faut nous entretenir maintenant un peu plus longuement.

Une *montagne*, vous le savez, est une élévation de terre au-dessus des terrains environnants. Une petite montagne est une *colline*; après la colline viennent les simples *éminences*, les *buttes*, les *tertres*, les *plis* de terrain. Une suite de montagnes ou de collines forme une chaîne de montagnes ou de collines. Une plaine fort élevée, à laquelle on arrive par des *pentes* tantôt raides, tantôt assez douces, s'appelle un *plateau*. Les montagnes, les chaînes de montagnes, on les représente sur les cartes par des ombres que forment des traits rapprochés les uns des autres au point de presque se confondre. Ces ombres, plus ou moins foncées, plus ou moins accentuées, indiquent donc des montagnes, des chaînes de montagnes plus ou moins élevées. Elles semblent, avons-nous dit, courir sur les cartes comme des chenilles. Ambroise, montrez-nous des chaînes de montagnes ou de collines? — Voici les Pyrénées, les Vosges, le Jura; les collines du Nivernais, les collines du Perche, de Picardie... — Toutes les montagnes ont-elles la même forme? — Non, monsieur; il y en a qui sont terminées en pointe, ce sont des *pics;* il y en a d'autres dont le sommet est arrondi; vous nous avez dit qu'on leur donnait le nom de *ballons* ou de *dômes.* — N'y a-t-il pas des montagnes qui vomissent des flammes et de la fumée ? — Si, monsieur, ce sont des *volcans*; l'endroit d'où s'échappent les flammes et la fumée est le *cratère* du volcan. — Très-bien, et voilà une heureuse mémoire. Pour en finir avec les montagnes, voyons le rôle qu'elles remplissent sur la terre et à quoi elles servent en quelque sorte. Nous avons vu déjà que les chaînes de montagne enserrent les fleuves dans leurs vallées, qu'elles sont comme la ceinture de leurs bassins. Ajoutons que, comme le toit d'une maison, elles partagent les eaux entre ces mêmes fleuves et entre leurs bassins. Quel nom leur donne-t-on quand on les envisage à ce point de vue? – On les appelle des *lignes de faite*, des *lignes de partage des eaux.* — Y a-t-il en France une ligne de partage des eaux? Oh oui, et une bien longue, bien importante à connaître. Tenez, la voici. Elle divise la France en deux grands *versants;* elle fait que les eaux qui tombent du ciel ou qui résultent de la fonte des glaces ou des neiges se rendent, les unes vers l'ouest, dans l'Atlantique, les autres vers le S. E., dans la Méditerranée. Par les ramifications que vous voyez et qui sont aussi des lignes de faite et de partage des eaux, elle distribue à la Seine, à la Loire, etc., la provision d'eau que chacun de ces fleuves est chargé de conduire à la mer.

Achevons en disant que les chaînes de montagnes sont interrompues par des dépressions qui portent tantôt le nom de *col*, tantôt celui de *gorge*, tantôt celui de *défilé*, de *trouée*, etc.; nous nous rappelons le *col* de Naurouze, la *trouée* de Belfort, les *défilés* des Ardennes.

Cours d'eau, ruisseaux, rivières, fleuves, sources, embouchures, affluents, confluents, vallées, bassins..., montagnes, collines, chaînes de montagnes, plateaux, volcans, lignes de faîte ou de partage des eaux, versants..., cols, gorges, trouées, défilés..., voilà, mes pauvres enfants, bien des choses et bien des mots à retenir. Heureusement ce n'est pas pour la première fois que vous entendez parler de tout cela ; c'étaient simplement des souvenirs qu'il fallait raviver. Je l'ai fait de mon mieux ; grâce à l'attention que vous m'avez prêtée, j'espère qu'ils sont fixés pour toujours. Au surplus, l'occasion d'y revenir se présentera plus d'une fois, et croyez-le bien, moi et mes successeurs, nous ne manquerons pas d'en profiter.

TROISIÈME LEÇON.

Mes enfants, notre dernière leçon a été employée à repasser ce que nous avions dit, il y a plusieurs mois déjà, sur les *cours d'eau*, sur les eaux qui coulent plus ou moins rapidement dans le *lit* que la nature leur a préparé au milieu de leur *val* ou *vallée*. Parlons aujourd'hui des eaux qui demeurent renfermées dans leur bassin comme dans un vase dont les bords ne leur permettent pas de s'échapper. Ces eaux forment des *nappes* plus ou moins étendues. Tantôt elles sont paisibles et unies, elles semblent dormir et méritent bien le nom d'*eaux dormantes* ou *stagnantes* qu'on leur a donné ; tantôt le vent *ride* leur surface, les fait *onduler*, et même les soulève bruyamment par masses qu'on appelle des *flots*. Une nappe d'eau déjà un peu considérable comme celle qui est dans notre plaine, prend le nom d'*étang ;* plus considérable encore, elle prend le nom de *lac ;* amère, salée, immense au point de couvrir les trois quarts de la terre, elle s'appelle la *mer* ou l'*Océan*. Les étangs et les lacs ont leurs *bords* ou *rivages ;* la mer a ses *côtes*, tantôt basses, tantôt escarpées, qui lui opposent une barrière infranchissable. Paul, montrez-moi, sur la carte de France, des étangs..., des lacs..., la mer. Suivez avec la baguette les côtes de l'océan Atlantique..., de la mer Méditerranée... C'est bien, mais n'allons pas si vite; arrêtons-nous sur ces côtes, sur celles de l'océan Atlantique, par exemple, pour reconnaître tout ce que nous y avons déjà remarqué dans nos premières excursions.

Et d'abord, qu'indiquent ces ronds, ces sortes de petits zéros que nous ne tardons pas à rencontrer, et qui se confondent presque avec la côte? Ici, comme sur le reste de la carte, ils indiquent des villes, sans doute, mais ces villes présentent quelque chose de particulier; elles ont tout près d'elles un bassin qui communique avec la mer, dans lequel je vois, par la pensée, entrer ces grands bateaux que nous avons appelés des vaisseaux... — Ces villes sont des *ports*. — A la bonne heure; ajoutez que ce sont des *ports de mer*, car il y a aussi des *ports* sur les fleuves et les rivières. Ainsi, Dunkerque, Calais, Boulogne, Dieppe, le Havre, Cherbourg, Brest, etc., sont des ports de mer. Les uns servent de points de départ pour les vaisseaux qui vont au loin échanger des marchandises : ce sont des ports *marchands*, des ports de *commerce;* les autres reçoivent surtout les vaisseaux au moyen desquels on fait la guerre même sur l'Océan : ce sont des *ports de guerre*, des *ports militaires*.

J'aperçois ensuite des chaînes de montagnes ou de collines qui s'avancent dans la mer et s'y terminent comme par une pointe. Cette pointe, cet avancement de montagnes dans la mer forme?... — Un cap. — Oui, un *cap* ou *promontoire*, ou tout simplement une *pointe*. Voici le cap Gris-Nez, le cap de la Hève, la pointe Saint-Mathieu, la pointe de Grave, etc.; à quoi ces mots vous font-ils penser? — A des montagnes ou à des collines qui s'avancent dans la mer.

Les bords de la mer sont-ils bien droits, bien réguliers comme ceux de l'étang de Saint-Sigismond? — Oh non, monsieur, ils forment des zigzags, des échancrures, des découpures; tantôt c'est la mer qui s'enfonce dans les terres, tantôt c'est la terre qui s'avance dans la mer. — Donnez à ces échancrures, à ces découpures le nom qui leur convient. Comment appellerez-vous les avancements de mer dans les terres? — Des golfes..., des baies..., des rades..., des anses. Tous ces mots expriment-ils la même chose? Au fond, oui; ce sont toujours des avancements de mer dans les terres; seulement, les plus grands seront des *golfes*, comme le golfe de Gascogne, le golfe du Lion, le golfe de Gênes; les plus petits prendront les noms de *baie*, d'*anse*, de *rade;* voici la baie de la Seine qu'on honore quelquefois du nom de golfe, la baie de Saint-Brieuc, la rade de Brest, etc.

Nous avons maintenant à retrouver les noms que l'on donne aux avancements de terre dans la mer. Mais auparavant, rappelez-moi celui que l'on donne à ces petites étendues de terre qui sont comme perdues au milieu de l'Océan, qui sont entourées d'eau de tous les côtés, et qu'à moins d'être petit oiseau, on ne peut aborder qu'en bateau ou sur un vaisseau. — Ce sont des îles. — Mais je vois, par exemple ici, plusieurs îles formant un groupe... — C'est un archipel. — Je ne veux retenir, pour le moment, que le mot *île*. Eh bien, ces avancements de terre dans la mer, dont je parlais tout à l'heure, sont presque des îles, car la mer les entoure, et les étreint de tous les côtés, excepté par un seul... — Ce sont des *presqu'îles*. — Ou bien encore des *péninsules*, ce qui veut dire exactement la même chose. Voici, sur notre carte de France, une vraie presqu'île, la presqu'île du Cotentin, une autre contrée qu'on pourrait appeler une presqu'île aussi, la Bretagne. Nous en avons vu bien d'autres sur la carte d'Europe : la Suède et la Norvége, l'Espagne, l'Italie, la Morée, la Crimée. A l'occasion de ces deux dernières, nous avons dit qu'on appelait *isthme* la partie de terre qui joint une presqu'île au *continent*. Les isthmes sont quelquefois très-étroits et méritent le nom de *langue* de terre; quelquefois, ils sont fort larges, par exemple l'isthme de Laponie, l'isthme Pyrénéen. Mais je viens de prononcer le mot de *continent;* vous rappelez-vous ce qu'on désigne par ce mot? — Une grande étendue de terres qui se tiennent, que l'on peut parcourir sans traverser la mer. — Quel est l'opposé d'un continent, de ce que nous avons appelé aussi *terre ferme?* — Une île. Maurice, prenez la baguette : passez du continent sur une île, par exemple de France en Angleterre... Revenez sur le continent. Très-bien, mais, dans ce trajet, qu'avez-vous traversé? Une mer bien large? Oh non, un simple *bras* de mer que je vois appelé Pas-de-Calais vers le N. et Manche vers le S. On donne bien des noms aux bras de mer, aux parties de mer plus ou moins étroites, plus ou moins resserrées par des terres. Nous avons répété ces noms presque à satiété dans nos leçons du mois de décembre; ils doivent encore être présents à vos mémoires; un gros bon point à qui me les dira... Vous, Maurice? Eh bien, voyons, je vous écoute. — Les bras de mer resserrés entre des terres portent le nom général de *détroit*, et les noms particuliers de *pas*... le Pas-de-Calais; de *manche*... la Manche que voici; de *canal*... le canal du Nord, le canal de Saint-Georges, que voici encore, le canal de Constantinople, que vous nous avez montré sur la carte d'Europe; de *pertuis*... Voilà des pertuis autour des îles de Ré et d'Oléron; de *phare*... Le phare de Messine. — Et pourquoi a-t-on pu donner à un détroit, au détroit de Messine, le nom de *phare?* — Parce qu'il y a là sans doute un *phare*, un fanal placé au haut d'une tour, sur le bord de la mer. — A quoi servent les phares ainsi placés sur le bord de la mer? — A guider les vaisseaux pendant la nuit, à les avertir que la côte est proche. — Que pourrait-il arriver si l'on ne prenait cette précaution? — Les vaisseaux courraient risque de se heurter aux côtes et de faire naufrage. — N'y a-t-il que les côtes qui soient dangereuses pour les vaisseaux? — Il y a encore les *écueils*, les *récifs* ou *brisants*. — Qu'est-ce que vous appelez ainsi? — Des rochers souvent invisibles parce qu'ils sont à fleur d'eau ou même entièrement cachés sous l'eau. Le vaisseau de Robinson s'est trouvé pris dans des écueils... Ah! vous avez lu Robinson? — Oui, monsieur; c'est très-amusant. — Eh bien, racontez-nous un peu l'histoire de Robinson . . . .

Voilà ce que c'est, mes enfants, que d'avoir vite appris à lire, et aussi d'avoir bien écouté nos petites leçons de géographie. Ainsi, Maurice a déjà pu se donner le plaisir de lire un livre très-instructif, qui l'a vivement intéressé parce qu'il a pu le comprendre, grâce à ce qu'il savait déjà ce que c'est qu'un port, une île, un continent, des écueils, la mer, et tant d'autres choses dont il est question dans le roman de Robinson. C'est très-bien, Maurice, voilà deux bons points au lieu d'un, et, de plus, vous direz à vos parents que je suis très-content de vous, ce qui sera pour vous la plus douce récompense de votre application. Mais vous n'êtes pas le seul dont je sois content. Aussi je vous promets d'achever, à mon tour, notre prochaine leçon par une histoire. En attendant, voici des cartes. Elles sont *muettes;* faites-les parler en écrivant, auprès des signes qu'elles contiennent, les noms que nous venons de passer en revue. Ceux qui ne savent pas encore écrire tâcheront au moins de se rappeler ces noms au fur et à mesure qu'une ville, qu'un cours d'eau, qu'une chaîne de montagnes, qu'un golfe, une baie, un cap, etc., etc., se présentera à leurs yeux.

QUATRIÈME LEÇON.

Mes jeunes amis, nous avons, je crois, récapitulé toutes les petites connaissances que nous avions acquises en géographie pendant nos trois premiers mois d'études. Nous nous sommes ainsi perfectionnés dans la *lecture* des cartes. Il n'est pas un de vous qui ne soit en mesure de reconnaître et de nommer sur une carte les villes, les cours d'eau, les montagnes, la mer avec ses côtes, ses ports, ses golfes, ses îles, etc. C'est beaucoup, mes chers petits, et ce n'est pourtant pas encore tout ce que je désire que vous sachiez. Ainsi les cartes sont bariolées de couleurs diverses comme des habits d'arlequin, pourquoi ? De plus, que veulent dire certaines grandes lignes, droites et raides, celles-là, qui les traversent dans tous les sens, seules ou deux à deux, partant comme d'un grand centre commun pour aboutir aux points les plus opposés? Enfin, que signifient ces suites de points qui, tantôt sont aussi capricieuses que le cours des fleuves ou les côtes de la mer, comme ici, entre la France et la Belgique, tantôt viennent se rejoindre en tournoyant comme pour envelopper une partie de pays? Essayons d'expliquer tout cela.

Dites-moi, n'y a-t-il qu'une seule famille à Saint-Sigismond? Non certainement; il y en a une centaine. Chacune a sa maison, s n lopin de terre, son petit coin, sa petite place à elle sur la terre et au soleil du bon Dieu. Eh bien, en France, il y avait jadis comme de grandes familles : les Normands, les Bretons, les Bourguignons, etc. Les parties du territoire qu'elles occupaient formaient des provinces : la Normandie, la Bretagne; la Bourgogne. Ces provinces, sur une carte de France, sont indiquées chacune par une couleur particulière. On les a fractionnées, divisées en départements. Il a fallu colorier aussi diversement ces départements pour qu'ils ne se confondissent point les uns avec les autres. Voilà pourquoi la carte de France est bariolée de couleurs : chaque couleur indique la place d'un département.

La France forme à son tour comme une grande famille, un peuple, une nation, occupant une partie de l'Europe que voici. Mais elle n'est pas seule en Europe : il y a les Russes, les Allemands, les Anglais, etc. Il a fallu distinguer sur la carte la place où vivent ces autres peuples ou nations, la partie de territoire qui leur appartient. On l'a fait encore au moyen des couleurs, et c'est pour cela que la carte d'Europe est enluminée de bleu, de vert, de rose, de jaune, etc. Ainsi, sur les cartes, les couleurs indiquent des pays ou des parties de pays différentes.

Vous m'avez dit dans le temps que si, de notre classe, on s'avançait toujours vers le sud, on rencontrerait le champ du père Charlot. Il y a, entre les dépendances de l'école et le champ du père Charlot, une *limite* que nous avons indiquée, sur notre plan, par une ligne. De ce côté-ci de la ligne, c'est l'école et ses dépendances; de l'autre côté, c'est le champ du père Charlot. Nous pouvons donc dire que notre école et ses dépendances sont limitées, sont bornées au S. par le champ du père Charlot. Paul, prenez la baguette, partez du milieu de la France, et descendez droit vers le S.; au moment où vous allez sortir de la France, que rencontrez-vous? — Les Pyrénées. — Eh bien, que pouvez-vous en conclure? — Que la France est bornée au S. par les Pyrénées. — Du milieu de la France encore, remontez tout droit vers le N.; que rencontrez-vous? — La Belgique. — Concluez. — La France est bornée au N. par la Belgique. A l'O., vous trouvez pour bornes de la France l'océan Atlantique ; à l'E., des chaînes de montagnes : les Vosges, le Jura, les Alpes, c'est-à-dire des limites posées en quelque sorte par la nature, des limites naturelles. Mais vers le N., vous ne voyez qu'une ligne de points, une de ces lignes de points dont j'ai parlé au commencement de la leçon. Vous voyez de suite que ces lignes de points représentent la limite établie entre deux pays, entre deux provinces ou deux départements *limitrophes*.

Où est notre Parisien?... le voici. Dites-moi, mon jeune ami, comment êtes-vous venu de Paris? — Par le chemin de fer. — Et si le chemin de fer n'eût pas existé, comment auriez-vous pu venir chez nous? — Par la grande route. — N'auriez-vous pas pu venir autrement, par eau, par exemple? — Si, monsieur, par le canal. Je n'insiste pas, mes chers enfants, sur ces trois choses : les chemins de fer, les routes, les canaux. Elles viendront en leur temps. Qu'il me suffise pour le moment de vous faire remarquer que les chemins de fer, les routes et les canaux sont figurés sur les cartes par des lignes, tantôt très-noires ou diversement colorées, tantôt doubles et tantôt simples, dans tous les cas tracés avec une régularité qui indique la main de l'homme et qui vous les fera distinguer facilement, notamment des fleuves et rivières.

Je vous avais annoncé une excursion, le temps nous manque pour la faire. Dites-moi seulement ce qui peut nous guider dans un voyage. — L'étoile polaire. — Le soleil. — Et si on ne voit ni le soleil, ni les étoiles? La boussole. C'est très-bien, et ce mot m'amène tout naturellement à l'histoire que je vous ai promise.

C'était pendant l'hiver de 1855 ou de 1856. Un inspecteur primaire — je puis bien vous dire que c'était moi — finissait par trouver, perdue au milieu des *landes* et des *marais*, la toute petite commune de Lespinoy : une église plus que modeste, un presbytère à l'avenant, trois ou quatre *chaumières*, formaient tout le bourg, le *chef-lieu* de la localité. Çà et là quelques *fermes* isolées, des *écarts* qu'on décorait du nom de *hameaux;* au total 250 habitants. Pourtant Lespinoy avait son école; une bonne sœur enseignait à une vingtaine de petits *paysans* et de petites *paysannes* ce qu'on vous enseigne ici. Sa compagne, la sœur Gabrielle, avait dans son lot le soin des pauvres qui ne manquaient pas, et des malades qui manquaient encore moins.

C'était le soir : la neige s'était mise à tomber en abondance. Pourtant tout le monde était dehors et en grand émoi; la cloche du *village*, mise en branle, mêlait aux sifflements de la *bise* des sons mats et tristes. Qu'y avait-il donc d'extraordinaire? Le voici : la sœur Gabrielle, partie vers midi pour aller, à plus d'une lieue de là, visiter un malade, n'était point de retour!... Inutile de vous dire que la sœur Gabrielle était chère à ces pauvres gens, et que, pour tous, elle faisait en quelque sorte partie de la famille. Qu'était-elle devenue? où la chercher? comment se diriger sous ce ciel sans étoiles, sur cette terre où la neige avait tout confondu, chemins, hautes herbes et buissons. M. le curé était là, partageant l'inquiétude et l'embarras général. Monsieur le curé, lui dis-je, y a-t-il ici un *plan* communal? — Oui, monsieur, il est là, dans la chambrette qui sert de mairie. — Sait-on où s'est rendue la sœur Gabrielle? — C'est à la ferme des Bruyères. — Cette ferme figure-t-elle sur le plan de la commune? — Je le crois. — Voyons.

En effet, la ferme des Bruyères était mentionnée au plan dans la direction de l'*est :* Bonnes gens, allumez vos lanternes de la messe de minuit; armez-vous d'un solide bâton pour vous soutenir, et suivez-moi; Dieu aidant, nous retrouverons la sœur Gabrielle. Quoi! un chien... un cor de chasse... mais c'est providentiel! Monsieur le laquais (le laquais d'un château voisin, le maire du pays, ma foi, se trouvait là avec une trompe et un vigoureux épagneul), monsieur le laquais, soyez des nôtres, je vous prie. Vous serez avec moi le point de ralliement. Quel est l'air qui vous est le plus familier sur votre trompe? — L'air du roi Dagobert. — Eh bien! bonnes gens, quand le cor sonnera n'importe quoi, ce sera simplement pour vous avertir de ne point trop vous écarter; s'il sonne le roi Dagobert, rejoignez, c'est qu'il y aura du nouveau; et maintenant, mettons-nous en route; monsieur le curé, munissez-vous d'un cordial et d'un manteau. — Mais notre guide? — Le voici : il est bien petit, mais il est sûr; soyez tranquilles, il ne se trompe jamais. En même temps je montrais une petite *boussole* que je portais appendue à ma chaîne de montre. M. le curé seul comprit. Ses paroissiens crurent à quelque sortilége : ils n'en eurent que plus de confiance.

Nous partîmes dans la direction de l'E., bruyamment, appelant, fouillant les buissons et sondant la neige.

Nous marchâmes ainsi pendant près d'une heure, le cor ne sonnant que pour nous rallier. Peu à peu le silence s'était fait; notre courage diminuait avec nos espérances et nos forces, et la fatigue en faisait songer plus d'un au retour.

Tout à coup, Stopp (c'était le nom de l'épagneul) fit entendre un aboiement lointain : Monsieur le laquais, sonnez le roi Dagobert, sonnez haut et fort, et dirigeons-nous du côté où Stopp donne de la voix; il m'est avis que la sœur Gabrielle est là, morte ou vivante.

Bientôt nous fûmes près de Stopp. Il se tenait en arrêt devant une sorte de statue assise au pied d'un arbre et recouverte d'une couche de neige comme d'un blanc linceul. C'était bien la sœur Gabrielle, immobile, froide comme un marbre, et tenant dans ses mains roidies un long chapelet.

Un brancard fut improvisé sur-le-champ avec des branches d'arbres; la sœur Gabrielle y fut déposée et soigneusement enveloppée; puis, moitié tristes et moitié joyeux, nous reprîmes le chemin du village, conduits cette fois autant par l'intelligent épagneul que par ma boussole. Je n'oublierai jamais ce convoi demi-funèbre s'avançant silencieusement dans la nuit sombre, à la lueur de nos flambeaux qui donnaient à nos personnes et aux objets environnants les formes les plus bizarres et les plus fantastiques. Je n'oublierai jamais surtout la joie de ces braves gens lorsque, au retour, ils virent la sœur Gabrielle revenir peu à peu à elle, et l'entendirent raconter comment, surprise par la neige à un quart de lieue de la ferme des Bruyères, égarée et à bout de forces, elle s'était assise au pied de l'arbre où nous l'avions trouvée, résignée à mourir et priant Dieu de la recevoir dans son paradis.

Le lendemain, complétement remise, la sœur Gabrielle me pria de lui laisser ma boussole; elle la joignit pieusement aux médailles de son chapelet, et me promit d'associer, jusqu'à la fin de sa vie, notre souvenir à ses bonnes œuvres. Qui sait si, à l'heure qu'il est, elle ne fait pas, elle aussi, une leçon de géographie, et si elle ne rappelle pas avec émotion à ses élèves qu'elle a dû la vie, après Dieu, à une pauvre petite boussole?

FÉVRIER

La terre. — Démonstration familière de la forme de la terre. — Les terres et les eaux. — Les cinq parties du monde. — Les grands océans.

PREMIÈRE LEÇON.

Mes chers enfants, regardez-moi tous..... je suis près de vous; vous me voyez tel que je suis, c'est-à-dire à peu près deux fois aussi grand que Jérôme, le plus petit d'entre vous. Eh bien, supposez que vous soyez à jouer sur la grande route et que vous me voyiez sortir de chez M. le maire, à l'extrémité de la longue avenue de peupliers qui conduit à sa villa, ou, si vous aimez mieux, à son château. Me verriez-vous aussi grand que je suis réellement ? Assurément non ; je vous paraîtrais si petit que vous ne me reconnaîtriez pas. De plus, vous n'avez pas été sans remarquer que, de la route où elle aboutit, l'avenue dont je parle paraît aller en se rétrécissant au point que, près du château, les deux rangs de peupliers vous semblent se confondre. Pourtant, vous savez bien que je conserve toujours la même taille, et que l'avenue a partout la même largeur. Qu'y a-t-il donc pour que vous soyez tentés de me croire plus petit et les peupliers plus rapprochés?... il y a une illusion causée par l'éloignement ; il y a que vos yeux vous induiraient en erreur. si vous n'y preniez garde. Mais ils ne vous trompent point. Vous leur dites : « Non, notre maître n'est pas plus petit là-bas qu'il le serait près de nous; s'il était à nous gronder, de risquer nos membres sur la glace des fossés ; non, les peupliers ne sont pas plus rapprochés, dans le voisinage du château, qu'ils ne le sont ici, au bord de la route ; nous avons vu les choses de près et nous savons à quoi nous en tenir ; tout cela n'est qu'une illusion et une apparence. »

Voici, mes enfants, une autre circonstance où il va falloir vous défier de vos yeux et leur reprocher, jusqu'à nouvel ordre, de ne pas vous dire la vérité, de vous mentir même effrontément, comme... mais chut !... S'il y a eu des menteurs ici, il n'y en a plus. Transportons-nous par la pensée sur la place, ou mieux dans les champs, ou mieux encore dans la plaine, puisque nous avons une plaine dans notre pays. Regardez autour de vous ; comment vous paraît la terre, ronde ou plate ? — Elle nous paraît plate. — Oui, plate comme la surface d'un disque ou d'un gâteau des rois. Eh bien, il n'en est rien ; ce n'est là, comme tout à l'heure, qu'une apparence, une illusion de vos yeux. La terre est ronde comme une boule, ou, pour me servir d'expressions plus relevées, plus géographiques, elle n'est qu'un *globe* immense, qu'une énorme *sphère*, dont vous pourriez faire le tour comme une mouche à laquelle il plairait de faire le tour de cette orange. Cela vous étonne, vous paraît impossible! Rien n'est plus vrai pourtant, et je vais tâcher de vous le démontrer.

Pour le faire, je n'avais, les années précédentes, qu'une pomme ou une orange. Je suis plus heureux aujourd'hui : M. le maire nous a envoyé pour étrennes le magnifique globe que voici sur mon bureau. Cette jolie boule bleuâtre est portée sur un pied ; elle tourne sur elle-même, autour d'une tige, comme une roue de voiture autour de son essieu ; en tournant ainsi, elle présente successivement à nos yeux tous les points de sa surface. — Elle est comme enveloppée par une grande carte, sur laquelle nous retrouvons l'Europe et la France, que nous connaissons déjà, et bien d'autres contrées que nous ne connaissons pas encore. Voici, comme sur nos cartes, des cours d'eau, des montagnes, la mer ou l'Océan. Mes enfants, la terre ressemble de tous points à ce globe, sauf qu'elle est comme suspendue dans l'espace, qu'elle n a pas besoin d'un appui pour la porter, et qu'il lui suffit de la volonté de Dieu pour se soutenir ainsi. Pour le moment, je n'ai qu'à vous montrer que la terre est ronde comme cette boule, cette *sphère* ou ce *globe*. Regardez-le bien, ce globe. Mais regardez aussi ce petit bonhomme de cire que je viens de pétrir entre mes doigts. Ce sera, si vous voulez, Robinson. Je le mets sur son île, au milieu de l'Océan. Il tourne ses yeux ver la mer et cherche si quelque vaisseau ne vient pas le délivrer. En voilà un qui passe bien loin, bien loin. Peut-il le voir? Non; il y a comme une tranche de notre globe, comme une calotte, comme une voûte, qui l'en empêche. Mais le vaisseau se dirige vers lui; que peut-il bien en apercevoir? Le drapeau qui flotte au haut du grand mât, puis la *vigie*, le petit mousse qui se tient tout près de là en observation, et qui, en apercevant de son côté le sommet de quelque montagne de l'île, se met à crier : Terre! Le vaisseau avance prudemment vers la côte... Les voiles, les cordages, puis le pont, puis le vaisseau lui-même, apparaissent aux yeux de Robinson. Pourquoi Robinson ne l'a-t-il pas vu de suite tout entier? — Parce que le globe est rond. — Mon Dieu ! oui, parce que le globe est rond, et qu'il a fallu que le vaisseau gravît peu à peu cette sorte de bosse qui le dérobait d'abord tout entier, ensuite en partie, aux regards du pauvre Robinson.

Mes enfants, ce qui vient de se produire sur ce globe pour notre prétendu Robinson et pour notre prétendu vaisseau, se produit tous les jours pour nous sur la véritable mer. Tenez, un jour que j'étais dans un port de mer, au Havre, les yeux tournés vers la pleine mer, je regardais, avec bien d'autres curieux, arriver des vaisseaux. Savez-vous ce que j'apercevais d'abord? Le haut des mâts, puis les voiles, puis le dessus du navire, ce qu'on appelle le pont, et enfin le navire lui-même. Qu'est-ce que j'ai dû en conclure? Qu'est-ce que vous devez en conclure vous-mêmes? Que la surface de la mer est arrondie comme une voûte, que la terre qu'elle recouvre est arrondie aussi, en un mot *que la terre est ronde*. Voyez, du reste, ce qui arriverait si la mer, et la terre par conséquent, était plate comme vous le pensiez encore il y a cinq minutes. Je mets mon vaisseau, c'est-à-dire la coquille de noix dans laquelle vous voulez bien voir un vaisseau de haut bord, à l'une des extrémités de cette table. Je place mon bonhomme à l'autre extrémité. Mon bonhomme aperçoit-il le vaisseau tout entier? — Oui, monsieur, s'il a de bons yeux. — Oh! mais je les lui suppose excellents; je lui prête même, au besoin, mes lunettes ou ma longue-vue. Que le vaisseau soit au loin ou auprès, il le voit immédiatement tout entier : le haut des mâts, les voiles, le corps du bâtiment, tout s'offre en même temps à ses regards. Il n'en était pas ainsi tout à l'heure, et vous savez maintenant pourquoi : c'est que tout à l'heure le vaisseau naviguait sur une surface arrondie, et que maintenant il navigue sur une surface plate; c'est que tout à l'heure la terre était ronde et qu'elle est plate à présent.

Encore un exemple à l'appui de ce que je viens de vous dire. Regardez cette orange. J'y enfonce à moitié cette grosse épingle qui sera, je suppose, une fourmilière. Voici une fourmi qui voyage sur cette terre parfumée ; elle cherche sa fourmilière. La pauvrette ne peut l'apercevoir d'où elle est, et vous voyez bien ce qui l'en empêche : c'est cette partie de terre arrondie qui se trouve entre elle et l'épingle. Grimpe, grimpe, ma petite, tout droit devant toi. Voilà que tu aperçois au moins la tête de l'épingle. Grimpe encore ; tu vois maintenant l'épingle tout entière. Hélas! ce n'est pas ton gîte, mais, sois tranquille, je te rendrai bientôt au jardin où tu retrouveras ton univers au pied d'un de mes cerisiers. En attendant, tu nous as représenté un de ces petits enfants se rendant à la ville voisine. Il ne voyait rien d'abord de cette ville ; mais, à mesure qu'il avançait, qu'il escaladait cette sorte de voûte qui le séparait de la ville, il en a aperçu les clochers, le toit des maisons ; enfin il a eu la ville entière sous son regard. Ceux d'entre vous, mes enfants, qui ont déjà un peu voyagé, peuvent vous dire que c'est ainsi que les choses se passent. Pourquoi ? *Parce que la terre est ronde.*

Du reste, il y avait un moyen bien simple de s'assurer que la terre est ronde, c'était d'en faire le tour..... On l'a fait bien des fois ; on le fait encore tous les jours. Grâce aux voies de communication qui se multiplient de plus en plus, on pourrait presque le faire aujourd'hui en allant tout droit devant soi, tantôt par terre, tantôt par mer. Partis d'un point, par exemple de Saint-Sigismond qui se trouve ici sur notre globe, et allant toujours en avant dans la direction de l'est, on suivrait la ligne que trace mon doigt. Un beau matin, on serait tout étonné, après avoir traversé mers et continents, de revoir Saint-Sigismond et d'y revenir par le côté opposé à celui d'où l'on serait parti un an ou deux auparavant.

Ainsi donc la terre est ronde comme une boule ou une sphère, comme ce globe. Ce fait vous est acquis. De plus, vous saurez désormais ce que veulent dire ces expressions : la *sphère terrestre*, le *globe terrestre*, ou tout simplement le *globe;* elles signifient la *terre*, la terre que nous habitons, par opposition à cette voûte bleue que nous voyons partout au-dessus de nos têtes, et que nous appelons le ciel. A cette voûte brillent le soleil pendant le jour, pendant la nuit la lune et les étoiles que le bon Dieu y a semées. Ce sont des *astres*, des *globes* aussi, croyons-nous. Il vous sera peut-être donné de les étudier un jour. Pour le moment, c'est seulement de notre terre que nous avons à nous occuper. Vous voilà édifiés sur sa forme ; disons-en encore quelque chose qui me paraît ne pas pouvoir être remis à l'année prochaine.

Ce globe, cela est entendu, nous représente la terre. Nous avons remarqué qu'on peut le faire tourner facilement autour de cette tige qui le traverse de part en part, que nous avons comparée à l'essieu d'une voiture et que nous appellerons *axe ;* retenez ce mot. Est-ce par hasard qu'on l'a disposé ainsi? nullement. On a voulu vous indiquer de suite que notre terre tourne sur elle-même, comme ce globe sur la tige ou l'axe dont je viens de parler. On a même imaginé qu'elle aussi était transpercée ou traversée par un axe autour duquel elle exécute son mouvement. Les points par lesquels cet axe entrerait dans la terre et celui par lequel il en sortirait après avoir passé juste au milieu de la terre, par son *centre*, ont reçu le nom de *pôles*. L'un est tourné vers cette étoile que nous avons appelée l'*étoile polaire*, vers le N. : c'est le *pôle nord*. L'autre, qui est situé à l'opposé, vers le S., s'appellera naturellement le *pôle sud*. Voyons si vous m'avez bien compris. Paul, prenez cette orange. Transpercez-la avec cette aiguille à tricoter. Veillez bien à ce que l'aiguille entre par la queue du fruit et ressorte par la tête, par conséquent à ce qu'elle passe par son milieu intérieur, par son centre. C'est bien. Maintenant quelle est la forme de l'orange? — Elle est ronde. — Comme quoi? — Comme une balle ou une boule. — Servez-vous d'expressions plus relevées et plus dignes d'un géographe. — Comme une sphère ou un globe. — A quoi vous fait songer votre orange ainsi emmanchée, pour ainsi dire? — Au globe que nous a donné M. le maire. — Et par conséquent? — A la terre que ce globe nous représente. — Quel nom pourriez-vous donner à l'aiguille dont vous avez transpercé l'orange? — Le nom d'*axe*. — Comment appellerez-vous les points par où l'aiguille, l'axe, si vous voulez, entre dans l'orange et en sort ensuite? — Les pôles de mon orange, de ma sphère ou de mon globe. — Tournez un de ces pôles vers le N., vers l'étoile polaire dont vous connaissez si bien la place... comment appellerez-vous ce pôle? — Le pôle nord. — Et le pôle opposé sera?... — Le pôle sud. — Faites tourner l'orange autour de l'aiguille à tricoter. Qu'est-ce que ce mouvement vous représente? — Le mouvement de la terre sur son axe. — Laissons là notre orange et allons à notre globe. Que nous représente-t-il? La terre. —Oui, la terre rendue des milliards de fois plus petite qu'elle ne l'est en effet et réduite à cette petite boule, à cette petite sphère, à ce petit globe. Montrez-moi l'axe de la terre... les pôles... le pôle nord... le pôle sud. Faites tourner la terre sur son axe... La terre a-t-elle réellement un axe qui la traverse et aboutisse ainsi, au N. et au S., aux deux pôles?—Non, monsieur; c'est nous qui imaginons cet axe; le bon Dieu n'a pas besoin de cela pour soutenir la terre et la faire tourner dans l'espace. C'est bien, et c'est assez pour aujourd'hui, mes enfants. Retenez seulement que la terre est ronde comme une boule, comme une sphère ou un globe; qu'elle tourne sur elle-même comme autour d'un axe; que les points par lesquels cet axe entrerait dans la terre et en sortirait s'appellent les pôles, le pôle nord et le pôle sud; qu'enfin ce globe que nous a donné M. le maire, nous représente la terre avec sa surface, son axe et ses pôles, que nous pourrions désormais l'appeler notre *globe terrestre* et le considérer comme étant la terre elle-même.

DEUXIÈME LEÇON.

Mes enfants, vous entendez dire tous les jours : *le soleil se lève... le soleil se couche... le soleil monte... le soleil baisse...* et, là-dessus, vous pensez sans doute que le soleil remplit une tâche quotidienne comme vous, comme nous tous; que, le matin, il sort de son lit, qu'il se met ensuite à sa besogne qui est de parcourir le ciel, et qu'enfin, fatigué, il va se reposer quelque part, dans les draps d'or où il disparaît chaque soir; qu'en un mot, le soleil est un voyageur à la journée, chargé de venir à point nommé vous éclairer et vous réchauffer, quitte à aller se reposer ensuite, en laissant reposer tout le monde.

Encore une circonstance, mes chers petits, où il faut vous défier du langage ordinaire et du témoignage de vos yeux. Les choses ne se passent pas tout à fait comme vous l'imaginez. Dans mes exercices, le plus souvent, je me rends de mon bureau auprès de vous pour vous guider, pour examiner vos devoirs et visiter vos cahiers. Le soleil ne se donne pas tant de peine pour visiter les habitants de la terre; il ne daigne pas se déranger pour si peu : immobile dans l'espace, à la place que Dieu lui a marquée, il attend fièrement, au contraire, que nous nous présentions devant lui, que nous allions en quelque sorte lui faire visite et lui présenter nos hommages, que tous les points de la terre viennent s'exposer chacun à leur tour à sa lumière et à sa chaleur. Pour nous faire comprendre cela, mon bon vieux maître d'école nous tenait à peu près ce langage : Considérez un poulet embroché devant un foyer; ce n'est point le feu qui se déplace pour le rôtir, c'est le volatile qui tourne avec la broche et qui présente successivement au brasier tous les points de son épiderme fumant, la moitié à la fois. Moi, grâce à la munificence de M. le maire, je puis, pour la démonstration que j'ai en vue, recourir à un moyen moins vulgaire et encore plus sûr, au globe avec lequel nous avons fait connaissance il y a huit jours. Voici de nouveau ce globe majestueusement posé sur mon bureau, comme pour nous inviter à le contempler et à parler de lui. Souvenez-vous bien que cette jolie boule bleue est l'image fidèle de la terre; qu'elle est susceptible de tourner autour de la tige qui la traverse, tige que nous avons comparée à l'essieu d'une voiture, et que nous avons appelée *axe*. Remarquez que je l'ai placée de manière que l'une des extrémités de l'axe regarde le nord, et que l'extrémité opposée soit dirigée vers le sud. Paul, tirez le rideau sur la fenêtre qui est à gauche de la classe, afin que nous ayons de ce côté un peu d'obscurité. Ainsi la fenêtre qui est à droite éclaire à peu près seule mon bureau, et, par suite, mon globe; le soleil y donne en ce moment, et cela fait bien mon affaire. Dites-moi, ces rayons de soleil qui entrent par la fenêtre de droite éclairent-ils mon globe tout entier? — Non, monsieur, ils n'en éclairent bien que la moitié. — Laquelle? — Celle qui est en face de la fenêtre même. — L'autre moitié n'est donc pas éclairée aussi? — Non, monsieur, elle est dans l'ombre. — Eh bien, mes enfants, pour la première moitié, c'est le *jour*, et pour la seconde, c'est la *nuit*. Laissons quelques instants les choses en cet état. Avant d'aller plus loin, nous avons besoin de créer un nouveau mot, afin de pouvoir mieux nous exprimer et aussi mieux nous comprendre.

Combien de temps dure notre leçon de géographie? — Une demi-heure. — Qu'est-ce à dire une demi-heure? — La moitié d'une heure. Ainsi, au lieu de dire la moitié d'une heure, on dit une *demi-heure*. — Ne pourra-t-on pas dire dès lors une *demi-sphère* au lieu de *la moitié d'une sphère?* — Si, monsieur. En effet, mais dans ce cas, on modifiera un peu le mot *demi*, et l'on dira *hémi*, *hémisphère*. — Que veut dire le mot *hémisphère?* — Une demi-sphère, la moitié d'une sphère. — Donc notre globe et la terre qu'il représente étant des sphères ou boules, pour en exprimer la moitié, je pourrai dire un *hémisphère*, cela est entendu et vous saurez parfaitement ce que je veux dire par là.

Revenons maintenant à notre globe. La lumière du soleil ou de la fenêtre le partage en deux hémisphères : l'un éclairé, celui qui est à droite ou à l'orient; l'autre un tant soit peu obscur, celui qui est à gauche ou à l'occident. Voilà, dans ce dernier, mon petit bonhomme de l'autre jour, notre Robinson. Il fait nuit chez lui; peut-être attend-il le jour avec impatience. Comment faire pour lui procurer cette satisfaction? Nous ne pouvons aller chercher le soleil et le lui apporter. Nous n'entendons point non plus retourner notre globe, qui en ce moment est la terre, pour son bon plaisir. Voyez-vous quelqu'autre moyen de sortir d'embarras? — C'est de faire faire un demi-tour au globe sur son axe. — Très-bien, Ambroise, en récompense de votre découverte, venez l'appliquer vous-même. Donnez une légère impulsion au globe; faites-le tourner sur son axe, de gauche à droite, d'Occident en Orient; procédez lentement afin que chacun puisse bien voir ce qui va se passer... C'est cela; voici que la lumière arrive peu à peu vers Robinson; elle doit déjà dorer le sommet des montagnes de son île; son perroquet lui crie sans doute : Robinson, pauvre Robinson, voici le jour, réveillez-vous... Il s'éveille, il se frotte les yeux et sort de sa hutte. Il voit à l'orient une lueur semblable à celle d'un lointain incendie; il dit : c'est l'*aurore*, le soleil se lèvera bientôt. Le soleil se lève en effet, c'est-à-dire que la terre, en tournant comme vient de le faire notre globe, a amené devant le soleil l'île de Robinson avec l'hémisphère où elle est située. Il fait maintenant jour pour cet hémisphère. Et pour l'autre, qui était éclairé tout à l'heure et qui est maintenant dans l'ombre?... — Le soleil s'est couché; il fait nuit pour cette partie de la terre. — Très-bien; mais, Paul, continuez à donner au globe l'impulsion commencée... Robinson a maintenant le soleil au-dessus de sa tête, je crois même que, pour s'en garantir, il va ouvrir son proverbial parasol. Il est pour lui midi, le milieu du jour. Mais le jour s'avance; au lieu d'avoir le soleil à sa droite, à l'orient, comme il l'avait avant midi, Robinson l'a maintenant à sa gauche, à l'occident... il le voit disparaître, se coucher... il n'aperçoit plus qu'une traînée de lumière, le *crépuscule*... les ténèbres se font... on ne voit plus que les étoiles... la nuit est revenue. Robinson est reporté au point où nous l'avons pris, juste au point opposé au soleil, à celui où il est midi pour d'autres; il est *minuit*, le milieu de la nuit, pour son île. Ami Robinson, il y a un jour de plus que tu es dans ta solitude, et quand notre globe, quand la terre aura accompli un mouvement semblable 365 fois, il y aura 365 jours, un an, que tu attends ta délivrance.

Ainsi il en est pour nous, mes enfants. Ainsi, par le mouvement continu de la terre sur elle-même, d'occident en orient, mouvement qu'elle met 24 heures à exécuter, le jour succède sans cesse à la nuit et la nuit au jour, pour former les années qui composent notre existence. Ces années, le patriarche Jacob, vous vous en souvenez, encore bien qu'il en comptât cent vingt pour sa part, les trouvait bien peu nombreuses et bien courtes. Elles sont telles en effet; hâtez-vous d'en profiter et gardez-vous bien d'en perdre jamais aucune... Mais, disent en eux-mêmes quelques-uns d'entre vous qui veulent savoir le pourquoi de toute chose, est-il bien vrai que la terre tourne ainsi, et que ce ne soient pas le soleil, la lune, les étoiles, les astres en un mot, qui tournent chaque jour autour d'elle? Car enfin, c'est ce que nous disent nos yeux. — Mes chers enfants, les preuves du mouvement de la terre sur elle-même, de la *rotation* de la terre, ne manquent pas. Seulement, elles sont peu à votre portée, et on ne vous les donnera que plus tard. Pour le moment, rapportez-vous-en à moi : ce ne sera pas la seule fois dans votre existence que vous serez obligés de vivre de foi, de confiance dans la parole d'autrui. La terre est ronde, je vous l'ai démontré de mon mieux. Elle tourne sur elle-même, d'occident en orient, en 24 heures, je vous le dis avec les savants. Contentez-vous d'avoir ajouté ces deux points importants à vos petites connaissances. Ajoutez-y encore celui-ci sur ma parole.

La terre est une grande voyageuse. Non-seulement elle tourne sur elle-même en 24 heures, mais encore, dans l'intervalle des 365 jours qui forment l'année, elle fait une longue promenade autour du soleil. Pendant cette course, et selon la situation de notre hémisphère par rapport au soleil, nous passons par les saisons dont on vous a appris le nom à la salle d'asile : le *printemps*, l'*été*, l'*automne*, l'*hiver*. Le comment et le pourquoi de tout cela vous sera aussi expliqué plus tard. Mais il y a encore une petite question que nous pouvons traiter dès maintenant. Comment se fait-il que la terre changeant continuellement de place, tournant sur elle-même et autour du soleil, vous ne vous en soyez jamais aperçus? Vous allez le comprendre facilement. Supposez qu'une main puissante transporte ailleurs en ce moment même notre école et ses dépendances, comme on raconte que les anges ont transporté jadis la maisonnette de la Sainte Vierge, et cela sans secousse, sans qu'une pierre s'échappe ou se descelle seulement, sans qu'un arbre ou une touffe d'herbe manque à l'appel, vous apercevrez-vous du déplacement?... Pas le moins du monde. Pourquoi? Parce que, dans le voyage, tout ce qui vous entoure vous aura suivi, et que rien n'aura changé de place par rapport à vous : vos tables, mon bureau, les classes contiguës, mon logement, la cour, le jardin, etc., seront toujours au lieu où vous les voyez, devant vous, derrière vous, à votre droite, à votre gauche. Il en est ainsi, mes enfants, dans les deux mouvements qu'exécute la terre. Elle emporte tout avec elle et avec nous : villages, villes, montagnes, vallées, fleuves et rivières. Retrouvant tout aujourd'hui où nous l'avons laissé hier, nous croyons naturellement que nous sommes aujourd'hui où nous étions hier.

Voilà notre *demi-heure* employée, et bien employée, si vous m'avez suivi. Je ne vous demande que de vous rappeler, à la prochaine leçon, qu'en géographie, on substitue le petit mot grec *hémi* au mot français *demi* pour signifier *moitié;* qu'on dit un *hémisphère* au lieu d'une *demi-sphère.* A ceux qui s'en souviendront, un bon point ou même la permission de toucher à mon globe, de le faire tourner sur son axe, et d'y produire le jour et la nuit sur tel hémisphère qu'il leur plaira.

TROISIÈME LEÇON.

Mes enfants, c'est encore notre globe qui va faire les frais de cette leçon. Pourtant, cette orange qui lui ressemble si fort, qui, quoique bien plus petite, est, elle aussi, une boule, un globe, une sphère, va partager avec lui les honneurs de la séance. Voyez, je la dépouille de son écorce, mais pas tout à fait cependant : je laisse à sa surface deux bandes étroites, deux cercles, ou mieux deux *circonférences* de cercle. L'une de ces circonférences, ou, si vous voulez, l'un de ces cercles passe par la tête et par la queue du fruit, nous pouvons dire par ses *pôles;* je l'appelle un *méridien;* retenez ce mot. L'autre coupe le premier à angles droits; j'ai veillé à ce que tous ces points fussent à égale distance des deux pôles. Je l'appelle *équateur;* retenez ce mot encore. Remarquez que j'aurais pu laisser beaucoup de bandes allant de la tête à la queue de l'orange, d'un pôle à l'autre, beaucoup de *méridiens :* du reste, chaque côte de l'orange en forme un pour sa part. Au contraire, il ne me serait pas possible d'avoir seulement deux bandes, deux lignes qui fissent le tour de l'orange en se tenant à une égale distance de l'un et de l'autre pôle : sous peine de manquer à cette condition, elles se confondraient en une seule. En d'autres termes, si l'on peut tracer plusieurs *méridiens* sur une sphère, on n'y saurait trouver place que pour un *équateur*. Portez maintenant vos regards de mon orange sur notre globe. Voici des lignes qui en font le tour en passant par les pôles; comment pouvez-vous les considérer? — Comme des méridiens. — En voici une autre qui est toute seule, celle-là, et qui fait le tour du globe en ayant tous ses points à la même distance du pôle nord et du pôle sud ; vous l'appellerez? — Un équateur. — Dites *l'équateur*, parce qu'il ne peut y en avoir qu'un seul, comme je viens de vous l'expliquer. Revenons à mon orange. Je la coupe en deux, en ayant soin de faire passer mon couteau par la bande ou la ligne que nous avons dite être un méridien. J'ai ainsi deux moitiés, et comme mon orange est une sphère, j'aurai?... — Deux moitiés de sphère. — Allons donc! est-ce que c'est ainsi que doivent s'exprimer des géographes comme vous? — Deux hémisphères. — A la bonne heure! J'ai donc deux hémisphères. Comme ils sont tout petits, je les place tous deux sur ma main bien ouverte, côte à côte, l'un à droite et l'autre à gauche, l'un à l'orient et l'autre à l'occident. Pendant qu'ils se tiennent ainsi, faisons un peu de grammaire.

Vous savez tous ce que c'est qu'un nom et qu'un adjectif. Je vous ai fait remarquer que bien des adjectifs sont tirés, sont dérivés d'un nom qui est en quelque sorte leur père. Ainsi du nom *monument*, je vous ai fait faire l'adjectif *monumental*. Eh bien, avec les noms *orient* et *occident* faites des adjectifs semblables. — *Oriental*, *occidental*. — C'est cela même, et vous voilà tout prêts à me nommer celui de mes hémisphères qui est à l'orient... — L'hémisphère *oriental*. — Et celui qui est à l'occident? — L'hémisphère *occidental*. — Très-bien. Si donc l'on partage une sphère en deux moitiés, en ayant soin de faire la coupure, la *section* par un méridien, par conséquent par les pôles, on obtient deux hémisphères, l'un *oriental* et l'autre *occidental*. Si, au contraire, on faisait la section par l'équateur, n'aurait-on pas aussi deux hémisphères? — Si, monsieur. — Sans doute; mais alors, l'un serait *septentrional*, c'est-à-dire tourné du côté du *septentrion* ou nord, et l'autre *méridional*, c'est-à-dire tourné du côté du *midi* ou sud. Je ne m'attache, pour le moment, qu'aux deux premiers, à l'hémisphère oriental et à l'hémisphère occidental; je ne vous demande que de retenir ces deux expressions dont j'ai lieu de penser que vous avez bien compris le sens. Un gros problème maintenant. Deux bons points à celui qui va le résoudre. Pour cela, il suffira de réfléchir un peu, en se reportant à ce que je viens de faire. Voici une nouvelle orange, bien ronde, bien intacte; je ne dirai pas bien lisse, car je sens sous mes doigts des petites aspérités : ce sont sans doute les montagnes de cette petite terre. Cette orange, je ne la vois qu'en partie : si je regarde en dessus, je ne vois pas ce qui est en dessous ; si je regarde en dessous, je ne vois plus ce qui est en dessus. Je voudrais voir, à la fois et d'un seul coup d'œil, toute sa surface, aussi bien ce qui est en dessus que ce qui est en dessous, ce qui est à droite que ce qui est à gauche, ce qui est en haut que ce qui est en bas : comment faire?... — Monsieur, j'ai gagné les deux bons points. — Vous, Ambroise? voyons. — Tout à l'heure, quand vous avez coupé votre orange et que vous en avez mis les deux moitiés à plat et côte à côte sur votre main, on en voyait toute la surface à la fois, aussi bien le dessus que le dessous ; il n'y a qu'à faire avec votre nouvelle orange ce que vous avez fait avec la première. — C'est juste, mon petit ami ; voilà vos deux bons points. Telle est en effet la solution du problème. Répétons l'expérience.... Voyez-vous bien ainsi toute la surface de l'orange? — Oh oui, monsieur, et sans grande peine.

Nous pourrions, mes enfants, faire de notre globe ce que nous avons fait de l'orange, le couper en deux, le partager en deux calottes, en deux hémisphères ; placer ces deux hémisphères côte à côte, et voir ainsi à la fois tout ce qui est à sa surface. Mais nous ne voulons pas mettre notre globe en morceaux. Supposons seulement que cela est fait, et dessinons au tableau noir ce que nous verrions alors. Ce cercle nous représente l'hémisphère oriental, cet autre l'hémisphère occidental. Voilà des méridiens allant d'un pôle à l'autre ; l'équateur, qui nous paraît une grande ligne droite, mais que nous savons être une circonférence ; des terres, des mers... tout ce qui est sur notre globe, tout ce qui est, par conséquent, sur la terre dont il est l'image... Mais à quoi bon nous donner tant de peine? Déroulons cette carte ; nous allons y trouver notre besogne faite d'avance. Cette carte, c'est la *mappemonde*, une sorte de grande *nappe* sur laquelle, comme vous voyez, l'on a dessiné les deux hémisphères et ce qu'ils renferment, le dessus et le dessous de la terre, du monde que nous habitons. Ainsi, nous avons à la fois sous les yeux toute la

BIBLIOTHÈQUE ... IMPRIMÉS

surface de la terre; il ne nous reste plus qu'à l'étudier. Paul, reportez notre globe dans la grande classe, et emparez-vous des débris des oranges que nous avons immolées. Tout cela nous est désormais inutile; notre mappemonde nous suffira. C'est là que nous allons trouver les choses qui sont indiquées sur notre programme : *la terre et les eaux, — les cinq parties du monde, — les grands océans.* Terminons cette leçon en nous occupant *de la terre et des eaux.*

Dans nos derniers entretiens, nous avons appelé *la terre* la terre tout entière, cette énorme boule ou sphère que Dieu soutient dans l'espace, qui y tourne sur elle-même en vingt-quatre heures, et qui, en trois cent soixante-cinq jours, y parcourt, autour du soleil, la voie qui lui a été tracée dès le commencement. Aujourd'hui, nous appelons *terres*, les *terres*, simplement cette partie de la surface de la terre qui n'est point couverte et comme voilée par les eaux, qui apparaît à nos yeux, sur laquelle on peut aller, venir, bâtir, labourer, etc. Cette partie de terre sèche, ferme, solide, visible à nos yeux, vous la reconnaissez sur la mappemonde. La voici irrégulièrement découpée et étreinte par les mers, tant dans l'hémisphère occidental que dans l'hémisphère oriental. Ici, dans l'hémisphère oriental, elle forme une immense étendue que l'on peut, en s'y prenant bien, parcourir sans avoir à traverser la mer, un *continent*. Autrefois, mes enfants, on ne connaissait que cette partie de la terre, et c'est pour cela qu'on l'appelle encore l'*ancien continent*, l'*ancien monde*, ce qui veut dire simplement le continent ou monde connu depuis longtemps. Mais un jour, — il y a de cela bientôt quatre cents ans, — un homme appelé Christophe Colomb, se dit : « La terre est ronde; au-dessous du continent que nous habitons, il doit y en avoir un autre; cherchons-le. » Là-dessus, il monta sur un vaisseau, et, guidé par la boussole, il s'avança toujours devant lui. Il découvrit en effet cet autre continent que vous voyez dans l'hémisphère occidental, et qui fut dès lors un monde nouveau, le *nouveau monde*, le *nouveau continent*. Plus tard, de hardis navigateurs découvrirent cette autre grande terre que je vous montre. Cela fait donc en tout trois continents ; nous apprendrons bientôt le nom donné à chacun d'eux. Outre ces grandes terres, il y en a de plus petites entourées d'eau de tous côtés ; les voici semées à travers l'océan ; vous les appelez?... Des îles. Et sur ces continents ou sur ces îles, que trouve-t-on? Vous le savez déjà : des montagnes, des vallées, des cours d'eau, des campagnes que les hommes cultivent, des villages et des villes qu'ils habitent.

Mais la terre proprement dite tient une bien petite place sur le globe. Les eaux en occupent une bien autrement considérable. Ces eaux, je vous ai appris, dès nos premières leçons, à les distinguer. Il y a des eaux courantes, des *cours d'eau*, ruisseaux, rivières ou fleuves. Il y a des eaux *dormantes*, des eaux qui ne changent pas sensiblement de place, retenues qu'elles sont par des bords ou côtes comme dans un vase. Ce sont les simples mares, les étangs, les lacs, et enfin la mer ou l'océan. La mer prend pour elle, avons-nous dit, les trois quarts de la terre. Voyez en effet comme elle est grande ! Combien les continents sont petits auprès d'elle ! Vous vous rappelez qu'elle est salée et amère. Dieu l'a donnée pour domaine et pour habitation aux poissons qui seuls peuvent y vivre. Nous, nous ne pouvons que la traverser à l'aide de nos vaisseaux, pour abréger les distances entre certaines parties d'un continent, ou bien pour passer d'un continent à un autre, d'un continent sur une île, etc.

Il nous restera à voir, dans la prochaine leçon, comment on est convenu de diviser les terres et les mers, et aussi quels noms on leur a donnés. Employez les quelques minutes qui nous restent à esquisser de votre mieux ces deux grands ronds qui forment la *mappemonde*, ces deux hémisphères qui nous représentent l'un le dessus et l'autre le dessous de notre globe.

QUATRIÈME LEÇON.

Mes chers enfants, chaque soir, à la sortie de l'école, je vous range, vous et vos camarades des autres classes, en quatre séries au moins, en quatre petits bataillons dont chacun, au signal donné, prend une direction différente. Pourquoi cela? Parce que, bien qu'habitant la même commune, vous n'êtes pas tous du même quartier. Les uns ont à regagner la Vallée, les autres le Moulin-à-Vent; ceux-ci la Plaine, ceux-là la Rive-du-Bois : quoique d'une étendue fort médiocre, Saint-Sigismond a été divisé en quartiers, et, sur le plan communal, vous avez vu chacun de ces quartiers marqué d'une couleur particulière.

A plus forte raison a-t-on dû en agir ainsi pour la surface de la terre qui est infiniment plus vaste. Non-seulement, sur les cartes, on l'a divisée en terres et en eaux, mais encore on y a partagé les terres habitables, nous ne dirons pas en cinq quartiers, ce mot ne conviendrait pas ici, mais en cinq grandes régions ou contrées que l'on appelle les *cinq parties du monde*. Vous connaissez depuis longtemps ces cinq parties du monde, ce sont?... — L'Europe, l'Asie, l'Afrique, l'Amérique et l'Océanie. — Très-bien, mais je crains que tout cela n'ait été jusqu'ici que des mots dans votre esprit, et moi, je ne me paye pas de mots; il me faut des choses, les choses mêmes que les mots recouvrent en quelque sorte. Vous me nommez l'Europe, rien de mieux; mais il faut en outre me dire ce que c'est que l'Europe et surtout me montrer sa place sur la carte. Qu'est-ce donc que l'Europe? une grande contrée, un grand pays, une partie importante de la terre habitable, une des cinq parties du monde en un mot. Maintenant, où est-elle sur les cartes? Où pourrons-nous bien la trouver? Sur la mappemonde évidemment, puisque la mappemonde est la carte du monde entier, représente la terre entière. En effet, la voici là-haut dans un petit coin, tout habillée de bleu; Paul, faites-en le tour avec la baguette. Dans quel hémisphère les géographes l'ont-ils placée?—Dans l'hémisphère oriental. — Au S., au N., à l'E., à l'O. de cet hémisphère? — A l'O. — Tout à fait à l'O.? — Au N. O. — A la bonne heure. L'Europe occupe la partie N. O. de l'hémisphère oriental. Maintenant, *l'Europe*, c'est un nom cela, et même un nom propre, car il n'y a qu'une Europe dans le monde. Tirez-moi de ce nom un adjectif qui nous servira à déterminer, à qualifier, si vous voulez, les habitants de cette partie du monde. — *Européens.* — C'est cela même; on dira les Européens pour désigner les habitants de l'Europe. Comme vous voyez, notre adjectif devient à son tour un nom ou substantif; mais il garde sa qualité d'adjectif dans ces expressions : le climat *européen*, la population *européenne*. A quelle partie du monde appartenez-vous? Seriez-vous des Européens par hasard? — Oui, monsieur. — Sans doute, car vous habitez la France, et la France fait partie de l'Europe; tenez, là voici ici toute petite; nous l'avons vue bien plus grande sur une autre carte à laquelle nous reviendrons dans quelques mois.

Quittons l'Europe. Dirigeons-nous vers l'E. Nous rencontrons une autre partie du monde, plus grande que l'Europe et coloriée en rose. Assemblez ces grosses lettres qui ressortent en noir à sa surface : A-S-I-E.... C'est en effet l'*Asie*. Dans quel hémisphère est l'Asie? — Encore dans l'hémisphère oriental. — Mon Dieu oui, mais cette fois, vers le N. E. et au centre de cet hémisphère. Où est l'Asie par rapport à l'Europe? — A l'E. — Et l'Europe par rapport à l'Asie? — A l'O. — Tirons encore un adjectif du substantif Asie, nous aurons *asiatique;* nous dirons, pour désigner les habitants de l'Asie, les *Asiatiques*. Vous étudiez l'*histoire sainte;* les faits qui y sont racontés se passent dans la *Palestine*. Voici ce petit pays; dans quelle partie du monde est-il? — Dans l'Asie. — En effet, la Palestine est une contrée *asiatique*.

Puisque nous sommes en Palestine, dans la *terre pro-*

mise, retrouvons le chemin que les Israélites ont suivi pour y venir. Partant des bords du Jourdain, tournons vers le S. ; nous voici dans le désert, au pied du Sinaï ; écoutons Dieu proclamer, au milieu des tonnerres et des éclairs, sa sainte loi, les *dix paroles*, les *dix commandements* que plusieurs d'entre vous savent déjà par cœur. Traversons la mer Rouge à pied sec, et nous sommes en Égypte, dans la vallée d'un fleuve dont on vous a parlé bien des fois à la salle d'asile, dans la vallée du Nil. Sommes-nous encore en Asie ? Nenni ; nous sommes dans une autre partie du monde qu'on appelle l'*Afrique*, et qu'on a peinturlurée en jaune citron. A votre âge, elle me paraissait ressembler à un sabot mal fait dont le talon s'enfonce dans l'Atlantique, dont la pointe est le cap de Bonne-Espérance, et dont le dessus est l'océan Indien. Dans tous les cas, elle forme une grande presqu'île qu'une langue de terre resserrée entre la mer Rouge et la Méditerranée fait communiquer avec l'Asie. Comment appelez-vous une langue de terre qui joint une presqu'île à une autre terre ? — Un isthme. — Vous verrez plus tard que celui dont je parle est l'isthme de Suez. Grâce à cet isthme, on peut passer d'Afrique en Asie sans traverser la mer. D'un autre côté, on peut aller, par terre aussi, d'Asie en Europe : qu'en concluez-vous ? — Que l'Europe, l'Asie et l'Afrique forment un seul continent. — Justement, et même l'*ancien continent*, l'*ancien monde*, ce qui veut dire, vous le savez déjà, le continent ou le monde connu depuis le plus longtemps. En effet, c'est sur ce continent, ici en Asie, à ce qu'on croit du moins, qu'était le paradis terrestre, et ce sont ces contrées, l'Asie, l'Afrique, l'Europe, qui ont dû être peuplées d'abord.

Quittons les rivages *africains* et transportons-nous dans l'hémisphère occidental. Nous y trouvons une autre grande étendue de terres presque coupée en deux par des mers qui semblent avoir la plus grande envie de se rejoindre. C'est l'*Amérique*, que je ne sais pourquoi, on peint toujours en vert comme si c'était une immense prairie ; c'est le *nouveau continent*, le *nouveau monde*. On l'appelle ainsi depuis bientôt quatre cents ans. Ce nom, en vérité, n'est plus guère mérité; il conviendrait bien mieux à la cinquième partie du monde dont il nous reste à nous occuper.

Je veux parler de toutes ces îles couleur jaune foncé que vous voyez ici sortir pour ainsi dire de l'Océan. Ces îles forment l'*Océanie*, où bien le monde *Océanien*, ou bien encore le monde *Maritime*. La plus grande d'entre elles, l'Australie, a reçu le nom de continent, de continent *Australien*.

Allons, Paul, prenez la baguette à votre tour, et montrez-nous les cinq parties du monde.... Combien cela nous fait-il de continents? Trois, ce me semble : l'Europe, l'Asie et l'Afrique, un; l'Amérique, deux; l'Australie, trois. Comment appelez-vous le premier? Le second? Le troisième? Donnez aux habitants de l'Europe, de l'Asie, de l'Afrique, de l'Amérique, de l'Océanie, le nom qui leur convient?...

Voilà, mes enfants, la division des terres bien établie : cinq parties du monde et trois continents. Faisons la même chose pour les eaux, pour cette mer si grande qu'elle voile à nos yeux les trois quarts de la surface du globe.

Nous nous sommes souvent servis du mot *océan* au lieu de celui de *mer*. Nous allons le faire encore. Le mot *océan*, du reste, indique quelque chose de plus grand que le mot *mer* lui-même. Ainsi, l'on emploie volontiers le mot *mer* pour signifier une partie de mer assez peu considérable; on dit, par exemple : la *mer Baltique*, la *mer du Nord*, la *mer Rouge*, etc. Mais on n'applique le mot *océan* qu'à une partie de mer fort étendue. Aussi, tandis qu'il y a une foule de mers particulières, vous n'allez trouver sur notre mappemonde que cinq *océans*. Cherchons-les et retenons bien leur place et leur nom.

Vous connaissez déjà l'*océan Atlantique*. Il baigne, d'une part, toute la côte occidentale de l'Europe, de l'Afrique, et, de l'autre, la côte orientale de l'Amérique. Comme vous voyez, il sépare l'ancien monde du nouveau. Christophe Colomb a dû le traverser de l'E. à l'O. pour découvrir l'Amérique. Tenez, voici le chemin qu'il a suivi.... De l'Amérique, gagnons l'Océanie. Nous sommes là dans un autre océan, le plus grand de tous. Aussi l'appelle-t-on par excellence le *Grand-Océan*. On l'appelle encore l'*océan Pacifique*, le *Grand-Pacifique*, d'un adjectif qui veut dire *paisible*, sans doute parce que ses flots sont moins agités par les vents et que les tempêtes y sont plus rares. Il sépare lui aussi l'ancien monde du nouveau, mais par un autre côté, du côté de l'E. par rapport à nous. Du Grand-Pacifique nous passons dans l'*océan Indien*, qui doit son nom au voisinage de l'*Inde*. Cet océan s'étend au S. de l'Asie et à l'E. de l'Afrique. Enfin, voici, vers le pôle nord et vers le pôle sud, deux océans qui portent le même nom, celui d'*océan Glacial*. Vous comprenez de suite pourquoi : c'est que, au N. et au S. de la terre, dans le voisinage de chaque pôle, la mer est couverte de glace, et malheur au vaisseau qui s'y laisse prendre ; il court risque de n'en jamais revenir. Vous lirez quelque jour les aventures de navigateurs qui ont péri ou qui ont failli périr pour s'être trop avancés vers les pôles. Je vous ai dit que ces deux océans portent le même nom. Pas tout à fait cependant. L'un, celui qui est autour du pôle nord, s'appelle l'océan Glacial *arctique ;* l'autre, celui qui avoisine le pôle sud, l'océan Glacial *antarctique*. Je n'insiste pas sur ces dénominations dont le sens ne vous sera expliqué utilement que plus tard.

Récapitulons : combien distinguez-vous d'océans ? Montrez-les... Passez de l'un dans l'autre.... Quel est le plus rapproché de nous ?... etc., etc. C'est très-bien, mes enfants. Vous voilà en état de lire avec fruit et intérêt des livres de voyages : *les naufragés au Spitzberg, les Anglais au pôle nord, Robinson*, et bien d'autres que je tiens à votre disposition. Vous êtes en outre en mesure de comprendre un petit passage de Fénelon — un grand évêque qui écrivait volontiers pour les écoliers — sur le rôle des océans, de l'océan en général, dans l'ordre du monde.

« Cet océan, qui semble mis au milieu des terres pour en faire une éternelle séparation, est, au contraire, le rendez-vous de tous les peuples, qui ne pourraient aller par terre d'un bout du monde à l'autre qu'avec des fatigues, des longueurs et des dangers incroyables. C'est par ce chemin sans traces, au travers des abîmes, que l'ancien monde donne la main au nouveau, et que le nouveau prête à l'ancien tant de commodités et de richesses. » (Lecture à commenter et à expliquer, la mappemonde sous les yeux.)

MARS

Les plus grandes chaînes de montagnes et les plus grands fleuves de la terre. — Les grandes races humaines.

PREMIÈRE LEÇON.

Mes enfants, prenez l'un après l'autre cette orange. Promenez vos doigts à sa surface comme le ferait un aveugle qui voudrait en bien reconnaître la forme. Trouvez-vous que son écorce soit parfaitement lisse ? Non, assurément ; vous sentez au toucher une foule de petits gonflements, de petites aspérités qui vous font penser que l'écorce de l'orange est bien loin d'être lisse comme celle du marron, par exemple ; et si vous comparez votre orange à la terre, vous vous dites : « Il y a des montagnes sur cette terre-là. » Ainsi il en serait de la terre pour un colossal géant qui la tournerait et la retournerait dans sa puissante main : il rencontrerait sous ses doigts de nombreuses aspérités, et s'il daignait abaisser ses regards vers le globe qu'il manipulerait ainsi, il verrait ici des montagnes isolées, là des montagnes se tenant et se suivant comme les anneaux d'une chaîne ; ici des montagnes arrondies en dômes, là des pics, des sommets si aigus qu'ils pourraient le blesser s'il n'y prenait garde. Mais à quoi bon ma comparaison ? Il y a longtemps que vous savez que la surface de la terre n'est point unie; qu'on y trouve des hauts et des bas, des reliefs et des dépressions, des montagnes et des vallées. Nos cartes sont toutes sillonnées d'ombres ou de hachures dans lesquelles vous vous êtes accoutumés de longue main à reconnaître des chaînes de montagnes. Eh bien, ce sont les plus importantes de ces chaînes que nous avons à suivre et à étudier dans les cinq parties du monde. Commençons par l'Europe.

L'Europe est traversée par cette longue chaîne ou plutôt par cette succession de chaînes de montagnes que vous voyez s'étendre du S. O. au N. E. et qui la divise en deux pentes opposées : c'est comme l'arête ou le faîte d'un toit, avec cette différence que le faîte d'un toit est droit et régulier, tandis que la ligne que je vous montre, *la ligne de faîte ou de partage des eaux* de l'Europe, fait de capricieux zigzags. Vers son milieu, cette ligne et les ombres qui la représentent s'accentuent davantage, ce qui vous indique que les montagnes y deviennent plus nombreuses et plus élevées : ce sont les *Alpes* qui sont là avec leurs hauts sommets couverts de glaces et de neiges éternelles, c'est-à-dire de glaces et de neiges qui durent toujours, attendu qu'elles se renouvellent au fur et à mesure qu'elles fondent. Le plus haut de ces sommets s'appelle le *mont Blanc*, et vous devinez facilement d'où lui vient ce nom : c'est lui surtout qui est couvert de ces glaces et de ces neiges éternelles dont je viens de parler. Voyons si je pourrai vous donner une idée de sa hauteur. Combien y a-t-il d'ici à notre colline du Moulin-à-Vent? — Un kilomètre. Supposez une montagne qui aurait une hauteur égale à cette distance, c'est-à-dire qui serait à peu près dix fois plus élevée que la colline du Moulin-à-Vent elle-même, ce serait déjà une jolie motte de terre. Eh bien, mes enfants, elle ne serait pourtant qu'un nain auprès d'un géant, qu'une humble colline auprès du mont Blanc : le mont Blanc a 4810 mètres, c'est-à-dire tout près de 5 kilomètres d'élévation!... Je pourrais vous citer encore d'autres chaînes de montagnes en Europe : les Pyrénées, les Apennins, les Balkans, les monts Ourals qui appartiennent à l'Europe par leurs pentes occidentales. Mais vous aurez mille occasions de revenir sur cette étude. Je ne vous demande, pour le moment, que de retenir les Alpes.

Vous le ferez d'autant plus facilement qu'il est question de ces montagnes dans le morceau de mémoire que vous aurez à me réciter samedi prochain et qui commence ainsi :

> Avec leurs grands sommets, leurs glaces éternelles,
> Par un soleil d'été, que les Alpes sont belles !
> Tout dans leurs frais vallons sert à nous enchanter,
> La verdure, les eaux, les bois, les fleurs nouvelles.
> Heureux qui sur ces bords peut longtemps s'arrêter !
> Heureux qui les revoit s'il a pu les quitter....

Vous les reverrez avec le *Petit Savoyard*. Quittons-les pour passer aux grandes chaînes de montagnes de l'Asie.

L'Asie aussi à sa ligne de faîte. Je la vois se diriger de l'O. vers le centre, puis se partager en rameaux qui courent vers le N. E., vers l'O. et vers le S. Je pourrais appeler seulement votre attention sur le *Caucase* qui, entre la mer Noire et la mer Caspienne, sépare l'Asie de l'Europe, comme les monts Ourals un peu plus haut, et sur la chaîne de l'*Himalaya* dont les plus hauts sommets ne mesurent pas moins de 8840 mètres, près de 9 kilomètres, près de neuf fois la distance de notre école au Moulin-à-Vent, près du double du mont Blanc. Mais il me semble utile de profiter encore de l'occasion pour raviver vos souvenirs d'*histoire sainte*. Je me reporte à plusieurs milliers d'années. Les hautes chaînes de montagnes et les hauts plateaux de l'Asie sont couverts d'eau. Un grand vaisseau, l'*Arche*, flotte solitairement sur cette mer sans rivages.... Un vent violent se met à souffler; les eaux remontent en vapeur vers le ciel ou retournent à la mer.... le sommet d'une montagne apparaît enfin; l'arche s'y arrête et s'y fixe.... A quel grand fait songez-vous ? — Au déluge. — Et quelle est cette montagne sur laquelle l'arche vient *s'échouer*, comme nous dirions aujourd'hui ?

— C'est le mont *Ararat*. — Le voici dans une contrée qu'on appelle encore l'Arménie ; retenez sa place en même temps que son nom. Maintenant, j'entends des ouvriers travailler bruyamment dans une forêt comme le font en hiver nos bûcherons dans la forêt de Charnes. De magnifiques arbres, des *cèdres* — il y en a un dans le jardin de M. le maire — tombent sous la cognée ; on les débarrasse de leurs branches et de leur écorce ; on les charrie vers Jérusalem où le roi Salomon bâtit un temple au vrai Dieu.... Cela se passe sur des montagnes, sur quelles montagnes ? — Sur les monts *Libans*. — Voici ces monts. au N. de la Palestine. Je suis leurs prolongements vers le S. Je rencontre le mont *Nébo*. Quel souvenir vous revient à la pensée ? — La mort de Moïse. — Je rencontre encore la montagne d'*Horeb*, le mont *Sinaï*... — C'est sur la montagne d'Horeb que Dieu apparut à Moïse dans un buisson ardent ; sur le mont Sinaï, il publia sa loi au milieu des tonnerres et des éclairs.... — Très-bien ; je vois avec plaisir que mes leçons d'histoire sainte vous profitent. Espérons qu'il en sera de même de mes leçons de géographie.

A l'Afrique, maintenant. Vous la voyez comme encadrée de chaînes de montagnes. Je ne vous nommerai qu'une seule de ces chaînes : celle de l'*Atlas*, tant je crains d'écraser vos jeunes mémoires en les surchargeant. Il y a longtemps, longtemps, des peuples qu'on appelait les Tyriens, naviguaient timidement sur cette côte méridionale de la Méditerranée, s'écartant peu du rivage pour ne point s'égarer, car ils n'avaient pas comme nous l'avantage de connaître la boussole. Ils aperçurent, à gauche et dans le lointain, de hautes montagnes sur lesquelles le ciel semblait reposer. Ils imaginèrent un géant qui portait le monde sur sa tête. Ils l'appelèrent *Atlas*. C'est cette chaîne de montagnes, la chaîne de l'Atlas, que je vous montre. Elle donne son nom à l'océan où elle vient se terminer par des caps, à l'océan *Atlantique*. C'est peut-être en souvenir de cette fable du géant Atlas portant le monde, qu'on appelle *atlas* ces recueils de cartes dont quelques-uns d'entre vous sont déjà pourvus et dont ils disent : *mon atlas*. Ambroise, montrez-nous le vôtre.... Il contient en effet le monde entier, car j'y trouve la mappemonde, les cartes d'Europe, d'Asie, d'Afrique, d'Amérique, etc.

Je viens de nommer l'*Amérique*. Passons dans cette partie du monde avec Christophe Colomb qui l'a découverte, ou bien avec un certain Améric Vespuce qui lui a donné son nom. Je n'ai pas besoin de chercher longtemps la chaîne de montagnes que je désire vous voir retenir; elle se présente d'elle-même, courant du N. au S. dans toute la longueur de ce vaste continent. Seulement, elle prend différents noms. Dans le N., ce sont les montagnes *Rocheuses*, flanquées de diverses *sierras*; vers le centre, à l'endroit où l'Amérique est si resserrée qu'elle ressemble à un isthme continu, c'est la *cordillère de l'Amérique centrale*; dans le S., elle devient la *cordillère des Andes* ou tout simplement les *Andes*. C'est là que la chaîne s'élève surtout; retenez donc au moins ce nom : la *chaîne des Andes*, comme principale chaîne de montagnes de l'Amérique. Vous pouvez noter en outre que cette grande ligne de faîte de l'Amérique abonde en volcans. Aussi les tremblements de terre sont fréquents dans ce pays. Les villes y sont souvent ébranlées et même renversées. Ce n'est pas moi qui y fixerais volontiers ma demeure; l'on est bien plus en sûreté dans notre petit Saint-Sigismond que dans ce nouveau-monde où vous transportera plus d'une fois votre jeune imagination.

Je ne vous parlerai que fort peu des montagnes de l'Océanie. Remarquez seulement, en Australie, la chaîne des *montagnes Bleues*. Ces montagnes ressemblent sans doute à nos Alpes d'Europe, car on les appelle aussi *Alpes Australiennes*.

Revenons un peu sur nos pas et résumons notre entretien. Quelle est la principale chaîne de montagnes de l'Europe? — Les Alpes. — Montrez-les?... Vous rappelez-vous quel est le point *culminant*, le sommet le plus élevé des Alpes? — Le mont Blanc. — Quelle est la hauteur du mont Blanc? — Près de cinq kilomètres. — Octave, montrez-nous les principales chaînes de montagnes de l'Asie? — Le Caucase.... les monts de l'Himalaya. — Quelle est la hauteur de l'Himalaya? — Près de neuf kilomètres, presque le double de la hauteur du mont Blanc. — Trouvez en outre, en Asie, les montagnes dont il est question dans votre histoire sainte? — L'Ararat.... le Liban.... le mont Nébo.... la montagne d'Horeb.... le Sinaï. — François, transportez-vous en Afrique; quelle chaîne de montagnes pouvez-vous nous y montrer vers le N.? — L'Atlas. — Qu'est-ce que les anciens ont imaginé au sujet de l'Atlas? — Ils en avaient fait un géant qui portait le monde. — A quel livre a-t-on donné le nom d'*atlas?* — A un recueil de cartes comme celui que possède Ambroise. — Quel est l'océan que je vois là, à l'O. de l'Atlas? L'océan Atlantique. — Pierre, suivez avec la baguette la grande ligne de faîte de l'Amérique.... Montrez les montagnes Rocheuses, la cordillère de l'Amérique centrale.... la cordillère des Andes.... Avons-nous nommé au moins une chaîne de montagnes en Océanie? — Oui, monsieur, les montagnes Bleues ou Alpes Australiennes.

Il y a, mes enfants, bien d'autres grandes chaînes de montagnes sur la terre. Mais je me trouverai fort heureux si vous retenez seulement celles que nous venons d'énumérer. Pour vous aider à le faire, dessinez encore une fois, comme vous pourrez, nos deux hémisphères. Marquez à peu près la place des cinq parties du monde, et ajoutez-y au moins cinq chaînes de montagnes, une en Europe, une en Asie, une en Afrique, une en Amérique, enfin une en Océanie. Tenez, je fais moi-même cet exercice au tableau noir pour ceux d'entre vous qui n'en pourront venir à bout....

DEUXIÈME LEÇON.

Mes enfants, de quoi nous sommes-nous occupés dans notre dernière leçon? — Des grandes chaînes de montagnes du globe. — Eh bien, citez-moi au moins une grande chaîne de montagnes en Europe?... en Asie?..... en Afrique?... en Amérique?... en Océanie?... C'est une bonne chose, mes chers petits, de connaître ces grandes chaînes de montagnes et bien d'autres que vous y ajouterez plus tard. Mais peut-être pouvons-nous nous demander, en outre, quels services rendent ces montagnes sur notre terre et leur dire : Pourquoi êtes-vous là? Serait-ce seulement pour rendre moins monotone le séjour de l'homme, pour récréer ses yeux en variant ses horizons, pour fournir aux dessinateurs de paysages des points de vue pittoresques?... Mes enfants,

> ... Je ne suis point entré
> Au conseil de celui que prêche mon curé,

comme dit le villageois Garo dans la fable du Gland et de la Citrouille. Non, je ne me flatte pas de connaître le *plan providentiel*, les hauts desseins de Dieu, — car c'est de Dieu et de nos devoirs envers lui que nous parle M. le curé; — mais, quand je vois une aiguille sur un cadran, je me permets de penser qu'elle n'est pas là pour rien, et quand je vois des montagnes sans nombre hérisser la surface de la terre, je me dis avec Garo : A quoi a pensé l'auteur de tout cela?

Dans notre pays, où la pierre est rare et où le bois abonde, où, par conséquent, nos modestes demeures sont le plus souvent construites en pans de bois, vous savez tous ce que c'est qu'une charpente : c'est un assemblage de pièces solides destiné à soutenir un édifice. Notre corps a lui-même une charpente, nos os. Le poisson a pour charpente les arêtes qui vous ennuient quand vous voulez le manger trop vite. Je m'imagine que la terre a, elle aussi, comme une charpente, et que cette charpente ne serait autre que les chaînes de montagnes dont nous nous occupons. En effet, composées la plupart du temps de masses de rochers durs et inébranlables, les montagnes retiennent les terres à leur place, les empêchent de s'affaisser et d'être entraînées par les eaux. En outre, je sais qu'elles renferment dans leur sein de véritables trésors que l'homme y va chercher pour les approprier à ses besoins : la pierre, le marbre, les métaux, etc. Mais, ce qui me frappe le plus, c'est qu'elles sont des réservoirs inépuisables d'où s'écoulent sans cesse les eaux qui viennent féconder nos plaines et nos vallées. Les neiges s'y accumulent, y forment d'immenses amas de glaces, des *glaciers*, qui, fondant peu à peu, donnent naissance à nos grands cours d'eau et les alimentent sans cesse. En effet, jetez les yeux sur une carte, vous voyez presque toujours les fleuves ou rivières commencer sur le flanc de quelque chaîne de montagnes, puis se continuer et se grossir dans l'espèce de bassin que la chaîne de montagnes, en se ramifiant, semble former exprès pour eux. C'est ce que nous allons constater à tout moment dans l'étude que nous avons à faire *des plus grands fleuves de la terre*. Suivons, pour cette étude, le même ordre que pour les grandes chaînes de montagnes.

Des grands fleuves, j'en vois une quantité dans les cinq parties du monde, au moins dans quatre : en Europe, en Asie, en Afrique et en Amérique. Lesquels choisir? Car, ici encore, il faut ménager notre temps et nos mémoires. Prendrons-nous juste les plus grands? Nenni, mais surtout les plus connus, ceux qu'un petit enfant quelque peu instruit ne doit pas ignorer. Il est vrai que ce sont souvent les plus grands aussi. En Europe, je vais en faire remarquer trois, quatre au plus, et d'abord le *Rhin*, le *Rhône* et le *Danube*. Voici pourquoi : ils sont en quelque sorte *compatriotes;* ils ont la même patrie, la même origine : le massif des Alpes. Tenez, voici le Rhin qui sort de ce massif, au centre de la Suisse, par trois sources, par trois torrents, dont le principal descend en grondant de l'un des points culminants des Alpes, appelé le Saint-Gothard. Les Alpes, après lui avoir donné naissance, lui font une vallée tortueuse et l'envoient se perdre un moment dans un grand lac, le lac de Constance. Sorti de là, le Rhin se dirige résolûment vers le N., entre les Vosges et les monts de la Forêt-Noire, traverse l'Allemagne, — il touchait la France, il n'y a pas longtemps! — et va se jeter dans l'océan Atlantique, dans la partie de cet océan que nous avons appelée la mer du Nord. Il a fait 1200 kilomètres, mille deux cents fois la distance du bourg au Moulin-à-Vent. Aussi, il semble fatigué; il coule lentement, il laisse épancher ses eaux à droite et à gauche, se les laisse voler, en quelque sorte, par des fleuves voisins, et finit, maigre et chétif, sous le nom de Vieux-Rhin, au point que je vous montre. Il va sans dire qu'il appartient au grand versant de l'Atlantique. Maurice, où le Rhin prend-il sa source?... Quel lac traverse-t-il?... Quelle est sa direction?... Montrez son embouchure?... A quel versant appartient-il?...

En face du Saint-Gothard, toujours dans le massif des Alpes et en Suisse, regardez ce filet d'eau sortir du mont Furca, autrement dit du mont de la Fourche. C'est le Rhône. Des ramifications des Alpes lui tracent son cours vers l'O., le jettent, lui aussi, dans un grand lac, le lac de Genève. Il en sort pour venir couler en France. A Lyon, après avoir reçu la Saône, il tourne brusquement vers le S., et, rapide comme un cheval emporté, court se perdre dans la Méditerranée. Voici ses bouches ou embouchures; les deux principales forment, avec le rivage de la mer, un *d* grec, un delta, comme nous avons dit dans le temps.

Retournons au massif des Alpes. Arrêtons-nous entre deux de leurs ramifications, les Alpes de Constance et les Alpes de Souabe, venant s'appuyer à une chaîne que nous avons déjà nommée, aux monts de la Forêt-Noire. Du fond d'une sorte de fer-à-cheval, formé par cette dernière, s'échappe un fleuve dont nous avons jadis suivi la vallée, quand nous revenions de Constantinople à travers l'Europe. Vous rappelez-vous son nom? — Le Danube. — Justement, le Danube. Nous le remontions alors; aujourd'hui, descendons-le. Voyez, il suit à peu près constamment la direction de l'E., reçoit de nombreux affluents sur sa rive droite et sur sa rive gauche, et s'en va porter à la mer Noire les eaux du centre d'Europe, qu'il a recueillies l'espace de 2500 kilomètres, c'est-à-dire dans un parcours double de celui du Rhin et triple de celui du Rhône. J'espère qu'il mérite bien d'être classé parmi les grands fleuves de l'Europe, celui-là! Lui aussi se termine par plusieurs bouches. On dit : les bouches du Danube, comme on dit : les bouches du Rhône. Comme il se jette dans la mer Noire, qu'il est *tributaire* de la mer Noire, il appartient au versant?... — Au versant de la mer Noire.

Quels autres grands fleuves pourrons-nous bien noter encore en Europe?... En voici un qui me paraît digne de figurer sur notre liste : le Volga, un fleuve russe par excellence. En effet, il commence en Russie, sur les hauts plateaux de Waldaï; il coule en Russie, il se termine en Russie, non pas dans la mer Noire, comme le Danube, mais bien dans une autre grande mer intérieure que l'on appelle la mer Caspienne, et cela par 70 embouchures. Il a fait bien des zigzags pour arriver là. Pendant son cours de 2800 kilomètres, il a coulé de l'O. à l'E., du N. au S, et enfin, à peu près encore de l'O. à l'E. Voyez tomber aussi dans la mer Caspienne l'Oural, venu du N., continuant, l'espace de 1500 kilomètres, la ligne commencée par les monts Ourals entre l'Europe et l'Asie. Je pourrais vous indiquer encore, comme grands fleuves de l'Europe, la Vistule (1000 kilomètres de parcours), l'Elbe (1000 aussi). Mais ce serait trop pour le moment. Vous ferez connaissance avec tous ces fleuves quand vous étudierez l'Europe en détail, ce que nous n'avons point à faire cette année. Contentons-nous de retenir le Rhin, le Rhône, le Danube, qui naissent près de nous; le Volga, qui est le plus long des fleuves de l'Europe, et l'Oural, qui la limite à l'E. Encore les plus petits d'entre vous pourront-ils se contenter du Rhône, du Rhin et du Danube. Jérôme, venez nous montrer ces trois fleuves et les suivre de leur source à leur embouchure.

C'est assez pour aujourd'hui, mes enfants. Laissons pour la prochaine leçon les grands fleuves de l'Asie, de l'Afrique et de l'Amérique. Ce sera un peu laborieux, mais non, je l'espère, au-dessus de vos forces. En attendant, prenez-moi ces cartes. Elles représentent l'Europe avec ses fleuves et ses chaînes de montagnes. Elles sont muettes ; elles ne parlent point ou ne le font que par signes. Faites-les parler ; donnez aux fleuves dont nous venons de nous entretenir le nom qui leur convient. Marquez, en outre, d'un signe particulier leur point de départ et d'arrivée, leur source et leur embouchure. — Où chercherez-vous leur source ? — Dans les montagnes. — Et leur embouchure ? Sur le bord de quelque mer. — C'est bien ; livrez-vous à ce petit travail pendant les dix minutes qui nous restent.

TROISIÈME LEÇON.

Mes enfants, avant de continuer notre étude des grands fleuves de la terre, redites-moi ceux que nous avons déjà notés en Europe. — Le Rhin..., le Rhône..., le Danube... — Et encore ? — Le Volga..., l'Oural..., la Vistule..., l'Elbe. C'est bien. Passons maintenant aux grands fleuves de l'Asie. Je les vois presque tous descendre des hauts plateaux ou des chaînes de montagnes que nous avons remarqués au centre de cette contrée. Les uns se dirigent vers le N., vers l'océan Glacial ; les autres vers l'E., vers le Grand-Pacifique ; les autres enfin vers le S., vers l'océan Indien. C'est de ceux-là seulement que nous allons nous occuper pour le moment, parce que ce sont les plus connus et probablement aussi ceux dont vous entendrez parler le plus souvent. Voici tout d'abord l'*Euphrate* et le *Tigre*, qui coulent du N. O. au S. E., presque parallèlement, qui finissent même par se réunir et se jeter ensemble dans un golfe appelé le golfe Persique. Est-ce la première fois que vous entendez parler de ces fleuves ? — Non, monsieur, on nous les a déjà nommés à la salle d'asile. — Et qu'est-ce qu'on a bien pu vous en dire ? — On croit qu'ils arrosaient le paradis terrestre... Les Juifs ont été emmenés captifs à Babylone, sur les bords de l'Euphrate..., les Israélites ont été emmenés captifs à Ninive, sur les bords du Tigre... Un jour, le jeune Tobie se lavait les pieds sur les bords du Tigre; il faillit être dévoré par un gros poisson. — Oh ! mais, voilà de bien précieux souvenirs. Ils nous seront d'une grande ressource au mois de mai pour nos leçons d'histoire sainte; tâchez de les retenir jusque-là, et d'être alors à même de retrouver sur la carte l'Euphrate et le Tigre.

Voici maintenant, toujours sur les côtes de l'océan Indien, le *Sind*, que j'aime mieux appeler l'*Indus*, parce que cela me fait souvenir de l'*Inde*, vaste pays, auquel il a sans doute donné son nom; il se jette dans la mer d'Oman. Ensuite vient le *Gange*, qui, après avoir coulé l'espace de 3600 kilomètres, débouche au fond du golfe de Bengale. Les habitants de la contrée ont pour lui un grand respect; ils aiment même à avoir ses eaux sacrées pour tombeau. Il faut aussi remarquer le *Cambodge*, et voici pourquoi : si vous alliez dans ces parages, vers son embouchure, vous verriez flotter un drapeau tricolore, tout semblable à celui que l'on déploie les jours de fête au-dessus de la porte de notre mairie. A quoi cela vous ferait-il penser? A la patrie, à la France, qui serait pourtant bien loin. Vous vous diriez: il y a là des Français. Il y en a en effet; la France possède dans ce pays de vastes campagnes, des villes et des villages que verront peut-être plusieurs d'entre vous quand ils seront soldats, ou, comme l'on dit, *sous les drapeaux*. Voici bien encore d'autres grands fleuves dans l'est de l'Asie : le *Yang-tze-Kiang*, le *Hoang-Ho*... Mais Dieu me garde d'imposer pour l'instant à vos mémoires ces noms chinois ! Contentons-nous de l'Euphrate et du Tigre, de l'Indus, du Gange et du Cambodge. Ambroise, montrez-moi ces cinq fleuves..., suivez-les de leur source à leur embouchure....

Passons en Afrique. Je vais être encore moins exigeant que tout à l'heure; je ne vous demanderai que de retenir les noms de deux ou trois fleuves en Afrique : le *Nil*, le *Sénégal*, le *Niger*... Le Nil, que de fois on vous a transportés sur ses bords pendant votre séjour à la salle d'asile, quand on vous a raconté l'histoire de Joseph ou de Moïse ! Le voici qui vient on ne sait trop d'où, puisque les savants n'ont pas encore bien déterminé ses sources, qui coule du S. vers le N., qui arrose l'Égypte et qui se jette par plusieurs bouches dans la Méditerranée. De temps à autre, il rencontre tout à coup un terrain beaucoup plus bas que celui sur lequel il coulait d'abord. Ses eaux tombent alors avec fracas ; ces chutes forment ce qu'on appelle des *cataractes*. Si donc l'on parle devant vous des *cataractes du Nil*, vous saurez ce qu'il faut entendre par là. Dites-moi, qu'arrive-t-il à Saint-Sigismond quand il est longtemps sans pleuvoir, quand il règne une *sécheresse* comme celle que nous avons eue l'année dernière ? — Les blés ne poussent pas ou poussent mal, et la moisson est mauvaise. Eh bien ! mes enfants, en Egypte, il ne pleut jamais. L'on n'y récolterait donc rien si le Nil ne se chargeait d'arroser lui-même les terres. Tous les ans, à des époques fixes, de la mi-juin à la mi-septembre, il *déborde*, il inonde sa vallée, comme notre petite rivière après un gros orage, puis il se retire. La terre, rafraîchie et fertilisée, se couvre alors de verdure et produit abondamment de quoi nourrir ses habitants. Que pourrai-je encore vous dire du Nil ? C'est que ses bords étaient jadis couverts d'abustes appelés *papyrus*, et que c'était avec l'écorce de ces arbustes qu'on faisait le *papier* avant qu'on n'eût découvert le moyen d'en faire avec du chiffon. Bien loin, et à l'opposé du Nil, voici le *Sénégal*. Encore un fleuve sur les bords duquel vous verriez flotter le drapeau de la France ; car là aussi la France possède un territoire, au moins une ville, Saint-Louis du Sénégal, et des villages où nous faisons des *échanges* avec les habitants du pays. Retenez bien le nom et la place du Sénégal ; il en sera question dans ma prochaine leçon sur les diverses races d'hommes et dans l'histoire qui la terminera. Ajoutez à ces deux noms du Nil et du Sénégal, celui du *Niger* que voici, et réservant pour d'autres temps le *Zaïre*, l'*Orange*, le *Zambèze*, etc., allons visiter les grands fleuves de l'Amérique.

Vous voyez de suite qu'il y a comme deux Amériques : l'Amérique du Nord et l'Amérique du Sud. Explorons-les l'une après l'autre.

Dans la première, remarquez ce groupe de lacs qui semblent se tenir comme les grains d'un gros chapelet. Un fleuve reçoit le trop-plein de leurs eaux et le porte à l'océan Atlantique. C'est le *Saint-Laurent*. Plus bas, je vois, coulant du N. au S. et se jetant dans le golfe du Mexique, le *Mississipi*, grossi d'affluents considérables, notamment du *Missouri*. Voilà bien un des plus grands fleuves du monde, car son parcours est de 5000 kilomètres, de 7000 si l'on y joint celui du Missouri. Aussi les anciens habitants du pays, les *indigènes*, l'appelaient-ils le *Meschacébé*, ce qui voulait dire dans leur langue le *père des fleuves*. Je vous citerais bien encore le *Rio-Grande del Norte* qui a aussi son importance puisqu'il parcourt 3000 kilomètres, mais ce nom est trop long ; je ne vous demande de retenir, dans l'Amérique du Nord, que le Saint-Laurent et le Mississipi. Il sera question d'eux dans votre histoire de France. Notre drapeau flottait jadis sur leurs rivages, et vous entendriez encore au Canada, dans la vallée du Saint-Laurent, le laboureur chanter de vieilles chansons que ses grands-pères ont apprises sur les bords de la Loire (1).

Dans l'Amérique du Sud, notons trois grands fleuves aussi, et remarquons qu'ils appartiennent tous au versant de l'Atlantique : du côté du Pacifique, le pays est trop resserré par la chaîne des Andes pour avoir autre chose que des *torrents* d'un parcours peu étendu. Nous voyons vers le N. l'*Orénoque ;* vers le centre, l'*Amazone*, long de 4600 kilomètres, d'autres disent de 7500, le plus grand fleuve du monde, par conséquent. Plus bas, vers le S. E., c'est le *Rio de la Plata* (la rivière d'argent), qui est formé de l'Uruguay et du Parana, et qui se termine par un véritable bras de mer assez semblable à notre Gironde. Allons, qui se sent la force de retrouver les cinq ou six fleuves que

(1) Notamment la *Claire fontaine*, chant populaire de l'Anjou et du Maine.

nous venons de nommer en Amérique, et même de les dire de mémoire sans regarder la carte?... Vous hésitez, mes chers etits; cela ne me surprend pas. Ce sont là en effet bien des choses et bien des noms à retenir dans une seule leçon. Aussi, je n'attache pas une importance majeure à ce que vous loiez tout cela dès maintenant dans votre mémoire. Outre que nous y reviendrons, l'essentiel, pour moi, c'est que vous vous familiarisiez de plus en plus avec la lecture des cartes, et aussi que, dans l'occasion, vous alliez chercher les mers, les montagnes, les grands fleuves là où ils sont en effet. Ainsi, lorsqu'il sera question, soit dans nos entretiens, soit dans nos lectures, de l'Euphrate et du Tigre, Ambroise, qu'est-ce qui se présentera à votre esprit? — Deux grands fleuves de l'Asie. — Et si je vous dis que j'ai rencontré naguère, dans une école normale, trois jeunes nègres venus du Sénégal pour apprendre notre langue et nos sciences? — Je me rappellerai le fleuve du Sénégal, sur la côte occidentale de l'Afrique. Et encore, lorsque, plus tard, je vous raconterai comment nous avons perdu les établissements que nous possédions sur les bords du Saint-Laurent et du Mississipi? — Je songerai aux deux grands fleuves que vous nous avez montrés dans l'Amérique du Nord. Tel est en effet, mes enfants, le principal fruit que j'attends de mes dernières leçons sur la mappemonde, sur les cinq parties du monde, sur les grandes chaînes de montagnes et sur les grands fleuves du globe. Quelques réflexions pour finir.

Nous cherchions récemment à nous rendre compte du rôle que jouent les montagnes sur la surface de la terre. Voyons maintenant à quoi servent les grands fleuves dont nous venons de nous occuper, les eaux qu'ils recueillent et qu'ils promènent en quelque sorte à travers les terres. Voici ce que dit à ce sujet Fénelon, dont je vous ai déjà lu un passage à l'occasion des océans.

« L'eau *désaltère* non-seulement les hommes, mais encore les campagnes arides; et celui qui nous a donné ce *corps fluide* l'a distribué avec soin sur la terre comme les *canaux* d'un jardin. Les eaux tombent des hautes montagnes où leurs *réservoirs* sont placés ; elles s'assemblent en gros ruisseaux dans les vallées ; les rivières *serpentent* dans les vastes campagnes pour les mieux arroser ; elles vont enfin se précipiter dans la mer pour en faire le centre du *commerce* de toutes les nations... » (Expliquer ce passage en s'appuyant sur les données de la leçon même.)

QUATRIÈME LEÇON.

Mes enfants, regardez-moi ; regardez-vous les uns les autres. Sauf de légères différences, nous nous ressemblons tous : nos traits sont à peu près les mêmes ; notre peau est généralement blanche, teintée de rose à la pommette de nos joues par la jeunesse, par la santé, et aussi quelquefois par le froid ou l'animation. Nous ne pouvons nous renoncer pour frères, pour les membres d'une même famille, pour les descendants d'un même père et d'une même mère, pour des enfants d'Adam et d'Eve.

Mais sur cette vaste terre que nous venons d'étudier, dans les pays lointains où les froids de l'hiver sont inconnus, où le sol est constamment brûlé par les rayons du soleil qui y tombent d'aplomb, les hommes nous ressemblent-ils ? Ont-ils notre peau blanche, nos cheveux lisses et fins, nos fronts hauts, nos visages droits et susceptibles d'être encadrés dans un angle comme celui-ci ?... Tant s'en faut, mes chers petits. Sans doute eux aussi ils ont des pieds, des jambes, des bras, des mains, une tête, un visage ; eux aussi ils marchent et se tiennent droits et non courbés vers la terre comme le cheval ou le singe. Mais si leur conformation générale est la nôtre et révèle des hommes comme nous, ils diffèrent de nous par des détails bien importants. Tenez, en 1867, alors que vous naissiez ou que vous étiez encore au berceau, moi, je visitais, à Paris, l'*Exposition universelle*, c'est-à-dire un immense palais où l'on avait rassemblé et exposé aux regards tout ce que l'industrie et les arts avaient produit de plus beau. Il y avait là, admirant comme moi ces merveilles, des hommes venus non-seulement de tous les pays de l'Europe, mais de l'Asie, de l'Afrique, de l'Amérique, et probablement aussi de l'Océanie. Eh bien ! vous ne sauriez vous imaginer combien les figures étaient diverses ! Ici, des Européens nous ressemblant de tous points ; là, des hommes à la peau jaune, aux cheveux noirs, rares et roides, souvent ramassés au sommet de la tête et retombant en une seule natte et comme une queue sur les épaules, aux lèvres grosses, au nez enfoncé à la racine, aux yeux obliques et dirigés vers le nez.... C'étaient des Asiatiques, des Chinois, des Japonais, etc. D'autres, qui semblaient leur tenir de près, avaient en outre le teint couleur d'olive : c'étaient des habitants du S. de l'Asie ou du N. de l'Océanie. Mais, ce qui vous eût le plus étonnés, c'eût été de voir des *nègres*, de grands et forts gaillards ayant la peau d'un noir plus ou moins foncé, les cheveux crépus et semblables à de la laine, le nez épaté, les lèvres pendantes, la bouche saillante, le front bas et fuyant, un visage qui aurait tenu entre les côtés d'un angle aussi aigu que celui-ci.... Ils venaient qui de l'Afrique, qui des îles les plus reculées de l'Océanie. On se montrait aussi des figures d'un rouge de cuivre, des descendants, disait-on, des anciens habitants de l'Amérique. En somme, cela faisait en quelque sorte cinq espèces d'hommes, cinq *races* dont trois surtout bien distinctes : des hommes à peau blanche, des hommes à peau jaune, et des hommes à peau noire, des *nègres*. Si Adam et Eve eussent été là, je ne sais vraiment pas s'ils eussent reconnu et avoué tout ce monde pour leurs enfants !

Quelles causes ont donc pu produire des différences si sensibles entre des hommes qui ont la même origine ? Cherchons si nous en trouverons au moins une. Dites-moi, n'avez-vous pas remarqué que les braves gens de la campagne, qui passent leur vie au grand air des champs, ne tardent pas à avoir la peau brunie par le soleil, tandis que les habitants des villes conservent un teint plus frais et plus rosé ? Vous-mêmes, quand, chaque année, vous avez, dans la mesure de vos forces, pris part aux travaux de la moisson et de la vendange, ne me revenez-vous pas avec une figure et des mains déjà un tant soit peu hâlées ? Eh bien ! cela me fait supposer que le climat, le genre de vie, l'intensité de la lumière ou de la chaleur et mille autres circonstances, auront, pendant la durée des siècles, modifié profondément la couleur de la peau et les lignes du visage chez les hommes, et qu'ainsi différentes *races* d'hommes se seront formées peu à peu : la race *blanche*, la race *jaune* et la race *nègre*.

Mais les diverses races d'hommes ne diffèrent pas seulement par la couleur et par la forme du visage : elles diffèrent aussi par le caractère, et cela ne doit pas vous étonner. Quand, dans une famille, il y a plusieurs enfants, il n'est pas rare que l'un soit actif et laborieux, et qu'un autre soit indolent jusqu'à la paresse ; que l'un aime à vivre paisiblement dans son village, à l'ombre de son clocher, qu'un autre ne rêve que voyages et aventures. Jacob quittait peu sa mère Rébecca et son vieux père Isaac ; Esaü, toujours armé de son arc et de ses flèches, courait volontiers le pays à la poursuite du gibier. Peut-être en était-il ainsi des enfants de Noé, les pères des diverses races d'hommes qui se partagent aujourd'hui la terre. Je me figure que le paisible Sem aimait les plaines de la Mésopotamie où les hommes sont venus d'abord habiter après le déluge, jusqu'au moment où Dieu confondit leur langage au pied de la tour de Babel. Ses descendants, qui paraissent avoir peuplé l'Asie, sont restés paisibles et sédentaires comme lui. Japhet, toujours à ce que j'imagine, était au contraire actif, entreprenant, ami des découvertes. Ses descendants, qui ont traversé le Caucase et le Bosphore et qui sont devenus les nations européennes, semblent avoir conservé la vive intelligence, l'activité fiévreuse, l'esprit d'initiative, la vivacité de caractère que je lui prête. Quant à Cham, Cham le mauvais fils, Cham le maudit et son fils Chanaan, j'ai bien des raisons de supposer qu'ils étaient méchants. Leurs descendants, chassés peut-être des doux climats de l'Asie par leurs frères irrités, se sont dirigés vers l'Afrique. Vivant sous un ciel brûlant, perdus au milieu des déserts de l'Afrique, dispersés par les tempêtes dans les chaudes îles de l'Océanie, ils sont devenus noirs comme l'ébène. Dans tous les cas, ils ne se sont point encore relevés entièrement de la malédiction qui semble avoir pesé sur eux. Les Européens, dans leurs excursions sur les côtes de l'Afrique ou dans l'Océanie, les ont retrouvés vagabonds, ignorants, grossiers, paresseux, *sauvages*, féroces au point de se manger les uns les autres; aussi les ont-ils appelés *anthropophages*, ce qui veut dire *mangeurs d'hommes*. Se refusant à reconnaître des frères dans ces êtres dégradés, ils les ont pris, achetés, vendus comme des bêtes de somme, transportés en Amérique pour en faire des esclaves travaillant sans merci, soumis au fouet et à toutes sortes de mauvais traitements. Et pourtant ces nègres sont bien réellement des hommes comme nous, ayant, sous leur enveloppe noire et disgracieuse, une âme immortelle et rachetée par Jésus-Christ. Aussi, de pieux missionnaires les ont pris sous leur protection, sont allés, au péril de leur vie — les nègres en ont torturé et mangé plus d'un — leur prêcher l'Évangile et leur dire : Connaissez le vrai Dieu, adorez-le, observez ses commandements : devenez bons, doux, laborieux et, au nom de Dieu, notre père à tous, nous vous ferons rentrer dans la grande famille humaine ; nous défendrons aux autres hommes de vous maltraiter, de vous voler vos femmes, vos enfants, votre liberté. Et, en effet, mes enfants, les diverses nations, la France la première, se sont interdit de réduire désormais les nègres en esclavage. Vous verriez, à Paris et ailleurs, des nègres aller, venir, circuler librement, entièrement maîtres d'eux-mêmes. On ne leur fait point de mal et eux-mêmes n'en font à personne, car, comme vous allez le voir par une petite histoire que je veux vous raconter, les nègres, quand ils sont bien traités et bien élevés, redeviennent aussi bons et aussi intelligents que peuvent l'être les autres hommes.

Ambroise, montrez-moi le Sénégal. — Le voici sur la côte occidentale de l'Afrique. — Eh bien ! c'est sur ses bords que se passe mon histoire. Des marchands français quittent la ville de Saint-Louis, emportant avec eux, pour faire le commerce, non de l'or et de l'argent, mais de la ferraille, quelques vieux couteaux, des sabres ébréchés, des fusils rouillés, quelques pièces d'étoffe bariolée et surtout des morceaux de verre de couleur. C'est avec ces menus objets qu'ils payeront la poudre d'or, l'ivoire, la gomme, les dattes que leur offriront les nègres chez lesquels ils se rendent. Comme vous voyez, ces nègres sont de grands enfants, puisqu'il faut si peu de chose pour les séduire et les décider à livrer les produits de leur pays. Nos voyageurs remontent le Sénégal sur des barques. Les voici déjà bien loin, dans le voisinage d'une peuplade sauvage appelée les *Bambaras*. A leur approche, les Bambaras accourent sur le rivage, ayant à peu près pour tout vêtement l'épaisse couche de beurre rance et fétide qui protége seule leur corps contre les *moustiques*, très-communs dans la contrée. Ils étalent leurs marchandises. L'un d'eux avait pour tout bien une demi-douzaine de négrillons, ses enfants, chétifs et mourant de faim. Un instituteur de Saint-Louis, qui s'était joint à l'expédition, contemplait avec un intérêt mêlé de pitié ces pauvres petits êtres ; il leur distribua même quelques poignées de riz que les malheureux dévorèrent avec avidité. Le père crut qu'il avait envie de les acheter, il les lui offrit tous les six pour une pièce de guinée (étoffe de coton teinte en bleu) : « Oh ! dit le brave instituteur, ma religion et les lois de mon pays ne me permettent pas d'avoir des esclaves : je ne t'achèterai pas tes enfants ; mais si tu veux m'en donner un, je l'élèverai et j'en ferai, Dieu aidant, un homme meilleur que toi. — Bah ! dit le père en son langage, ce sera toujours un de moins à nourrir ; prends celui que tu voudras. » L'instituteur en prit un au hasard et l'emmena à Saint-Louis. Le pauvre enfant, me racontait-il il y a quelques jours, croyait sans doute que je n'avais d'autre intention que de le tuer et de le manger.

Pendant plus d'un an, mes caresses et mes plus douces paroles ne purent triompher de ses craintes. Il tremblait rien qu'en me voyant. Pourtant, peu à peu, mêlé à mes élèves, il finit par prendre quelque assurance et même par nous comprendre et nous aimer. Quand j'ai quitté Saint-Louis, il était presque un jeune homme, grand, fort, intelligent et pieux. « Maître, me disait-il dans ses derniers embrassements, quand je vais être tout à fait grand et suffisamment instruit, je retournerai chez les Bambaras et je leur apprendrai ce que vous m'avez appris. J'aiderai les missionnaires à les *civiliser*, à en faire des chrétiens et par conséquent des hommes qui chérissent leurs enfants et les élèvent dans la crainte de Dieu, au lieu de les vendre pour une pièce de guinée.... » Mais, mes chers enfants, avec mes histoires, je perds un peu de vue l'objet de notre leçon ; revenons-y. Combien compte-t-on de races d'hommes sur la terre ?... Cinq. — Nommez-moi seulement les principales.... Par quoi se distinguent-elles surtout ?... Où trouve-t-on la race blanche ?... la race jaune ?... la race nègre ?... De qui descendent les habitants de l'Asie ?... les habitants de l'Europe ?... les habitants de l'Afrique ou au moins les nègres ?... Dites-moi quelque chose du caractère particulier des nations européennes, asiatiques, africaines et océaniennes....

AVRIL

Révision des matières du trimestre précédent.

PREMIÈRE LEÇON.

Mes chers enfants, le temps passe vite : voici encore un *trimestre* d'écoulé, le deuxième depuis la rentrée. L'heure est venue de suspendre de nouveau notre marche en avant pour revoir ce que nous avons étudié jusqu'ici, notamment pendant ces derniers mois; pour reprendre une à une les petites connaissances que nous avons acquises et tâcher de les fixer, s'il est possible, à tout jamais dans notre esprit. Nous n'avons pour cela qu'un mois, que quatre leçons. Aussi allons-nous nous hâter, en laissant de côté les détails et en n'insistant que sur les choses essentielles, celles qu'il faut absolument retenir. Ces choses, du reste, je n'ai plus à vous les expliquer, à vous les faire comprendre, ce qui était le plus difficile ; j'ai simplement à vous les rappeler. Ce sera bientôt fait si vous voulez bien m'écouter et même me venir quelquefois en aide. Commençons.

La géographie, avons-nous dit, est *la description de la terre*. En géographie, on décrit donc la terre, ou au moins sa surface et les *accidents* si divers qui s'y rencontrent : cours d'eau, montagnes, terres habitables, mers et océans, îles, continents, pays, etc. Tout cela, vous le savez, a été représenté par des signes convenus sur de grandes feuilles de papier qu'on appelle des *cartes*, de sorte que, pour connaître ce qu'il y a à la surface de la terre, les écoliers n'ont pas besoin de voyager : ils n'ont qu'à étudier les cartes qui sont appendues aux murs de leur école ou rassemblées dans leur *atlas*. Mais avant tout, il faut qu'ils sachent lire sur ces cartes comme dans un livre, reconnaître et nommer immédiatement les mille choses qui y sont figurées. Voilà pourquoi, pendant le premier trimestre, nous nous sommes tant occupés de la *lecture* des cartes et pourquoi aussi, dans la *révision* que nous allons faire, nous ne perdrons aucune occasion de nous en occuper de nouveau, ne fût-ce que pour ceux d'entre vous qui ont fait l'*école buissonnière*, qui n'ont point été aussi exacts que je l'aurais désiré, ou bien encore qui ne sont venus à l'école que dans ces derniers temps.

Vous, mon petit Jérôme, qui êtes de ceux-là, prenez la baguette et venez nous montrer que vous nous avez pourtant à peu près suivis, et que, vous aussi, vous savez lire sur les cartes. Qu'est-ce que vous représente celle-ci ? — La France. Mon Dieu ! oui, un pays qu'on appelle la France. C'est comme cela qu'est fait ce pays qui est le nôtre. C'est comme cela qu'on pourrait l'apercevoir du haut du ciel, si l'on abaissait ses regards vers la terre. Eh bien! qu'est-ce que vous rencontreriez si vous parcouriez ce pays? Qu'est-ce que vous y rencontrerez si un jour vous faites votre *tour de France?* — Des fleuves. Des fleuves, c'est là, à ce que je vois, ce qui vous a le plus frappé. Soit: nous commencerons notre révision par les fleuves. Montrez m'en donc un sur la carte de France et suivez-le de sa *source* à son *embouchure*... Pourquoi est-ce un fleuve?... Est-ce de l'eau douce ou de l'eau salée qu'il porte à la mer?... A-t-il des affluents?... Montrez-les?... Comment s'appelle l'endroit où ces affluents le rejoignent?... Voici une autre carte, la reconnaissez-vous aussi? C'est la carte de l'Europe, d'un pays bien plus grand que la France, et qui la contient comme l'école contient la classe où nous sommes. Voyez-vous aussi sur cette carte des fleuves et pouvez-vous m'en nommer quelques-uns? Suivez celui-ci, le *Rhin;* celui-là, le *Rhône;* cet autre, le *Danube;* cet autre encore, le *Volga*. Ambroise, que venons-nous de passer en revue? — Les grands fleuves de l'Europe. Dites quelques-uns des grands fleuves de l'Europe. Car il y en a d'autres, tels que l'*Oural*, la *Vistule*, l'*Oder*, l'*Elbe*. Mais nous sommes convenus de nous borner à retenir pour le moment le *Rhin*, le *Rhône*, le *Danube* et le *Volga*. Qu'est-ce que les trois premiers présentent de particulier? — C'est qu'ils prennent leur source dans le massif des Alpes. — Trouvez ces sources? — Voici celle du Rhin au mont Saint-Gothard; celle du Rhône au mont Furca, celle du Danube dans les monts de la Forêt-Noire. — Quelle est la direction générale du Rhin? — Du S. au N. — Celle du Rhône? — De l'E. à l'O., puis du N. au S. — Celle du Danube? — De l'O. à l'E. — Celle du Volga? — De l'O. à l'E., puis vers le S. E. — Où se jette le Rhin? — Dans la mer du Nord. — Le Rhône? — Dans la Méditerranée. — Le Danube? — Dans la mer Noire. — Le Volga? — Dans la mer Caspienne.

Jérôme, mon ami, voilà encore une autre carte; vous l'avez entendu nommer. — C'est la *Mappemonde*. — Que représente-t-elle? — Le monde tout entier. Alors nous devons y trouver les cinq parties du monde. Voici déjà l'Europe où nous étions tout à l'heure, puis l'Asie, sa voisine de droite. Ici aussi nous trouvons de grands fleuves; écoutez bien ce que nous allons en dire. Paul, retrouvez et nommez les grands fleuves que nous avons notés en Asie. — Voici d'abord le *Tigre* et l'*Euphrate* dont il est question dans notre histoire sainte; ils coulent tous deux du N. O. au S. E., se rejoignent ici et se jettent dans le golfe Persique. Voici ensuite le *Sind* ou *Indus* qui donne son nom à un grand pays, à l'*Inde;* il se jette dans la mer d'Oman. Puis le *Gange* qui se rend dans le golfe du Bengale, puis enfin le *Cambodge*. Vous nous avez dit qu'il y a, dans le voisinage de son embouchure, des villes et des villages qui appartiennent à la France. Jérôme, reprenez la baguette et répétez cela : les grands fleuves de l'Asie sont... Est-ce qu'il n'y a pas d'autres grands fleuves en Asie? — Oui, monsieur, il y en a encore à l'E. et au N.; mais vous avez remis à plus tard à nous les faire étudier.

Allez maintenant en Afrique, mon petit Jérôme. Trouvez-y tout seul au moins un grand fleuve; vous savez, il y a sur ses bords de grands roseaux comme autour de notre étang; au milieu de ces roseaux, j'aperçois une corbeille.., dans la corbeille un bébé qui dort ou qui pleure...., près de là une jeune fille qui observe... Une grande dame qui vient se baigner... — C'est le *Nil;* le voici... le petit enfant, c'est Moïse. — Très-bien, et dans quelle partie de l'Afrique coule le Nil? — En Egypte. — Dans quel sens coule-t-il? — Du S. au N. — Un savant maintenant, pour me trouver en Afrique quelques autres fleuves dont un au moins intéresse particulièrement les Français; voyons, Michel? — Il y a le *Sénégal* qui donne son nom à un pays qui nous appartient. — Bien; ajoutez la *Gambie;* avec ces deux mots, *Sénégal* et *Gambie*, faites un seul mot et vous aurez la *Sénégambie*, le nom d'un pays plus vaste dont le Sénégal fait partie. Il fait terriblement chaud dans ces contrées; nous autres Français, nous avons bien de la peine à nous y acclimater. Quittons-les et allons à la recherche des grands fleuves de l'Amérique. Qui veut se charger d'en retrouver au moins deux dans l'Amérique du Nord et autant dans l'Amérique du Sud? Personne? Eh bien! je vais faire la besogne moi-même. Dans l'Amérique du N., je vois, servant de *déversoir* à une suite de lacs, le *Saint-Laurent*. Je me rappelle, non sans peine, qu'il y avait là de belles provinces qui nous appartenaient jadis, le *Canada* et l'*Acadie*. Je serre volontiers la main à ces anciens compatriotes qui parlent notre langue et qui doivent encore se souvenir de la France. Toujours dans l'Amérique du N., mais coulant vers le S., le *Mississipi* se présente à nos yeux, grossi du *Missouri*, un de ses affluents, et formant avec lui l'un des plus grands fleuves du monde. Dans l'Amérique du S., encore un fleuve immense: l'*Amazone*. Il descend du versant oriental de la chaîne des Andes, et traverse l'Amérique méridionale presque dans sa plus grande largeur, de l'O. à l'E. Je laisse de côté l'*Orénoque* que vous voyez plus au N. et coulant dans le même sens, et j'arrive vers le S., au *Rio de la Plata* ou fleuve d'argent, sans doute appelé ainsi parce que l'argent abondait autrefois dans ces pays. Je remarque qu'il est formé de deux rivières: le *Parana* et l'*Uruguay*, et que, vers son embouchure, il devient un véritable bras de mer assez semblable à notre Gironde.

A votre tour, mes enfants. Paul, nommez et montrez les grands fleuves de l'Amérique, de l'Amérique du Nord..., de l'Amérique du Sud... Voyez-vous pourquoi, dans l'Amérique du Sud notamment, il n'y a de grands fleuves que vers l'E., dans le versant de l'Atlantique? — C'est parce que, à l'O., la chaîne des Andes est très-rapprochée de la mer, du Grand-Pacifique: de ce côté, il ne peut y avoir place que pour des fleuves très-courts et très-rapides, pour des torrents. Mes enfants, cette circonstance se présente encore pour les îles de l'Océanie. Pourtant, le continent Australien doit avoir, lui aussi, des fleuves considérables. Mais, heureusement pour vous, ces fleuves sont encore peu connus, et nous pouvons les passer sous silence. Je dis heureusement pour vous, car je m'aperçois que, encore bien que je me sois borné à vous indiquer quelques fleuves seulement dans chacune des autres parties du monde, vos jeunes mémoires ne peuvent les retenir sans efforts, et c'est le cas d'appliquer mon grand principe d'enseignement : *peu* et *bien*.

Pour tempérer l'aridité de cette leçon qui n'a guère consisté qu'en une nomenclature, rappelez-moi quelques réflexions que nous avons faites sur le but que paraît s'être proposé Dieu en créant les fleuves et rivières. A quoi Fénelon compare-t-il les grands cours d'eau dans un passage que je vous ai lu? — Aux canaux d'un jardin. Quels services rendent les canaux dans un jardin? Vous le devinez facilement : ils y entretiennent la fraîcheur et la fertilité; ils les arrosent en quelque sorte perpétuellement. Mais les fleuves ont encore une autre utilité pour les hommes : ils ont été leurs premières routes, leurs premiers chemins à travers ce vaste univers, *des chemins qui marchent tout seuls*, disait Sully, le ministre du roi Henri IV, dont il va être question prochainement dans votre histoire de France. Les grandes routes commencées par ce même Sully, et les chemins de fer qui s'y sont ajoutés de nos jours, ont singulièrement amoindri l'importance de ces voies de communication primitives. Mais que de fois, quand j'étais à votre âge, j'ai vu mon beau fleuve de la Loire couvert de bateaux dont j'admirais les grands mâts et les voiles blanches gonflées par le vent! Demandez à notre Parisien si, aujourd'hui encore, la Seine n'est pas sillonnée de bateaux à vapeur qui la montent et la descendent, et en font en quelque sorte une rue des plus fréquentées... Les fleuves sont si bien de véritables chemins que c'est par eux que nos ennemis pénétraient jadis jusqu'au cœur de notre pays. Quels sont ces ennemis auxquels je fais allusion? Je les vois venir du Nord, portés par de légères barques d'osier. Arrivés à l'embouchure de nos fleuves, ils y entrent résolûment, les remontent, surprennent nos villes *riveraines*, les pillent, les brûlent... Ils s'avancent jusqu'à Paris et l'assiégent... — Ce sont les Normands. — Et qui est-ce qui ose défendre Paris contre eux? — Le comte

Eudes et l'évêque Gozlin. C'est bien, mes enfants. Maintenant que vous voilà un peu reposés, reprenons notre leçon et repassons encore une fois les grands fleuves des cinq parties du monde...

DEUXIÈME LEÇON

Revenez encore auprès de moi, petit Jérôme, et dites-nous ce que vous avez le plus remarqué sur les cartes après vos chers fleuves. — Les montagnes. — Eh bien, continuons notre *révision* par les montagnes et rappelons rapidement ce que nous avons pu en dire tant dans le premier que dans le deuxième trimestre. Avez-vous vu des montagnes ailleurs que sur les cartes, mon cher Jérôme? — Il n'y en a pas dans notre pays. — Comment, il n'y en a pas dans notre pays! Mais le Moulin-à-Vent?... Rougemont?... Bellevue?... — Ce ne sont que des collines. — Soit; mais au moins, ces collines se suivent et se tiennent en quelque sorte, et alors elles forment? — Une chaîne de collines. — Si elles étaient plus élevées, vous les honoreriez du nom de montagnes, et elles formeraient? — Une chaîne de montagnes. Mais, en effet, ce ne sont que des collines, et encore, du haut d'un ballon, elles n'apparaîtraient que comme des *mamelons*, des *buttes*, des *éminences* et même comme de simples *plis* de terrain. Quoi qu'il en soit, qu'y a-t-il au pied de nos collines ou entre elles? — Des vallées. Nous pouvons dire des *vallons*, car les véritables *vallées* sont plus longues, plus larges et plus profondes. Quelques mots sur notre petit pays. Il est situé à l'extrémité d'une *plaine;* cela est si vrai, que la partie occidentale s'appelle la *plaine*. Cette plaine est quelque peu élevée; on n'y arrive que par une *pente*, une pente assez douce, mais enfin une pente que vous ne gravissez pas sans souffler un peu. Si elle était plus élevée encore et plus étendue, elle formerait un *plateau*. Je vous rappelle ce mot, mes enfants, parce que nous avons déjà dit, et nous allons répéter qu'il y a, par exemple au centre de l'Asie, de hauts *plateaux*. Pour achever de familiariser Jérôme avec les expressions qui reviennent souvent quand on parle de montagnes, disons-lui que, dans une chaîne de montagnes, il y a des points *culminants*, des *sommets* qui dominent les autres. Rappelons-lui encore qu'il y a sur les hautes montagnes des neiges que l'on qualifie d'*éternelles*, des *glaciers*, qui donnent naissance aux fleuves et rivières, et que c'est pour cela que Fénelon compare les montagnes à des *réservoirs* inépuisables d'où descendent les eaux, pour aller au loin arroser et féconder nos campagnes; que les chaînes de montagnes ou de collines forment les contours des grandes *dépressions*, des immenses vallées que nous appellerons les *bassins* des fleuves, bassins chargés de recueillir les eaux de toute une contrée, et au fond desquels coule le fleuve chargé de conduire ces eaux à la mer; et encore qu'une chaîne de montagnes devient pour un pays une *ligne de faîte*, une ligne de *partage des eaux*, répartissant les eaux entre deux *versants* opposés, comme le fait le toit d'une maison quand il pleut.

Maintenant que Jérôme et les plus petits ou les derniers arrivés d'entre vous sont en état de nous comprendre et de nous suivre, résumons la leçon que nous avons faite sur *les plus grandes chaînes de montagnes de la terre.*

Ambroise, quelles grandes chaînes de montagnes avons-nous notées en Europe? — La chaîne ou plutôt le massif des *Alpes*, les *Pyrénées*, les *Apennins*, les *Balkans*, l'*Oural* qui appartient à la fois à l'Europe et à l'Asie. Montrez-nous ces diverses chaînes... C'est très-bien; parlez-nous un peu plus au long des Alpes. — Les Alpes sont situées à peu près au centre de l'Europe. Elles se relient au S. O. et au N. E. avec la ligne de partage des eaux qui divise l'Europe en deux grands versants que voici. Des fleuves nombreux y prennent leur source, notamment le Rhône, le Rhin, et l'on pourrait dire aussi le Danube. Elles sont couvertes de glaces éternelles, comme il est dit dans le *Retour du petit Savoyard.* On y trouve un grand nombre de *glaciers*. Leur point culminant est le Mont-Blanc, haut de près de cinq kilomètres... Assez, mon cher enfant; vous parlez comme un livre, comme les *Géographies.* Voyons si vous vous rappellerez aussi bien ce que nous avons dit des grandes chaînes de l'Asie. Comme nous n'avons point de carte particulière de l'Asie, recourons à notre *mappemonde.* Trouvez-y l'Asie. — La voici peinte en rose. — A-t-elle aussi sa ligne de partage des eaux? — Oui, monsieur, mais cette ligne n'est pas comme celle de l'Europe. Au centre, elle se divise en deux ou trois ramifications qui courent vers le N. E., vers l'E. et vers le S. E. — Eh bien, au milieu de ce fouillis, retrouvez les chaînes de montagnes ou les simples sommets sur lesquels j'ai appelé votre attention. — Voici le Caucase, entre la mer Noire et la mer Caspienne; l'Ararat, sur lequel s'arrêta l'Arche après le déluge; les monts Libans, d'où Salomon fit venir des cèdres pour la construction du temple de Jérusalem; le mont Nébo, où mourut Moïse; la montagne d'Horeb, où Dieu lui était apparu dans un buisson ardent; le Sinaï, où Dieu publia sa loi au milieu des tonnerres et des éclairs... — Ces souvenirs sont précieux, mon jeune ami; mais ils sortent un peu de notre cadre. Pour vos petits camarades qui n'ont pas la mémoire aussi heureuse, nommons seulement, en Asie, la chaîne de l'Himalaya, qui contient les sommets les plus élevés du globe, des sommets atteignant près de neuf kilomètres, si je me rappelle bien. Retenez encore, si vous le pouvez, les monts *Altaï*, une de ces chaînes qui, comme vous le disiez tout à l'heure, continuent vers le N. E. la ligne de faîte de l'Asie.

Passons à l'Afrique. Y a-t-il beaucoup de chaînes de montagnes dans cette grande presqu'île? — Oui, monsieur; l'Afrique est comme encadrée de chaînes de montagnes, mais vous ne nous en avez nommé qu'une, celle de l'*Atlas.* — Qu'est-ce que les anciens se plaisaient à voir dans les hauts sommets de l'Atlas? — Un géant qui porte le ciel. — N'a-t-on pas donné le nom d'*atlas* à un livre que vous aurez besoin d'ouvrir bien souvent? — Oui, monsieur, à un recueil de cartes. — Mes enfants, je ne vous ai nommé en effet qu'une chaîne de montagnes en Afrique. Mais si vous

vous sentez la force d'en retenir plusieurs, voici encore les monts de Kong, les monts Lupata, les monts de la Lune, les monts d'Abyssinie, etc. Toutefois, si vous m'en croyez, nous nous contenterons, pour le moment, d'avoir renouvelé connaissance avec l'Atlas.

Avons-nous, dans notre première étude, nommé quelque chaîne de montagnes en Amérique? — Oh! oui, monsieur, une bien grande : elle traverse toute l'Amérique, du N. au S.; elle forme une ligne de partage des eaux bien plus droite que celle de l'Europe, et surtout que celle de l'Asie. — Dites-moi son nom? — Elle en a plusieurs : dans le N., ce sont les montagnes *Rocheuses;* dans le centre, c'est la *Cordillère de l'Amérique centrale;* dans le S., la *Cordillère des Andes;* cette longue chaîne détermine les deux principaux versants de l'Amérique, le versant de l'Atlantique et celui du Grand-Pacifique; elle renferme beaucoup de volcans... — Très-bien, il ne nous reste plus qu'à retrouver au moins une chaîne de montagnes dans la plus grande des îles de l'Océanie... — Les *Alpes-Australiennes* ou montagnes *Bleues.*

Mes enfants, vous venez de prononcer tout à l'heure un mot qui a fixé mon attention. Vous avez dit que la longue chaîne de montagnes qui forme la ligne de faîte de l'Amérique contient beaucoup de *volcans.* Peut-être que plusieurs d'entre vous ne savent plus ce que c'est qu'un *volcan;* Paul, veuillez le leur rappeler. — Un volcan est une montagne qui vomit des flammes. — Oh! et bien d'autres choses encore : tantôt, au milieu de ces flammes, le volcan lance d'énormes blocs de pierre, des rochers tout entiers qui s'en vont retomber à plusieurs lieues de là; tantôt il en sort des torrents de lave ou de roche fondue, qui forment comme des fleuves de feu; tantôt encore, il s'en élève des quantités de cendre telles, qu'elles changent le jour en nuit sur un espace grand comme la France... et tout cela au milieu de tremblements de terre qui font crouler des villes, et de détonations auprès desquelles les décharges des plus gros canons et les plus forts coups de tonnerre sont bien peu de chose... Mes pauvres enfants, je vous effraye en vous dépeignant les éruptions des volcans. Tranquillisez-vous. Il y a beaucoup de volcans sur la terre; on en compte plus de 300! Mais ils sont loin de nous, Dieu merci. En Europe, il y en a un dans cette île glacée que vous apercevez là-haut, au N. O. de l'Europe, en Islande; on l'appelle l'*Hécla*. Il y en a un autre ici, en Sicile, l'*Etna;* un autre non loin de là, au S. de l'Italie, le *Vésuve*. Vous voyez qu'ils ne sont pas tout à fait nos voisins. Quant à ceux qui sont en Asie, en Afrique, en Océanie, en Amérique, ils sont moins à craindre encore, du moins pour nous, heureux habitants de la France et de Saint-Sigismond. Nous n'avons qu'à retenir les noms de quelques-uns d'entre eux, par exemple du *Saint-Elie*, qu'il me semble voir fumer tout à fait au N. de l'Amérique; du *Popocatépetl*, qui fait trembler le Mexique; du *Chimborazo* et du *Cotopaxi*, que j'aperçois dans le voisinage de cette grande ligne que nous avons appelée l'*équateur*, toujours en Amérique et dans la longue chaîne de montagnes que nous y avons remarquée. Je n'exige pas que vous reteniez tous ces noms. Mais, si petits que vous soyez, sachez qu'un volcan est une montagne ordinairement de forme conique, c'est-à-dire faite comme un pain de sucre, qui vomit des flammes, comme vous dites, et, en outre, lance au loin des pierres, de la cendre, de la lave, quelquefois même de l'eau et de la boue. Rappelez-vous, de plus, que tout cela sort d'un sommet creusé en forme de *coupe*, du *cratère* même du volcan. Enfin, parmi tant de volcans, connaissez au moins l'Hécla, l'Etna et le Vésuve. Ambroise, montrez-nous où se trouvent ces trois montagnes fumantes... Je termine en vous disant que l'on compare les volcans à des cheminées par lesquelles s'échappent des feux qui existent sans doute dans les *entrailles* de la terre; que quand ils lancent leurs matières enflammées ou autres, les volcans sont en *activité;* que quand ils ont cessé depuis longtemps de le faire, on dit qu'ils sont *éteints*. Ainsi, en France, au milieu des montagnes de l'Auvergne, il y a eu autrefois des volcans, mais ils ne vomissent plus rien, pas même de la fumée; ils sont *éteints*, comme les grands fourneaux de la fabrique, notre voisine, quand les ouvriers ne travaillent pas.

Voilà, mes chers enfants, nos fleuves et nos montagnes repassés. C'était la partie la plus difficile de notre *révision*, celle qui exige le plus d'efforts de mémoire. Le reste ira tout seul. Accoutumez-vous, dans votre vie d'écoliers, à commencer toujours ainsi par celui de vos devoirs qui vous coûte le plus.

TROISIÈME LEÇON.

Savez-vous, mes enfants, à qui nous ressemblons dans nos leçons de géographie, surtout dans celles qui, comme les deux dernières, servent de *résumé* à plusieurs autres?... A des enfants qui viennent de recevoir une boîte d'étrennes et qui s'empressent d'en faire l'*inventaire*, c'est-à-dire d'examiner tour à tour les objets qu'elle contient ; ou bien encore à un propriétaire qui vient d'acheter un vaste domaine et qui se hâte de le visiter en détail. Notre boîte d'étrennes ou notre domaine à nous, c'est pour le moment la terre et son immense surface. Nous *inventorions* en quelque sorte la terre. Il y a quelques jours, nous avons passé en revue ses grandes chaînes de montagnes et ses grands fleuves ; aujourd'hui, c'est le tour de la mer, qui la couvre en grande partie. Cette mer, la voici étalée sur notre mappemonde, nous présentant ses îles et ses archipels semés comme au hasard, ses côtes bizarrement découpées par des golfes et des presqu'îles. Mais voyons tout d'abord si Jérôme et ses *contemporains*, — je veux dire ceux de son âge — se rappellent ce que c'est qu'une île... qu'un archipel... qu'une presqu'île... ce que c'est qu'un golfe, et même une baie ou une rade... et encore ce que c'est qu'un détroit... une manche... un pas... Il y a bien longtemps que nous n'avons parlé de tout cela, et je trouverais plus d'un grand qui a oublié ce que nous en avons dit. La mer est-elle bien grande, mon petit Jérôme? —

Oh ! oui, monsieur ; vous nous avez dit qu'elle couvrait les trois quarts du globe. — Mon Dieu oui, je me suis souvent servi de cette expression *trois quarts*, sans penser que plusieurs d'entre vous ont quitté la salle d'asile sans l'avoir comprise. Elle signifie que si on divisait la surface de la terre en quatre parties bien égales, on trouverait trois de ces parties absorbées par les eaux de la mer, de sorte qu'il n'en resterait qu'une seule à découvert et en état d'être habitée par les hommes.

La mer est donc bien grande, et pour s'y reconnaître, il a fallu la partager en quelque sorte, et donner à chaque partie un nom tiré tantôt de sa forme, tantôt de sa couleur, tantôt de sa situation. Des mers sont-elles isolées ou très-avancées au milieu des terres, à l'*intérieur* des terres, on dit que ce sont des mers *intérieures*... Ainsi, la Méditerranée, la mer Caspienne, la mer Noire, la mer Baltique sont des mers *intérieures* ; le mot Méditerranée ne veut même pas dire autre chose que *située au milieu des terres*. Une mer a-t-elle ses eaux rougeâtres, au moins au lever et au coucher du soleil, ce sera la mer *Rouge*. Une autre est-elle dangereuse pour les vaisseaux, à cause de ses fréquentes tempêtes, on l'appellera la mer *Noire*, comme on dit un *temps noir* pour un temps froid et sombre, une *humeur noire* pour une humeur chagrine, etc. Tel océan s'appellera l'océan *Indien*, parce qu'il baigne une contrée nommée l'Inde ; tel autre s'appellera l'océan *Atlantique*, parce que la chaîne de l'Atlas vient s'y terminer ; tel autre encore l'océan *Pacifique*, parce qu'il est relativement paisible ; d'autres enfin s'appelleront océans *Glacials* parce qu'ils sont presque toujours couverts de glaces, les océans qui avoisinent les pôles, par exemple.

Mais je m'aperçois que je viens de faire ce que j'avais l'intention de vous inviter à faire vous-mêmes. J'ai nommé les cinq grands océans dont nous nous sommes occupés il y a environ un mois. Paul, nommez-les de nouveau et montrez-nous leur place sur la mappemonde. — Il y a cinq océans et les voici : l'océan *Atlantique* entre l'Europe, l'Afrique et l'Amérique ; l'océan *Pacifique*, ou le *Grand*

Pacifique ou simplement le *Grand Océan*, entre l'Amérique, l'Asie et l'Océanie ; l'océan *Indien*, au S. de l'Asie et à l'E. de l'Afrique ; enfin les deux océans *Glacials*, l'un dans le voisinage du pôle nord et l'autre dans le voisinage du pôle sud. — Est-ce que l'on ne distingue pas ces deux derniers océans par une dénomination particulière? — L'océan Glacial du nord s'appelle l'océan Glacial *arctique*, et celui du sud, l'océan Glacial *antarctique*. Je me contente de vous dire à ce sujet que le pôle nord est appelé en outre le pôle *arctique*, et que le pôle sud est appelé pôle *antarctique*, ce qui veut dire simplement *opposé* au pôle arctique.

Voilà, mes enfants, les océans étudiés encore une fois. Relisons le passage de Fénelon sur les océans, ou plutôt sur l'Océan en général, sur l'Océan signifiant simplement la vaste étendue des mers.

« Cet Océan, qui semble mis au milieu des terres pour en faire une éternelle séparation, est, au contraire, le rendez-vous de tous les peuples, qui ne pourraient aller par terre d'un bout du monde à l'autre qu'avec des fatigues, des longueurs et des dangers incroyables. C'est par ce chemin sans traces, au travers des abîmes, que l'ancien monde donne la main au nouveau, et que le nouveau prête à l'ancien tant de commodités et de richesses. »

Quelle est la pensée qui ressort de ce passage? — C'est que l'Océan, au lieu de mettre obstacle aux relations entre les divers peuples de la terre, forme pour ainsi dire un lien entre eux. — Comment cela? — En les mettant à même de communiquer facilement les uns avec les autres. — Ambroise, expliquez-nous comment cela peut se faire. — Les hommes ont construit des vaisseaux, et avec ces vaisseaux ils parcourent les mers, ils voyagent bien plus facilement qu'ils ne le pourraient faire par terre. — Justement. Supposons en effet que nous voulions nous rendre, comme le firent jadis les croisés, à Jérusalem. Nous ne pourrions le faire, comme dit Fénelon, *qu'avec des fatigues, des longueurs et des dangers incroyables*, si nous prenions la route de terre. Tenez, voilà par où il nous faudrait passer... Par mer, au contraire, rien de plus simple : nous nous embarquons à Marseille avec nos marchandises, nos provisions ou nos bagages ; le vent ou la vapeur font marcher notre vaisseau ; en quelques semaines nous sommes sur la côte orientale de la Méditerranée; nous débarquons dans l'un des ports qui s'y trouvent, à Jaffa, si vous voulez, et de là nous gagnons Jérusalem. De même si nous voulons aller rejoindre nos compatriotes sur les côtes d'Afrique, ou bien sur celles de la basse Cochinchine, là-bas, là-bas, au S. E. de l'Asie. Voyez encore : l'océan Atlantique d'une part, l'océan Pacifique de l'autre, semblaient devoir à tout jamais nous séparer de l'Amérique. Eh bien, tant s'en est fallu. C'est par les *chemins sans traces* de l'océan, que Christophe Colomb est allé la découvrir, et que nous nous y rendons tous les jours, tantôt du Havre, tantôt de Saint-Nazaire, tantôt de Bordeaux, en traversant simplement l'océan Atlantique, si nous voulons aborder l'Amérique par ce côté, l'océan Indien et le Pacifique, si nous voulons l'aborder par cet autre. Ce que nous faisons, toutes les autres nations le font à leur tour, et c'est ainsi que Fénelon a pu dire que l'Océan est en quelque sorte le *rendez-vous* de tous les peuples.

J'espère, mes enfants, que vous voilà suffisamment familiarisés avec les océans. Vous l'êtes d'ailleurs de longue main avec les cinq parties du monde, qu'ils baignent ou qu'ils séparent. Jérôme même les connaît aussi bien, mieux peut-être que les quatre ou cinq quartiers de Saint-Sigismond. Vous allez voir. Combien y a-t-il de parties du monde, mon petit Jérôme? — Monsieur, il y en a cinq : l'Europe, l'Asie, l'Afrique, l'Amérique et l'Océanie. — Montrez-les sur la mappemonde... Faites le tour de chacune d'elles... Passez d'Europe en Asie?... d'Asie en Afrique?... Pouvez-vous le faire sans traverser la mer?— Oui, monsieur, au risque de prendre le chemin le plus long. — Qu'est-ce que vous en concluez? — Que l'Europe, l'Asie et l'Afrique se tiennent et forment un seul continent. — Y a-t-il d'autres continents? — Il y en a deux autres : l'Amérique et l'Australie. — Très-bien, mon cher petit, reposez-vous. Nous allons nous reposer aussi ; nous le méritons bien après avoir parcouru ainsi, en une seule leçon, les *terres* et les *mers*, les *cinq parties du monde*, les *trois continents* et les *cinq grands océans*.

Pourtant, il faut nous rappeler encore par combien de races d'hommes est habitée la terre... — Par cinq races : la race *blanche*, la race *jaune*, la race *noire*, la race *rouge* ou *cuivrée* et la race *olivâtre*. Contentons-nous de noter les trois premières : la race *blanche*, la race *jaune* et la race *noire*; car les deux dernières, la race *cuivrée* et la race *olivâtre*, se rapprochent beaucoup de la race jaune et semblent lui appartenir. Par quoi se distinguent notamment ces trois races principales ? — Par la couleur de la peau... par la conformation du visage... par les cheveux. — Dans quelles contrées trouve-t-on surtout des représentants de ces mêmes races? — La race blanche est répandue en Europe, dans l'O. de l'Asie et dans le N. de l'Afrique; la race jaune dans l'E. de l'Asie et dans le N. de l'Océanie; la race noire en Afrique et en Océanie. Ajoutez en Amérique. Quand les Européens, devenus maîtres de l'Amérique, après sa découverte, eurent usé en quelque sorte la race *indigène*, cette race cuivrée dont nous parlions tout à l'heure, ils la remplacèrent par des nègres pris sur les côtes de l'Afrique ; de sorte qu'aujourd'hui, en Amérique, ici par exemple, dans des îles qu'on appelle les Antilles, ici encore, dans l'Amérique du Nord, vous rencontreriez une quantité de nègres mêlés à la race blanche et à ce qui reste des anciens habitants du pays. Malgré leur diversité, de qui descendent tous les hommes ? — D'Adam et d'Eve. — Et encore ? — Des trois fils de Noé : Sem, Cham et Japhet. — Que sont devenus les enfants de Sem? — Ils sont restés en Asie. — Les enfants de Japhet? — Ils ont peuplé l'Europe. — Les enfants de Cham ? — Ils sont allés en Afrique, où ils sont devenus des nègres, des hommes tout noirs, des hommes cruels... des *sauvages*, des *anthropophages*, ce qui veut dire *mangeurs d'hommes*.. Mais ces hommes redeviennent aussi doux que les autres quand on ne les maltraite pas et qu'on les élève bien, comme l'instituteur de Saint-Louis a élevé un jeune Bambara. — Allons, je vois que vous avez retenu mon histoire. Mais vous avez retenu bien d'autres choses aussi, au moins le sommaire de ce que je vous avais dit sur les cinq parties du monde, les océans, les races, etc... Je suis content de vous.

QUATRIÈME LEÇON.

Mes enfants, nous avons passé en revue toutes les grandes choses qui se trouvent à la surface de la terre : les fleuves, les montagnes, les océans, les continents et les cinq parties du monde entre lesquelles il a plu aux géographes de la distribuer. Que nous reste-t-il donc à faire pour achever la *révision* des matières du deuxième trimestre de notre année scolaire? A nous occuper de nouveau de la terre elle-même, de sa forme, de ses mouvements, de sa division en hémisphères oriental et occidental, boréal et austral, en un mot à revenir sur les quelques notions de cosmographie que votre âge me paraît comporter.

C'est pour cela que vous voyez encore une fois, sur mon bureau, ce fameux globe qui, à ce qu'il m'a semblé du moins, vous a si vivement intéressés dans le temps. Ce globe, que représente-t-il? — La terre. Examinons donc la terre à notre aise, puisque nous l'avons sous nos yeux et que nous la tenons dans nos mains. Constatons d'abord qu'elle est ronde comme une boule, comme une *sphère*, avons-nous dit. La preuve?... C'est que quand nous nous rendons à quelque ville un peu éloignée, la flèche des clochers, le sommet des tours, le toit des monuments les plus élevés nous apparaissent seuls d'abord ; ce n'est qu'à mesure que nous approchons et que nous gravissons comme une côte insensible, que la ville entière se dégage, que nous en apercevons les parties les plus basses aussi bien que les parties les plus élevées, aussi bien l'humble maisonnette que les tours altières de la *cathédrale*. La preuve, vous vous le rappelez, c'est que si on se trouve sur un port de mer, et qu'on regarde arriver un vaisseau, on n'en aperçoit d'abord que la mâture, le reste du bâtiment étant dérobé aux regards par la surface bombée derrière laquelle il se trouve encore. Ainsi, lorsque vous êtes sur le flanc d'une montagne, et qu'un homme gravit le flanc opposé, vous apercevez sa tête avant le reste de son corps. La preuve enfin que la terre est ronde, c'est qu'on en a fait le tour ; c'est que, parti d'un point et allant toujours devant soi comme le pourrait faire une mouche sur notre globe, on est revenu au même point par le côté opposé.

Continuons l'examen de notre globe. Il est traversé par une tige autour de laquelle je puis le faire tourner à ma volonté, par exemple de gauche à droite, d'occident en orient. Comment appelez-vous cette tige ? — Son *axe.* — Et les deux points où cet axe le pénètre et le quitte, les deux extrémités de cet axe par conséquent ? — Ses *pôles.* Je tourne vers le N., vers l'*étoile polaire*, celui de ces points que le constructeur du globe a plus élevé que l'autre (vous saurez plus tard pourquoi). Ce point, ou, si vous voulez, ce pôle sera ?... — Le *pôle nord.* — Et le point ou le pôle opposé ? — Le *pôle sud.* Dites-moi, est-ce que la terre est ainsi transpercée et soutenue par un axe ? — Non, monsieur, elle n'en a pas besoin ; mais elle semble en avoir un sur lequel elle tourne comme notre globe. — En effet, la terre n'a point d'axe réel, mais elle a bel et bien deux pôles, un pôle nord et un pôle sud : ce sont les points par lesquels son axe entrerait et sortirait, s'il était autre chose qu'une simple supposition de notre part. Remarquez que si cet axe existait et qu'il se prolongeât suffisamment, il aboutirait, vers le N., juste à l'étoile polaire. C'est pour cela que, quand, pendant la nuit, vous voulez vous *orienter*, trouver l'*orient*, et le *nord* par conséquent, vous cherchez cette étoile. En vous tournant vers elle, vous êtes sûrs d'avoir le nord devant vous, par suite, le sud à l'opposé, l'orient ou le levant à votre droite, l'occident ou le couchant à votre gauche.

Je dis l'*orient* ou le *levant* à votre droite, l'*occident* ou le *couchant* à votre gauche.... Qu'est-ce que cela veut dire? — Cela veut dire que le soleil et les étoiles sembleront *se lever* à notre droite et *se coucher* à notre gauche. — Comment, *sembleront?*... Est-ce que le soleil et les étoiles ne se *lèvent* pas, ne se *couchent* pas réellement? Est-ce que le soleil, par exemple, ne sort pas de son lit le matin, ne s'élève pas aussi haut qu'il peut dans le ciel, et ne descend pas ensuite pour disparaître le soir à l'occident? — Monsieur, tout cela n'est qu'apparent; la vérité est que le soleil est immobile et que c'est la terre qui, en tournant sur elle-même, vient lui présenter successivement tous les points de sa surface, la moitié à la fois. — La terre tourne donc sur elle-même et autour de l'axe que nous lui supposons? — Oui, monsieur, d'occident en orient et en 24 heures. Pendant ce temps, il est jour pour la moitié de sa surface qui est exposée à la lumière du soleil, et, pour l'autre moitié, il fait nuit. C'est très-bien, mes enfants; vous devancez mes questions, et je vois avec plaisir que vous m'avez compris lorsque je vous ai expliqué la succession des jours et des nuits. Il ne me reste plus qu'à vous demander combien de fois la terre tourne ainsi sur elle-même pendant une année. — 365 fois, et c'est ainsi que nos années se composent de 365 jours. — Oui, de 365 jours à peu près : car vous verrez plus tard qu'il faut ajouter à ces 365 jours quelques heures et faire de temps en temps les années bissextiles, c'est-à-dire de 366 jours. Mais, pendant le cours d'une année, la terre n'exécute-t-elle pas un autre mouvement, ne fait-elle pas un grand voyage? — Oui, monsieur, elle tourne autour du soleil, et c'est ce qui nous vaut nos quatre saisons : le printemps, l'été, l'automne et l'hiver.

— Il y a bien d'autres causes de la variation de nos saisons, mais ce n'est pas le moment de vous les exposer. Revenons encore une fois à notre globe. Je vois à sa surface des circonférences de cercle allant d'un pôle à l'autre. Choisissons-en une que nous appellerons un *méridien*, parce que, quand le soleil passera au-dessus, il sera midi pour les contrées qu'elle traverse. Si nous coupions notre globe en deux, en faisant passer une scie par cette ligne, nous le diviserions en deux moitiés de sphère, et, pour parler comme les géographes?... En deux *hémisphères*. — C'est cela, et en plaçant ces deux hémisphères côte à côte, nous aurions un hémisphère *oriental* et un hémisphère *occidental*; de plus, nous pourrions embrasser d'un seul coup d'œil toute la surface de notre globe, toute la surface de la terre, et si nous dessinions cela sur notre tableau noir ou sur une feuille de papier, nous aurions?... — Une mappemonde. — Mon dieu ! oui, la *mappemonde*, c'est-à-dire cette carte que nous avons tant étudiée, et qui nous représentait la surface de la terre entière. Mais je vois sur notre globe une autre circonférence de cercle, l'enveloppant, non plus d'un pôle à l'autre, mais à une distance constamment égale des deux pôles.... — C'est l'*équateur*. — Eh bien, si nous coupions notre globe en deux en faisant la section par l'équateur, n'aurions-nous pas encore deux hémisphères? — Oui, monsieur, un hémisphère septentrional et un hémisphère méridional. — Substituez les mots *boréal* et *austral* aux mots *septentrional* et *méridional*, et vous aurez au N. l'hémisphère *boréal*, et au S. l'hémisphère *austral*; ce sont les expressions en usage. Dans ce nouveau partage, où seraient l'Europe, l'Asie, l'Amérique du Nord? — Dans l'hémisphère boréal. — Et l'Afrique, l'Océanie et l'Amérique du Sud? — En grande partie dans l'hémisphère austral.

— C'est assez, mes enfants; vous avez une connaissance de la sphère et du monde suffisante pour votre âge. Nous allons aborder, dans notre prochaine leçon, des études géographiques qui vous toucheront de plus près et ne pourront que vous intéresser davantage. Notre travail de géographie générale est terminé. Au lieu de courir ainsi le monde entier comme le Juif-Errant, nous resterons dans notre chère France.... — Monsieur?... — Qu'y a-t-il, mon petit Paul? — Je désirerais qu'avant de passer à autre chose, vous voulussiez bien résoudre une question que m'a faite mon père et à laquelle je n'ai pas pu répondre. Puisque la terre est ronde et qu'elle tourne sur elle-même, nous sommes tantôt en dessus et tantôt en dessous ; à certains moments, nous avons la tête en bas ; comment se fait-il que nous ne nous en apercevions pas et que nous ne tombions pas dans l'espace? Votre petit Robinson de cire, lui, avait la tête en bas quand il était en dessous du globe ; il ne tombait pas parce que ses pieds se collaient au globe même?... — Voilà en effet, une objection que j'aurais dû prévoir, d'autant plus que les braves gens de la campagne me l'ont faite bien des fois ; je vais tâcher de la résoudre. Mes chers petits, si nous ne sommes pas collés à la terre comme mon Robinson l'était à la surface de notre globe, nous y sommes attachés par un lien invisible, par une *force* dont on vous parlera plus tard, qui nous attire sans cesse vers le centre de la terre, et qui ramène violemment à sa surface tout ce qui veut s'en éloigner. Paul, faites un vigoureux effort pour vous élever en l'air.... Vous avez un instant vaincu la force dont je parle, mais comme elle a bientôt triomphé de vous et comme elle vous a ramené vite à votre point de départ! Vous voyez bien que, eussiez-vous la tête en bas, vous ne sauriez échapper à la force qui vous retient à la surface de la terre, qui vous attire vers son centre au point que, si la croûte sur laquelle vous marchez venait à s'entr'ouvrir, vous seriez précipité au fond des abîmes. Maintenant, mes enfants, il n'y a pour nous ni haut ni bas, du moins comme vous l'entendez. Le bas, c'est la surface même de la terre, son centre, si vous voulez. Le haut, ce sont les espaces infinis que nous voyons au-dessus de nos têtes dans quelque situation que se trouve le petit coin de terre que nous occupons. Soyons donc rassurés. Vous n'aurez jamais la tête en bas que quand il vous plaira de tomber dans un puits la tête la première. Quant aux magnifiques espaces qui sont au-dessus de nos têtes, vous n'y tomberez jamais ; lors même que vous essayeriez de les parcourir dans un ballon, comme vous l'avez peut-être vu faire par de hardis aéronautes, vous ne vous élèveriez jamais bien haut, et il vous faudrait bientôt revenir sur le sol.

Encore un oubli à réparer, puisque le temps nous le permet. J'ai négligé de vous dire que la terre ne ressemble pas tout à fait à notre globe. Lui, il est parfaitement rond. La terre, au contraire, est un tant soit peu aplatie sous chaque pôle et comme gonflée sous l'équateur. Vous saurez plus tard la cause de ce fait singulier. Aujourd'hui, contentez-vous de le constater et de vous en souvenir.

MAI

La France. — Bornes. — Principales chaînes de montagnes. — Les grands fleuves.

PREMIÈRE LEÇON.

Mes chers enfants, nous avons assez couru le monde, l'Europe, l'Asie, l'Afrique, l'Amérique et l'Océanie, à la recherche des fleuves, des montagnes et des océans. Rentrons dans nos *foyers*, dans notre pays, non pas pour nous y reposer, — l'heure du repos n'est pas encore venue, — mais pour l'étudier quelque peu à son tour.

Retrouvons d'abord la France sur la mappemonde. Mon Dieu ! qu'elle est petite ! C'est à peine si l'on a pu écrire son nom dans l'espace qu'elle occupe là-bas, vers la gauche, sur l'hémisphère oriental. Mais la voici plus grande sur la carte d'Europe... plus grande encore sur cette carte qui porte son nom, qui ne contient guère qu'elle, et que nous appelons, à cause de cela la *carte de France.* C'est là qu'elle nous apparaît avec sa *forme,* ses *bornes,* ses *chaînes de montagnes,* ses *grands fleuves,* en un mot, avec tout ce que notre programme veut que nous en connaissions. Ambroise, rendez-vous, armé de la baguette, devant cette carte, faites le tour de la France, afin que nous la distinguions bien des pays environnants... Regardez maintenant ce que je viens de tracer sur le tableau noir : une surface terminée par six côtés. On vous dira plus tard que cela s'appelle un *hexagone*. Eh bien, remarquez que la France, ce pays dont Ambroise vient de faire le tour, forme une surface à peu près semblable et qu'on pourrait renfermer aussi entre six côtés, six lignes, l'une allant de cette montagne que je vois appelée le mont Donon, à la mer du Nord, l'autre de ce point de la mer du Nord au cap Saint-Mathieu, la troisième de la pointe Saint-Mathieu au fond du golfe de Gascogne, la quatrième suivant les Pyrénées d'un bout à l'autre, la cinquième joignant l'extrémité des Pyrénées à l'extrémité des Alpes, enfin la sixième venant de là rejoindre notre point de départ, le mont Donon. Qu'en concluez-vous? — Que la France a la forme d'un hexagone. — Sans doute; seulement, je n'ai pas besoin de vous faire remarquer que cet hexagone est bien loin d'être aussi régulier que celui que j'ai tracé sur le tableau noir.

Voyons maintenant quelles sont les bornes de la France. Et d'abord, que veut dire ce mot *bornes?* Dans notre pays, des bornes, ce sont tout simplement des grosses pierres à peine taillées, que l'on place aux quatre coins d'un champ pour marquer où il commence et où il finit. Ces pierres, toutes muettes qu'elles sont, vous disent pourtant : « Ce champ appartient à Jean ou à Guillaume; vous qui n'êtes ni Jean ni Guillaume, n'allez pas y labourer ou y semer, voire même y laisser paître vos moutons; autrement, craignez le garde champêtre ou M. le juge de paix!... D'une borne à l'autre, à défaut d'un chemin, d'un ruisseau ou d'un bouquet de bois, un sillon ou un fossé continue à marquer la *limite*; d'un côté, c'est le champ de Guillaume, de l'autre, c'est celui de Pierre. Guillaume dit : « Mon champ est *borné* ou *limité* par celui de Pierre ». et Pierre, à son tour, dit : « Mon champ est *borné* ou *limité* par celui de Guillaume; » et à cette heure où le printemps a fait des campagnes un océan de verdure dans lequel tous les héritages semblent se confondre, Pierre et Guillaume reconnaissent chacun leur champ, grâce aux *bornes* et aux *limites* dont je viens de parler.

Mes enfants, ce que vos parents ont fait pour leurs lopins de terre, les divers peuples l'ont fait pour les pays que leur ont assignés les circonstances, par exemple, ces *traités* dont je vous ai nommé plus d'un dans mes leçons d'histoire de France, et dans lesquels, hélas! le plus fort a si souvent imposé sa volonté au plus faible et lui a dit : « Tu n'iras pas plus loin, ou gare mes canons!... » Chaque pays a donc ses bornes et ses limites, de grands poteaux portant, par exemple, d'un côté : France, et de l'autre : Belgique, Allemagne, etc.; des lignes de convention en deçà desquelles c'est la France, au delà desquelles c'est la Belgique, l'Allemagne, la Suisse, etc. Sur les cartes, ces bornes ou limites sont indiquées, nous l'avons vu dans le temps, par une suite de points ou d'étoiles, renforcée d'une couche de couleur; pour la France, c'est cette suite d'étoiles et cette traînée de couleur rose que suivait tout à l'heure Ambroise avec sa baguette. Remarquez que souvent les hommes n'ont pas eu besoin de tracer les limites de leur pays; la nature s'en est chargée. Ainsi, du côté de l'O., la France a une limite que lui a imposée la nature, une limite *naturelle*, l'Océan. De même vers le S. et vers l'E. où les Pyrénées, la Méditerranée, les Alpes, le Jura, et depuis quelques années les Vosges, lui font comme une ceinture dont nous parlerons bientôt. Toutefois, une chaîne de montagnes n'empêche pas toujours des nations voisines de se donner une limite de convention : chacune revendique sa part de la chaîne. C'est pour cela que vous voyez la suite de gros points ou d'étoiles dont je parlais tout à l'heure se continuer par la crête des montagnes qui nous entourent.

Mais laissant là ces lignes et ne considérant que les mers qui baignent nos côtes ou les pays *limitrophes* du nôtre, nous disons que la France est bornée par ces mers ou par ces pays, comme Pierre dit que son champ est borné ou limité par le champ de Guillaume. Tout ceci bien compris, nous pouvons facilement déterminer les *bornes* de la France. Ambroise, placez le bouton de votre baguette sur le petit rond qui vous représente la plus grande ville de France, la *capitale* de la France, que vous savez tous être

Paris. Remarquez que par là passe une ligne verticale que vous verriez se prolonger jusqu'aux pôles, sur notre mappemonde ou sur notre globe. Quand le soleil passe au-dessus de cette ligne, il est midi à Paris. Vous devinez que c'est un *méridien*, le méridien de Paris. Eh bien! en suivant cette ligne et en vous dirigeant vers le N., vous arrivez à la mer du Nord. Sur votre droite, et toujours vers le N., vous lisez, au delà de la ligne qui marque nos limites, notre *frontière* de ce côté, ces mots écrits en grosses lettres : Belgique, grand-duché de Luxembourg, Allemagne. Qu'en concluez-vous? — Que la France est bornée au N. par la mer du Nord, par la Belgique, par le grand-duché de Luxembourg et par l'Allemagne. — Maintenant, et toujours de Paris, dirigez-vous vers l'E.; franchissez les Vosges qui nous servent là de frontière, vous rencontrez encore l'Allemagne, puis, plus bas, la Suisse au delà du Jura, l'Italie au delà des Alpes; concluez. — La France est bornée à l'E. par l'Allemagne, par la Suisse et par l'Italie. — Et au S., par quoi la trouvez-vous bornée? — Par la Méditerranée, puis par l'Espagne au delà des Pyrénées. — Et enfin à l'O.? — Par l'Océan Atlantique formant le golfe de Gascogne ou la mer de France, la Manche, le Pas-de-Calais et la mer du Nord.

Voilà, mes enfants, les bornes de la France. Redisons-les tous ensemble, les yeux fixés sur la carte. La France est bornée au N. par la mer du Nord, par la Belgique, par le grand-duché de Luxembourg et par l'Allemagne... A l'E., par l'Allemagne encore, et ensuite par la Suisse et par l'Italie... Au S. par la Méditerranée et par l'Espagne... A l'O., par l'océan Atlantique, soit par le golfe de Gascogne ou la mer de France, par la Manche, par le Pas-de-Calais et un peu par la mer du Nord d'où nous sommes partis. Michel, tournez le dos à la carte et répondez-moi. Quelles sont les bornes de la France vers le N.?... vers l'E.?... vers le S.?... vers l'O.?... Quels sont les pays limitrophes de la France vers le N.?... vers l'E.?... vers le S.?... Si d'un point quelconque du méridien de Paris, un aveugle se dirigeait vers l'O., dans quoi tomberait-il?

— Dans l'océan Atlantique. — Sans doute ; d'ici il tomberait dans la mer du Nord, d'ici dans le Pas-de-Calais, d'ici dans la Manche, d'ici encore dans la mer de France ou dans le golfe de Gascogne. Faisons-le se diriger vers l'E. S'il part de Paris, quand il est arrivé là-bas, nous lui crions casse-cou ! En effet, les Vosges sont sous ses pieds, et au delà l'Allemagne. S'il part de plus bas, casse-cou ! il va butter dans le Jura au delà duquel est la Suisse. S'il part de plus bas encore, c'est bien le reste ! il rencontre les Alpes qui l'empêchent de passer en Italie. Vers le S., il serait arrêté par les Pyrénées et par la Méditerranée. Vers le N., il ne rencontrerait que de médiocres obstacles. C'est que, de ce côté, la France n'a point de limites ou de frontières *naturelles*, elle est ouverte. Elle l'est encore ici, entre les Vosges et le Jura. Nos ennemis le savent bien, et c'est par ces points que, malgré nos *forteresses* et nos *armées*, ils sont si souvent entrés chez nous.

Où est Jérôme, le représentant parmi vous, non des paresseux, tant s'en faut, mais des bébés, de ceux à qui je dois demander le moins possible parce que leur âge ne comporte pas tous les détails que vos huit ou neuf ans vous permettent de comprendre et de retenir ?... Voyons, mon petit docteur, qu'est-ce qu'on trouve au N. de la France ? — La Belgique... l'Allemagne... — A l'E. ? — L'Allemagne encore... la Suisse... l'Italie. — Au midi ou S. ? — La Méditerranée... l'Espagne. — Et à l'O. ? — L'océan Atlantique. — C'est bien, c'est plus que bien, mon cher bonhomme ; ma leçon n'a pas été perdue pour vous, et voilà un gros bon point pour votre peine.

Mes enfants, prenez ces cartes de France. Elles sont muettes, comme vous voyez. Faites-les parler. Faites-leur dire aujourd'hui les bornes de la France en écrivant de votre mieux, à la place qui leur convient, les noms des pays limitrophes de la France et ceux des mers qui la baignent.

DEUXIÈME LEÇON.

Mes chers enfants, de quel pays nous sommes-nous occupés dans notre dernière leçon? — De la France. — Et qu'avons-nous dit de la France. — Qu'elle a la forme d'un hexagone. — Et encore? — Qu'elle est bornée au N. quelque peu par la mer du Nord, ensuite par la Belgique, par le grand-duché de Luxembourg, par l'Allemagne; à l'E. encore par l'Allemagne, puis par la Suisse et par l'Italie; au S. par la Méditerranée et l'Espagne; à l'O. par l'océan Atlantique: par le golfe de Gascogne ou la mer de France, par la Manche, par le Pas-de-Calais et enfin par la mer du Nord. — C'est très-bien; mais nous avons remarqué en outre que la France a presque de tous côtés des *limites* naturelles, qu'elle est, par exemple, séparée de plusieurs des pays *limitrophes* que vous venez de nommer par des sortes de barrières qui font mieux que la limiter, qui la protégent contre les ennemis du dehors comme le parc protége la bergerie, le mur de clôture la ferme, et la haie le verger. Quelles peuvent être ces barrières? — Des chaînes de montagnes. — Justement, des chaînes de montagnes; et j'en vois une... deux... trois... quatre, qui remplissent ce rôle, qui font à la France comme une ceinture *extérieure*, une ceinture malheureusement interrompue sur plusieurs points. Cherchons le nom de ces chaînes de montagnes et précisons leur position.

Au S., voici les *Pyrénées*, une longue et large chaîne qui va du golfe de Gascogne à la Méditerranée, se terminant sur les rivages de cette dernière mer par plusieurs *caps;* comment avons-nous défini le cap? — Un avancement par lequel une chaîne de montagnes se termine dans la mer. Que vous dirai-je des Pyrénées? Qu'elles forment l'*isthme* qui unit la *presqu'île* ou *péninsule* espagnole au *continent*, l'*isthme pyrénéen;* ce mot n'est pas tout à fait nouveau pour vous, il me semble. J'ajouterai qu'elles présentent un grand nombre de sommets aigus, de *pics*, le pic de Corlitte, le pic du Midi; encore des mots qui vous sont depuis longtemps familiers ; qu'on y trouve des *brèches* dont l'une aurait été faite d'un grand coup d'épée par Roland, le neveu de votre ami Charlemagne, et aussi des *vals* ou *vallées* d'où descendent avec fracas des torrents qu'on appelle *gaves* dans ces contrées; qu'elles nourrissent des ours qui ne feraient de vous qu'une bouchée, etc.

Des Pyrénées, en *côtoyant* la Méditerranée, nous arrivons aux *Alpes*. Qu'avons-nous dit dans le temps de ces montagnes? — Qu'elles forment un *massif*... qu'elles ont pour point *culminant* le Mont-Blanc, la plus haute montagne de l'Europe... qu'on y trouve des *glaciers*... des neiges éternelles. — Sans doute :

> Avec leurs grands sommets, leurs glaces éternelles,
> Par un soleil d'été, que les Alpes sont belles!

avons-nous dit dans le *Retour du petit Savoyard*. Mais, si elles sont belles, les Alpes sont terriblement dangereuses, et bien des fois d'énormes masses de neige, des *avalanches* roulent de leurs sommets dans les vallées, et ensevelissent des villages entiers. Vous lirez quelque jour que de bons religieux ont fondé sur les *cimes* du mont Saint-Bernard un hospice où ils recueillent le pauvre voyageur que leurs braves chiens ont souvent retrouvé à demi mort sous la neige. On passe aujourd'hui les Alpes en chemin de fer, grâce à un *tunnel* qui les traverse de part en part. Mais jadis il fallait se risquer dans leurs *gorges* profondes pour aller de France en Italie. Vous avez vu récemment, dans votre histoire de France, François Ier les franchir par le *col* de l'Argentière, pour aller battre ses ennemis à Marignan.

Descendons les Alpes avec le Rhône qui, vous vous en souvenez, traverse ce grand lac, le lac de Genève. Nous touchons bientôt à la pointe du *Jura*. Voyez cette chaîne, ou plutôt ces chaînes. Elles courent parallèlement du S. E. au N. O., en s'élevant par étages jusqu'à des sommets qui sont bien loin d'égaler ceux des Alpes, car ils ne dépassent guère 1600 ou 1700 mètres. Du haut de ses 4800 mètres, le Mont-Blanc doit les regarder comme un géant regarde un nain.

Après le Jura, des collines que nous ne nommons même pas, un abaissement que nous avons appelé le col de Valdieu, puis les *Vosges* avec leurs sommets arrondis, leurs *ballons* couverts tantôt de sombres forêts et tantôt d'un gazon verdoyant comme celui d'une pelouse : le ballon d'Alsace, le ballon de Guebwiller, etc.

Ai-je besoin de vous faire remarquer que ces chaînes de montagnes que nous venons de passer en revue n'appartiennent pas tout entières à la France? Vous voyez par la division qu'en fait notre ligne de frontières, que nous n'en possédons que les pentes ou versants qui sont de notre côté, par exemple le versant septentrional des Pyrénées... Qu'est-ce que cela veut dire, le *versant septentrional?* — Le versant qui est tourné vers le N. — Ou, par exemple encore, le versant occidental des Alpes, du Jura et des Vosges... qu'est-ce que j'entends par là? — Le versant des Alpes, du Jura et des Vosges qui est tourné du côté de l'occident.

— Mais est-ce que la France n'a pas de chaînes de montagnes qui soient tout à fait à elle? Oui, vraiment. Outre cette ceinture de montagnes que nous avons appelée *extérieure*, en voici une autre tout *intérieure* et dont les deux versants sont bien chez nous. Elle commence au pied des Pyrénées et se continue jusqu'à notre frontière du nord. Elle forme en grande partie ce que nous avons appelé notre *ligne de faîte* ou de *partage des eaux*. Elle prend différents noms : ici, vers le centre, ce sont les *Cévennes;* là, vers le N., ce sont les *Ardennes*.

Qui de vous s'est jamais amusé à élever des vers à soie? — Moi, monsieur. Et avec quoi les nourrissiez-vous? — Avec des feuilles de mûrier. — Eh bien, mes chers enfants, sur les pentes orientales des Cévennes, on a planté beaucoup de mûriers, et ce que Paul fait ici en petit, on le fait là en grand, on élève des milliers de vers à soie, et l'on vous a dit bien des fois à la salle d'asile à quoi sert ce petit insecte; Paul se chargera d'ailleurs de vous le rappeler.

Mais quand vous verrez des vers à soie, à quelle chaîne de montagnes penserez-vous? — Aux Cévennes. — Vous y songerez aussi quand vous verrez chez les épiciers des pots de miel avec cette étiquette : *miel de Narbonne*, car ce sont les abeilles des Cévennes méridionales et des Corbières leurs voisines qui le produisent.

Dans les Ardennes, je n'ai rien à vous signaler que des forêts bien autrement grandes que celle de Charnes, et aussi les *défilés* que nous y avons trouvés jadis; qu'est-ce qu'un défilé?...

Mais du centre des Cévennes je vois se détacher une ramification qui se convertit bientôt en un massif de montagnes, en un vrai fouillis au milieu duquel vous lisez : *Puy-de-Dôme, monts Dômes*, et en lettres plus grosses : *monts d'Auvergne*. C'est de ces montagnes aux sommets arrondis en dômes que nous viennent, chaque hiver, ces petits bonshommes barbouillés de suie, qui crient dans nos rues , *Ramonez-ci, ramonez-çà, la cheminée du haut en bas!* Pauvres enfants! leurs montagnes ne les nourrissent pas, et, comme les petits Savoyards, ils quittent de bonne heure leur pays; ils *émigrent* vers le N. et viennent nous demander un morceau de pain blanc et un petit sou. Puis, quand ils ont grandi, qu'ils ont changé leurs sous en belles pièces blanches, ils retournent dans leurs chères montagnes. Mais l'Auvergne ne produit pas que des ramoneurs. Bien des grands hommes l'ont illustrée, et vous en connaissez au moins un... — Vercingétorix, qui a défendu la Gaule contre Jules César. — C'est bien, mais quand j'étais à Clermont, en Auvergne, je laissais volontiers le Puy-de-Dôme et son chapeau de neige ou de nuages pour porter mes regards vers une pente formant comme un immense amphithéâtre. Là, au pied d'une vieille tour ruinée que l'on dit être un débris de la Gergovie défendue par Vercingétorix, je voyais par la pensée une foule de guerriers se serrant autour d'un pape et d'un ermite, et criant : *Dieu le veut! Dieu le veut!*. . — Vous songiez à la première croisade, prêchée par Urbain II et par Pierre l'Ermite. — Mes compliments; vous êtes de grands historiens en attendant que vous deveniez de savants géographes. Mais vous voyez que l'on a raison de dire que l'histoire et la géographie sont sœurs; souvenez-vous de ne jamais les séparer, de ne jamais rencontrer un fait dans votre histoire sans aller immédiatement chercher sur la carte le lieu où il s'est passé.

Je termine en vous disant que les pentes des monts d'Auvergne ne s'abaissent que peu à peu : qu'elles donnent naissance à des plaines fort élevées, à des *plateaux*, ou plutôt à un vaste plateau que nous appelons le *plateau Central*, parce qu'il est situé au centre de la France. Retenez sa place, pour ne pas le confondre plus tard avec le *plateau de Langres* ou le *plateau de la Beauce*.

En voilà assez, mes enfants, sur les grandes chaînes de montagnes de la France. Vous les connaissiez déjà pour la plupart. Aussi, je suis persuadé que vous allez les retrouver facilement. Michel, montrez-nous les chaînes de montagnes qui forment comme la ceinture extérieure de la France. — Voici les Pyrénées, entre la France et l'Espagne... les Alpes, entre la France et l'Italie... le Jura, entre la France et la Suisse... les Vosges, entre la France et l'Allemagne.— Ces chaînes de montagnes appartiennent-elles tout entières à la France? — Non, monsieur; la France n'en possède que les versants qui sont tournés vers elle : le versant septentrional des Pyrénées, le versant occidental des Alpes, du Jura, des Vosges. — Ambroise, cherchez-nous des chaînes de montagnes qui appartiennent tout entières à la France, qui soient françaises de la base au sommet, et jusque dans leurs ramifications les plus éloignées. — Les Cévennes... les monts d'Auvergne... les Ardennes.— N'allez pas si vite. Les Ardennes ne sont nôtres que par leur partie méridionale, par les monts de la Meuse et l'Argonne. Voyez; notre ligne de frontières les coupe par la moitié, et, comme les Vosges, elles vont finir en Almagne sur une terre qui a été la Gaule, mais qui n'est plus la France. Ajoutez à ces chaînes de montagnes quelques plateaux comme le plateau Central, le plateau de Langres et celui de la Beauce. Écrivez ces noms sur votre carte muette, et vous connaîtrez, suffisamment pour le moment, les grandes chaînes de montagnes et les plus hauts plateaux de la France.

TROISIÈME LEÇON.

Mes enfants, nous avons comparé, dans le temps, ce qu'on appelle en géographie *une ligne de partage des eaux* au faîtage d'un toit, répartissant les eaux entre les deux pentes opposées de ce toit, envoyant les unes dans les chéneaux et dans les gouttières de droite, les autres dans les chéneaux et dans les gouttières de gauche. Notre comparaison serait plus juste encore si, comme dans certains pays, nos tuiles étaient bombées d'une part et évidées de l'autre, et qu'ainsi les pentes de nos toits présentassent des ondulations assez semblables à celles que forment les montagnes sur la terre. Cette circonstance, à la régularité près, nous donnerait une image exacte, non-seulement d'une ligne de partage des eaux, mais encore des ramifications qui s'en échappent à droite et à gauche pour former des lignes de faîte secondaires en même temps que ces grandes dépressions que nous avons appelées des *bassins*.

Quoi qu'il en soit, considérez encore la ligne de partage des eaux de la France, suivez-en avec moi la direction du S. O. au N. O. La voici qui se soude aux Pyrénées par les *Corbières*. Après un abaissement que nous avons appelé le *Col de Naurouze*, elle se relève par les *Cévennes*, se continue par les monts de la *Côte-d'Or* et le *plateau de Langres*, et se courbe vers l'E., comme nos petites faux à scier le blé, par les *Faucilles*. Ici, au pied des Vosges, encore un abaissement, le *col de Valdieu* et les collines ou la *trouée de Belfort*. Bientôt la ligne se relève de nouveau par le *Jura*, et s'achève par les *Alpes*.

Sans chercher à retenir tous ces noms, remarquez avec moi deux choses importantes : 1° sur la gauche de la chaîne, des *ramifications* s'en détachent çà et là, et s'en vont mourir sur quelque rivage de l'Atlantique ; 2° çà et là aussi s'échappent de ses flancs et descendent de ses pentes des cours d'eau qui coulent entre les ramifications dont je viens de parler, recueillent les eaux d'un bassin plus ou moins étendu, et les portent à gauche dans l'océan Atlantique, sur la droite dans la Méditerranée. Ces cours d'eau sont nos *grands fleuves*. Comptons-les : la *Seine*... la *Loire*... la *Garonne*... le *Rhône*... quatre en tout, auxquels nous ajouterons la *Meuse* et la *Moselle*, parce que ces cours d'eau naissent au moins chez nous et descendent aussi de notre ligne de faîte. Etudions chacun de ces grands fleuves, et d'abord la *Seine*.

La Seine, vous le voyez, a sa source dans la ligne même de partage des eaux, dans les monts de la Côte-d'Or, à 770 kilomètres de l'océan, où elle se rend. Ambroise, suivez son cours et dites ses directions. — La Seine coule d'abord vers le N. O., puis vers le S. O., puis encore vers le N. O., et se jette, près du Havre, dans l'océan Atlantique, dans la partie de cet océan qui s'appelle la Manche. Ajoutez que, dans la partie *inférieure* de son cours surtout, elle décrit une foule de sinuosités : on dirait qu'elle veut s'attarder le plus possible et qu'il lui répugne d'aller sitôt se perdre dans l'océan. Nommez maintenant quelques-uns de ses affluents. — Sur la rive droite, l'*Aube*, la *Marne* et l'*Oise* ; sur la rive gauche, l'*Yonne* et l'*Eure*. Notons que la Seine a l'honneur de traverser la capitale de la France, c'est-à-dire ?... — Paris ! — de baigner la grande et vieille ville de Rouen, et d'avoir à son embouchure l'important port de mer qu'Ambroise vient de nommer, le Havre. Quels sont les peuples qui, venus du Nord, remontaient volontiers la Seine pour piller les villes *riveraines* ? — Les Normands. — Sans doute, les Normands ; ils ont si bien fait, qu'ils ont fini par obtenir du roi Charles le Simple de s'établir sur les bords mêmes de la Seine, et à cause d'eux, les dernières campagnes qu'elle arrose se sont appelées ? — la Normandie. — Paul, résumez ce que nous venons de dire sur la Seine. — La Seine prend sa source dans la Côte-d'Or, coule vers le N. O., vers le S. O., encore vers le N. O.; elle arrose notamment Paris et Rouen, et se jette dans la Manche près du Havre. Elle a pour affluents, sur sa rive droite, l'Aube, la Marne et l'Oise; sur sa rive gauche, l'Yonne et l'Eure.

Avant de quitter la Seine, suivons un peu les contours de son bassin. Dans l'E., à son point de départ, c'est la ligne de partage des eaux elle-même; vers le N., ce sont les Ardennes; vers le S., les monts du Morvan, nos collines du Nivernais, le plateau de la Beauce, etc.

Allons de Paris à Orléans, en chemin de fer, bien entendu. Ici, au sortir d'Etampes, le convoi s'avance lentement; les roues des wagons grincent sur leurs essieux; la locomotive traîne péniblement son lourd fardeau, comme un attelage essoufflé qui gravit une côte... C'est qu'en effet nous montons la *rampe* qui conduit du bassin de la Seine à ce plateau de la Beauce que je viens de vous montrer. Bientôt nous sommes sur ce plateau même, et, à travers ses vastes plaines, nous nous trouvons transportés dans le bassin de la *Loire*. Voici ce beau et long fleuve; cherchons sa source. Je l'aperçois jaillissant paisiblement du flanc d'un vieux volcan éteint, du mont Gerbier-des-Joncs, dans les Cévennes, sur la pente occidentale de la ligne de partage des eaux, comme celle de la Seine. Encore un bassin bien dessiné : vers l'E., les Cévennes; vers le N., les monts du Morvan, les collines du Nivernais, etc.; vers le S. les monts d'Auvergne et leurs prolongements.

J'ai appelé la Loire un beau et long fleuve. Elle mérite bien ces deux *adjectifs* : l'espace de 1226 kilomètres, ses eaux paisibles coulent sur un sable fin et brillant, dans la riche vallée qu'on appelle son val, le *val de la Loire*. Ah! par exemple, elle a ses jours de colère. Ses débordements ou *inondations* sont terribles. Que quelque *trombe* s'abatte dans les *pays hauts*, dans le voisinage de sa source; que les neiges de l'hiver fondent trop brusquement, et la voilà qui se gonfle démesurément, qui rompt les *digues* entre lesquelles les hommes ont voulu l'emprisonner, qui reprend en conquérant irrité tout son ancien domaine, toute la vallée que la nature lui avait creusée, qui bouleverse champs, maisons, villages... Mais bientôt elle s'apaise et redevient ce long ruban d'argent que j'ai vu tant de fois se dérouler à mes pieds. Michel, suivez le cours de la Loire; voyez-la se diriger vers le N. O., comme si elle voulait rejoindre la Seine, puis revenir quelque peu vers le S., enfin tourner définitivement vers l'O., vers l'océan Atlantique, ou, si vous aimez mieux, vers la mer de France, et s'y jeter près d'un port de mer aussi, près de Saint-Nazaire. Quelles villes remarquerons-nous sur ses bords?... Briare, où commence un canal creusé par Sully; Gien, où vous verrez Louis XIV coucher sur un mauvais lit de paille; Orléans... quel souvenir éveille ce nom dans vos esprits? — Le souvenir de Jeanne d'Arc. — Notons encore Nantes et Saint-Nazaire, qui sont à la Loire ce que Rouen et le Havre sont à la Seine. Cherchons maintenant quelques affluents à la Loire. Sur sa rive droite ils sont rares: la *Nièvre*, la *Maine*, et c'est à peu près tout. Mais sur sa rive gauche, ils abondent: l'*Allier*, le *Cher*, l'*Indre*, la *Vienne*... Je m'aperçois que j'oublie le *Loiret*. Il est si petit! douze kilomètres seulement de parcours! Mais il donne son nom à un département, et, à cause de cela, il mérite d'être connu de vous. D'ailleurs, ses bords sont charmants; si vous allez jamais à Orléans, donnez-vous le plaisir de les visiter, ainsi que sa source, qui bouillonne à quelques kilomètres de là.

Franchissons les montagnes qui limitent au S. le bassin de la Loire, et nous sommes dans celui de la *Garonne*.

La Garonne n'a pas sa source en France. Elle naît en Espagne, dans une vallée appelée le Val d'Aran. Mais elle ne tarde pas à devenir française. Descendue des Pyrénées, elle coule vers le N. jusqu'à ce que des ramifications des Cévennes et des monts d'Auvergne la fassent tourner vers l'O. Comme la Seine et la Loire, elle porte ses eaux à l'océan Atlantique, au golfe de Gascogne. Regardez son embouchure : c'est un vrai bras de mer. Ce bras de mer a reçu le nom de *Gironde*. Avant d'y confondre ses eaux avec celles de la Dordogne, la Garonne a parcouru 575 kilomètres. Elle a reçu, sur sa rive droite, l'*Ariége*, le *Tarn* et le *Lot*; sur sa rive gauche, le *Gers*. Elle a baigné deux grandes villes, Toulouse et Bordeaux. Paul, montrez-nous les montagnes qui forment les contours du bassin de la Garonne. — Ce sont les Pyrénées au S., les Corbières et les Cévennes à l'E., les monts d'Auvergne et leurs prolongements vers le N. — Suivez le cours de la Garonne... Retrouvez les affluents de sa rive droite?... de sa rive gauche?... Où la Garonne prend-elle sa source?... A quel golfe porte-t-elle ses eaux?... Comment appelez-vous le bras de mer qui la termine?... Quelle rivière vient l'y rejoindre?... Franchissez le col de Naurouze, et voyez dans quel grand bassin vous vous trouvez. — Dans le bassin du *Rhône*. — Occupons-nous de ce dernier grand fleuve de France.

Vous connaissez déjà le Rhône, mes chers enfants, et je vais seulement rappeler ce que nous en avons dit en étudiant les principaux fleuves de l'Europe. Lui non plus n'est pas français d'origine. Il prend sa source assez loin de nous, au mont Furca ou de la Fourche, en Suisse. Il coule d'abord de l'E. à l'O., se perd dans un grand lac, le lac de Genève, puis en sort pour couler en France, quelque peu étranglé par le Jura et les Alpes de Savoie. A Lyon, les Cévennes le renvoient brusquement vers le S., se jeter rapidement dans la Méditerranée, après un cours de 800 kilomètres... Comment appelle-t-on ses embouchures? — Les bouches du Rhône. — Et le triangle formé par ses deux principales embouchures et le rivage de la mer? — Le delta du Rhône. — Parmi les affluents du Rhône, notons, sur sa rive droite, la *Saône*, le plus grand de tous, qui descend des monts Faucilles; l'*Ain*, qui descend du Jura; sur sa rive gauche, des rivières sorties des Alpes: l'*Isère*, la *Drôme*, la *Durance*. La plus importante des villes qu'il baigne, c'est Lyon, la seconde ville de France. Son bassin est formé par la ligne de partage des eaux elle-même : les Cévennes et leurs prolongements, les collines de Belfort, le Jura et les Alpes; il appartient au versant de la Méditerranée.

Voilà, mes enfants, les grands fleuves de la France : la *Seine*, la *Loire*, la *Garonne* et le *Rhône*. Nous n'osons plus parler du Rhin; à la suite de nos désastres de 1870, il est devenu entièrement allemand, et nous avons perdu la partie de notre pays qui était située sur sa rive gauche. Vers le N., nous ne possédons plus que la partie supérieure du cours de la *Meuse* et de la *Moselle*, que vous étudierez plus tard. Voyez seulement, pour le moment, la Meuse s'échapper des Faucilles, la Moselle descendre des Vosges et bientôt sortir de France.

Reprenez maintenant vos cartes muettes et écrivez-y les noms de nos grands fleuves et de quelques-uns de leurs affluents. Ceux qui seront le mieux servis par leur mémoire y ajouteront le nom des grandes villes que nous avons notées en passant : Paris, Rouen et le Havre sur les bords de la Seine ; Orléans, Nantes, Saint-Nazaire, sur les bords de la Loire ; Toulouse et Bordeaux, sur les bords de la Garonne; Lyon, sur ceux du Rhône.

QUATRIÈME LEÇON.

Mes enfants, il nous reste une leçon à consacrer à la France ; profitons-en pour repasser ce que nous avons dit de notre cher pays, et pour compléter, s'il se peut, l'étude si sommaire que nous en avons faite. Comment s'appelait autrefois la France ? — La Gaule. — Sans doute, mais ne nous y trompons pas : la France n'est pas toute la Gaule ; la Gaule s'étendait plus à l'E., et surtout plus au N. ; c'était le Rhin qui la limitait de ces deux côtés. Ainsi la Gaule était entièrement entourée de limites que la Providence semblait avoir disposées exprès pour elle. Voyez : à l'E., les Alpes et le Rhin ; au N., encore le Rhin ; à l'O., l'océan Atlantique ; au S., les Pyrénées et la Méditerranée..., le cadre était complet. Mais, à travers les dix-huit ou dix-neuf siècles qui nous séparent du temps de nos pères les Gaulois, de larges brèches ont été faites à ce cadre : la Germanie (l'Allemagne) a débordé de ce côté-ci du Rhin ; un État, la Belgique, s'est en outre interposé entre ce fleuve et nous, et, aujourd'hui, sur le côté septentrional de l'hexagone.... — Qu'est-ce qu'un hexagone? — Une surface terminée par six côtés. — Sur le côté septentrional de l'hexagone qu'elle forme encore, la France n'a pour frontière qu'une limite de convention, et non plus, comme jadis, une limite ou frontière *naturelle.* Qu'est-ce que nous avons appelé une limite ou frontière naturelle? — Une sorte de barrière établie par la nature elle-même entre deux pays, telle qu'un fleuve, une chaîne de montagnes, une mer. — La France a-t-elle encore, au moins de quelques côtés, des limites naturelles? — Oui, monsieur; à l'E., elle a les Vosges, le Jura, les Alpes; au S., la Méditerranée et les Pyrénées; à l'O., l'océan Atlantique. — C'est très-bien; nous pourrions donc dire que la France est bornée à l'E. par les Vosges, le Jura et les Alpes; au S., par la Méditerranée et les Pyrénées, à l'O., par l'océan Atlantique; au N.... nous sommes obligés de dire qu'elle est bornée par la Belgique et par l'Allemagne. De quels pays nous séparent les Vosges, le Jura et les Alpes? — De l'Allemagne, de la Suisse et de l'Italie. — Et les Pyrénées? — De l'Espagne. — Eh bien, oubliant un instant les barrières qui nous séparent encore des pays *limitrophes*, répétons simplement ce que nous avons dit d'abord : que la France est bornée au N. par la Belgique, le grand-duché de Luxembourg (un tout petit pays) et par l'Allemagne; à l'E., encore par l'Allemagne, et de plus par la Suisse et l'Italie; au S., par la Méditerranée et l'Espagne; à l'O., par l'océan Atlantique que, sur nos côtes, nous appelons le golfe de Gascogne ou la mer de France, la Manche, le Pas-de-Calais, et quelque peu la mer du Nord.

Revoyons maintenant nos principales chaînes de montagnes et nos grands fleuves.

Parmi les chaînes de montagnes que nous avons étudiées, les unes ne sont nôtres que par un de leurs versants. Ce sont celles mêmes que nous venons de nommer et qui forment pour nous comme une ceinture extérieure : les Vosges avec leurs ballons, le Jura avec ses terrasses parallèles, les Alpes avec le mont Blanc et leurs autres grands sommets, les Pyrénées avec leurs pics, leurs brèches et leurs vallées. Les autres font à la France comme une ceinture intérieure. Ce sont les Cévennes, les monts de la Côte-d'Or, etc., qui nous appartiennent tout entières, les Ardennes, qui commencent au moins chez nous. Ajoutons les monts d'Auvergne avec leurs sommets arrondis en dômes, le plateau Central qui les entoure, le plateau de Langres qui fait suite aux monts de la Côte-d'Or, le plateau de la Beauce que nous avons traversé en nous rendant de Paris à Orléans, et nous avons énuméré les grandes chaînes de montagnes de la France et ses principaux reliefs.

Mais, si je me rappelle bien, nous nous sommes arrêtés assez longtemps aux Cévennes. Ce n'est pas assurément à cause de leur hauteur, qui est médiocre. Mais c'est parce qu'avec leurs prolongements, avec les Corbières au S., avec les monts de la Côte-d'Or, le plateau de Langres, les Faucilles vers le N., elles tracent, à travers la France, comme un grande arête, une ligne de faîte qui la sépare en deux versants, qui envoie les eaux, d'une part dans l'océan Atlantique, de l'autre dans la Méditerranée ; parce que, en d'autres termes, elle détermine notre *ligne de partage des eaux*. C'est encore parce que les chaînes ou simplement les ramifications qui s'en détachent servent de contours aux bassins de nos grands fleuves. Ambroise, retrouvez ces bassins. — Voici le bassin de la Seine... le bassin de la Loire... le bassin de la Garonne... le bassin du Rhône... puis les bassins, moins importants pour nous, de la Meuse et de la Moselle. — Suivez, de leur source à leur embouchure, chacun des fleuves qui recueillent les eaux de ces bassins pour les porter à la mer, et d'abord la Seine. Décrivez le cours de la Seine... dites ses principaux affluents de droite... de gauche. Nommez quelques-unes des villes que baigne la Seine. Faisons la même chose pour la Loire... pour la Garonne... pour le Rhône...

Voilà notre France, mes chers enfants. Les hommes peuvent-ils changer quelque chose à ce que nous venons d'en dire? Oui et non. Ils peuvent modifier les bornes de la France, et, par suite, sa forme. Ils ne se sont pas privés de le faire en plus d'une occasion : ainsi ils ont fait reculer la France en deçà de ses bornes naturelles au N. et au N. E.; en 1870, notamment, ils lui ont enlevé ces deux provinces que vous voyez teintées de noir sur notre carte, en signe de deuil. Mais ils sont sans action contre les grands *accidents géographiques* que nous venons d'étudier, contre nos rivages, nos montagnes, nos fleuves; tout cela reste à la place que Dieu a marquée dès le commencement. Ces grands accidents de terrain constituent la géographie *physique* de notre pays, et la géographie physique d'un pays ne change pas, à moins que Dieu lui-même n'y mette la main. Demain comme aujourd'hui, sauf un bouleversement peu probable, nos montagnes élèveront vers le ciel leurs sommets aigus ou arrondis; nos fleuves en descendront pour couler les uns vers l'océan Atlantique et les autres vers la Méditerranée; l'océan Atlantique baignera nos côtes, l'espace de 1025 kilomètres, et la Méditerranée l'espace de 700 environ.

Suivons un peu ces 1700 kilomètres de côtes. Nous allons y trouver des choses intéressantes et qu'il me paraît utile d'ajouter à nos petites connaissances sur la France. Devinez-vous quoi?... Regardez. — Des îles... des presqu'îles... des golfes... des caps... des ports de mer. — Trouvez vous-mêmes, sur les côtes de France, quelques îles, quelques presqu'îles, quelques golfes, quelques caps et quelques ports de mer. Et d'abord quelques îles... ne vous arrêtez qu'aux plus grandes pour le moment. — Les îles de Ré et d'Oléron, dans l'océan Atlantique... la Corse dans la Méditerranée. — Quelques presqu'îles maintenant? — La presqu'île de Cotentin... la presqu'île de Bretagne. — Quelques golfes? — Le golfe de la Seine... le golfe de Gascogne... le golfe du Lion. — Quelques caps ou pointes? Lisez au bout de ma baguette. — Le cap de la Hève... la pointe ou le cap Saint-Mathieu... le cap Cerbéra. —

Ajoutez à cela au moins un détroit. — Le Pas-de-Calais.

Mes enfants, les destinées sont fort diverses. Qui sait si, malgré mon désir de vous voir passer vos jours en paix dans le modeste village qui vous a vus naître, il n'y en a pas parmi vous qui voudront voir le monde et que leur humeur voyageuse portera à courir les mers? — Cherchons-leur des ports où ils puissent s'embarquer, si le cœur leur en dit. Oh! ils n'en manqueront pas! Voici le Havre que nous avons remarqué à l'embouchure de la Seine; Saint-Nazaire, à l'embouchure de la Loire; Bordeaux, presqu'à l'embouchure de la Garonne. Sur quelle mer sont situés ces ports? — Sur l'océan Atlantique. — Sans doute : le Havre sur la Manche, Saint-Nazaire sur la mer de France, Bordeaux sur le golfe de Gascogne. Où peuvent bien se rendre les vaisseaux qui partent du Havre, de Saint-Nazaire et de Bordeaux? Cherchons, sur la mappemonde, les routes qui s'ouvrent devant eux. Ils parcourent l'Atlantique; s'ils vont tout droit devant eux vers l'O., ils rencontrent l'Amérique; s'ils tournent vers le N., ils côtoient l'Europe; s'ils tournent vers le S., ils atteignent l'Afrique, ils en font même le tour et arrivent dans l'océan Indien. Ils peuvent aussi, sans aller si loin, entrer dans la Méditerranée par le détroit de Gibraltar, visiter la côte septentrionale de l'Afrique et pénétrer jusque dans le Levant, sur la côte orientale de la Méditerranée. Mais si je voulais me rendre dans ces parages, moi qui n'aime que médiocrement la mer, je ne prendrais pas ce chemin des écoliers. Je descendrais tout droit d'ici à la Méditerranée, et j'y trouverais, pour m'embarquer, un port que voici, Marseille. De là j'irais à ma volonté en Corse, en Italie, en Afrique, en Palestine comme jadis les Croisés....

Mais, mes chers petits, revenons à notre France. Nous l'avons laissée silencieuse et solitaire comme une ruche sans abeilles, comme une cage sans oiseaux, comme une maison sans enfants, je pourrais dire aussi comme l'école quand vous n'êtes plus là pour l'animer. Telle n'est pas notre France. Une population vive et laborieuse s'agite dans ses vallées, dans ses plaines, aux flancs de ses montagnes, sur le rivage de ses fleuves et de ses mers. On en a fait le recensement il y a quelques années, et on l'a trouvée de 36 millions et demi d'habitants, vous compris. Car, si jeunes que vous soyez, vous comptez en ce monde. Vos petites personnes sont l'objet de mille soins. Vous vous en apercevez dans vos familles et ici même. Rendez-vous dignes de cette sollicitude en travaillant de votre mieux, notamment en apprenant bien votre géographie, et, pour le moment, en inscrivant sur votre carte muette les noms des îles, presqu'îles, golfes, caps et ports que nous avons pris sur nous d'ajouter aux matières prescrites par nos programmes.

JUIN

Le département de la Seine. — Les chaînes de collines, les cours d'eau. — Le chef-lieu, capitale de la France; les chefs-lieux d'arrondissement.

PREMIÈRE LEÇON.

Mes chers enfants, vous vous gardez bien d'approcher de mes ruches, et vous avez grandement raison, mais vous savez tous ce qu'il y a dedans : des gâteaux de cire et des rayons de miel. Vous savez que ces gâteaux si artistement faits et ce miel si doux sont l'œuvre des abeilles que vous vous plaisez à voir voltiger sur les fleurs de mon jardin ou même au loin sur celles de vos prairies. Ah ! c'est que là tout le monde travaille. Chacun a sa besogne marquée et s'y livre avec ardeur. Une reine semble commander ; ses *sujettes*, les abeilles ouvrières, obéissent avec empressement et se partagent la tâche. Les unes vont aux provisions ; les autres déchargent les matériaux amassés ; les autres encore construisent les cellules où le miel sera emmagasiné. Tout est prévu, réglé, exécuté à point nommé ; en d'autres termes, l'*ordre* règne dans l'atelier, malgré le nombre si considérable des ouvrières qui coopèrent à l'œuvre commune : la préparation et la conservation de ce suc délicieux dont on dore vos tartines en hiver.

Laissons mes ruches et voyons ce qui se passe ici-même. Dans cet étroit espace que l'on nomme l'école, cent cinquante à deux cents enfants bien étourdis, bien plus amis du tapage que du silence, du jeu que de l'étude, vivent, s'agitent et parfois bourdonnent à faire croire que nous sommes en pleine tour de Babel. Et pourtant, aucune confusion parmi nous : l'étude succède au jeu et le jeu à l'étude avec la régularité de la pendule; vos maîtres commandent et sont bientôt obéis, sauf quelques résistances à peine saisissables et que vous regrettez bientôt. C'est qu'il y a quelque chose qui domine votre pétulance et votre grand amour de liberté; qui tout d'un coup apaise vos cris joyeux et suspend vos ébats; qui marque les heures d'entrée et de sortie, les heures consacrées à l'étude, bien plus, à telle ou telle étude, à la lecture, à l'écriture, au calcul, à l'histoire, à la géographie, etc.; en un mot quelque chose qui fait que l'*ordre* règne à l'école comme il règne à la ruche. Ce quelque chose, est-il nécessaire de vous le nommer?... — C'est le *règlement*. Eh oui, le règlement. Ceux qui avaient qualité pour le faire nous l'ont transmis avec leurs instructions, et moi et mes collaborateurs sommes chargés tout bonnement de le faire exécuter en l'exécutant nous-mêmes les premiers. Sans ce règlement, vous le devinez, il n'y aurait que *désordre* et confusion, dissipation en pure perte de vos jeunes années.

Mes chers petits, ces règles qui créent l'ordre et qui le maintiennent, que les abeilles trouvent dans leur instinct, que nos supérieurs ont rédigées pour l'école, des hommes choisis par leurs *concitoyens* les ont établies et les établissent encore tous les jours pour la France entière. Ces règles générales, qui s'appliquent à toute la nation, s'appellent les *lois*, et ceux qui les ont faites ou qui les font s'appellent *législateurs*. Que veut dire le mot législateur? — Qui fait des lois. Sans doute, et c'est parce que Moïse a fait des lois ou publié celles qu'il avait reçues de Dieu, qu'on l'a appelé le *législateur* des Hébreux.

Mais ce n'est pas tout de faire des lois et des règlements; il faut en outre les faire exécuter. Ceux qui sont chargés de ce soin constituent le *pouvoir exécutif*, ou bien encore le *gouvernement*.

Celui qui est aujourd'hui le *chef du pouvoir exécutif*, qui est à la tête du gouvernement de la France, vous le connaissez tous?... — C'est le maréchal de Mac-Mahon. — Très-bien, mais le maréchal de Mac-Mahon, quels que soient sa force, son activité, son dévouement au pays, ne peut tout faire par lui-même; il est aidé par des *ministres* qui se tiennent auprès de lui et lui prêtent leur concours pour assurer l'exécution des lois. Mais, ces ministres eux-mêmes ne peuvent être à tout ni partout, et la France, bien que les Allemands en aient enlevé une partie, il y a quelques années, est encore si grande! Comment faire pour la gouverner et l'administrer, pour être en quelque sorte présent sur tous les points de son vaste territoire?... Il y a longtemps, mes enfants, que ce problème est résolu. Jetez les yeux sur cette carte de France; lisez la *légende* que je vois là écrite en grosses lettres, dans un coin... La *France par provinces*. Cela veut dire que la France, du temps de nos grands-pères, était divisée en provinces. Il y en avait 32, chacune placée sous l'autorité d'un *gouverneur*. On a trouvé que ces 32 parts étaient trop grandes. On les a rendues plus nombreuses et par conséquent plus petites. Puis, au lieu de continuer à les appeler *provinces*, on les a nommées *départements*. Tenez, regardez cette autre carte. C'est encore la France, mais la France divisée, comme je viens de vous le dire, en *départements*. Si vous comptiez ces départements, vous en trouveriez 86. Les ministres envoient dans chacun d'eux un haut *fonctionnaire* appelé *préfet*, qui y représente le gouvernement et y veille sur les principaux services, par exemple sur celui des écoles où vous êtes élevés. Vous saurez donc qu'un préfet est un haut fonctionnaire chargé d'administrer un département, et qu'un département est une partie de la France, administrée par un préfet. Retenez, en outre, qu'il y a en France 86 départements. Voyons un peu les noms qu'on leur a donnés : département du Nord..., du Pas-de-Calais..., de la Somme..., de l'Yonne..., de la Côte-d'Or..., du Puy-de-Dôme..., des Ardennes..., de la Gironde..., du Rhône..., des Bouches-du-Rhône... Je vois, on leur a donné des noms tirés tantôt de leur situation, tantôt des accidents, des grands accidents géographiques qui s'y rencontrent, fleuves, rivières, montagnes, chaînes de montagnes, bras de mer, etc. Dans chacun d'eux, il y a une ville ordinairement plus importante que les autres et où réside le préfet : c'est la *préfecture* ou bien le *chef-lieu* du département. Orléans est la ville la plus importante du Loiret, le préfet du département y réside. Qu'est-ce que vous en concluez? — Qu'Orléans est une préfecture, un chef-lieu de département, le chef-lieu du département du Loiret.

Si petits que vous paraissent nos départements sur la carte, ils sont encore en réalité fort étendus; il vous est facile de vous en convaincre en songeant que la plupart contiennent deux ou trois cents communes comme celle de Saint-Sigismond. Pour en rendre l'administration plus facile, pour rapprocher encore davantage des populations les divers services et les représentants du gouvernement, on les a divisés en portions de territoire appelées *arrondissements*. Les arrondissements sont administrés par un *sous-préfet*, c'est-à-dire par un fonctionnaire placé sous les ordres du préfet. La ville où réside le sous-préfet est une *sous-préfecture*, le *chef-lieu* de l'arrondissement. Ainsi, qu'est-ce qu'un sous-préfet? — Un fonctionnaire qui administre un arrondissement.— Et où réside le sous-préfet? — Au chef-lieu de l'arrondissement. Après l'arrondissement vient le *canton* qui a aussi son *chef-lieu* ; après le canton, la *commune* qui est administrée par un *maire* et un *conseil municipal*. Je n'insiste pas sur ces derniers points. Il me suffit, pour le moment, que vous sachiez bien ce que c'est qu'un *département* et un *arrondissement*, qu'une *préfecture* et une *sous-préfecture;* l'intelligence de ces expressions nous est nécessaire pour l'étude que nous prescrit notre programme pendant le mois où nous sommes. Cette étude, c'est celle de *notre département.*

Ici, mes enfants, j'éprouve un embarras dont je puis bien vous faire part. Vous n'êtes pas tous du département où se trouve Saint-Sigismond. Plusieurs d'entre vous, ceux qui sont pensionnaires, par exemple, appartiennent aux départements voisins; ils ne prendraient qu'un médiocre intérêt à l'étude détaillée d'un département qui n'est pas le leur et où ils ne sont qu'en passant... Savez-vous ce que dès lors nous avons de mieux à faire? C'est d'étudier un département qui est un peu celui de tout le monde : *le département de la Seine.* Paris, qui en est le chef-lieu en même temps qu'il est la capitale de la France, est, dit-on, le rendez-vous de toutes les nations. On peut dire avec bien plus de raison qu'il est le rendez-vous de tous les Français, aujourd'hui que, grâce à la facilité et à la rapidité des communications, on n'hésite pas à s'y rendre pour faire ses acquisitions ou vendre ses produits.— D'ailleurs, c'est Paris qui a été si longtemps le siége du gouvernement de la France et qui l'est encore en quelque sorte de fait, bien que Versailles, une ville voisine, lui dispute ou partage avec lui cet honneur depuis quelques années. C'est vers Paris que convergent nos grandes routes et nos chemins de fer; c'est lui qui, avec les villes qui l'environnent, est le centre principal de notre commerce et de notre industrie. C'est là que se sont agitées et que s'agitent encore les plus hautes questions, que se sont passés la plupart des grands faits que je vous raconte dans nos leçons d'histoire de France... Bref, la connaissance quelque peu approfondie de Paris et du petit territoire qui l'environne est devenue presque une nécessité pour tous, et, en tout état de cause, nous pouvons lui consacrer utilement quelques leçons. Au surplus, rien ne nous empêchera de faire ensuite, chacun pour notre propre département, une étude analogue à celle que nous allons entreprendre sur le département de la Seine.

DEUXIÈME LEÇON.

Mes chers enfants, redites-moi ce que c'est qu'un département. — C'est une partie de territoire administrée par un préfet. — Combien la France contient-elle aujourd'hui de départements? — Quatre-vingt-six. — Lequel sommes-nous convenus d'étudier, dans notre dernier entretien? — Celui de la Seine. — Où faut-il le chercher? Naturellement sur les bords de la Seine. Suivons donc le cours de la Seine en partant de sa source, et nous ne pourrons manquer de le trouver : Côte-d'Or... Aube... Seine-et-Marne... Seine-et-Oise... Seine; le voici comme emprisonné par son voisin. Mon Dieu, qu'il est petit! Quelles sont donc les circonstances qui peuvent donner à ce coin de terre une si grande importance, que tout le monde, même les petits enfants comme vous, doive le connaître? Je vous l'ai dit : c'est qu'il a pour chef-lieu la capitale même de la France, *Paris*, dont le nom retentit dans le monde entier, dont il est question à chaque page de notre histoire, qui est le centre de notre commerce et de notre industrie, le point où aboutissent nos grandes routes, nos chemins de fer, nos administrations; Paris où chacun se sent presque chez soi, qui nous attire tous, beaucoup trop, hélas! et où il est bien rare qu'une famille n'ait pas quelque parent qui soit allé y vivre, au risque de regretter amèrement sa modeste ville de *province*, ou bien ses champs et son village!...

Tenez, voici le plan de la grande ville. La Seine la traverse nonchalamment, en décrivant une courbe, comme si elle voulait se faire voir le plus longtemps possible aux Parisiens. Montons sur un des bateaux à vapeur qui la sillonnent sans cesse, et laissons-nous aller au fil de l'eau. Nous rencontrons bientôt deux petites îles dont l'une s'appelle l'île *Saint-Louis* et l'autre la *Cité*. Arrêtons-nous sur cette dernière : nous sommes au centre de Paris, dont les hautes maisons bornent de toutes parts notre horizon, dont la population s'agite et bruit autour de nous comme une gigantesque fourmilière.

Oublions tout cela un instant; reportons-nous par la pensée à dix-huit ou dix-neuf siècles en arrière. Cette île où nous sommes, flanquée en *amont* et en *aval* de quelques îlots, est basse, marécageuse, à demi couverte de roseaux et de broussailles. Çà et là, quelques huttes bâties en forme de ruches et fumant par le haut ou par la porte. Sur le rivage, des barques amarrées, des filets tendus au soleil. Des pêcheurs et des bateliers légèrement vêtus, des femmes et des enfants à l'air pauvre et inquiet animent seuls le paysage... C'est *Lutèce*, la ville *boueuse*, qui sera un jour *Paris*. Sur la rive droite du fleuve, des marais puis des collines, des *buttes* qui s'appelleront les buttes *Chaumont* et la butte *Montmartre;* sur la rive gauche aussi, des marais traversés par une gentille rivière qui deviendra la vilaine *Bièvre* aux eaux noires et fétides; une colline qui prendra le nom de montagne *Sainte-Geneviève*, des hauteurs dont se détache, en forme de pain de sucre, la colline que les Romains appelleront le *Mont-Valérien*. Tout cela est entrecoupé de champs d'orge, de prairies, de bois où les loups ne se font pas faute de se promener, où les *druides* vont sans doute cueillir le gui sacré ou bien faire leurs sanglants sacrifices... A quel temps vous trouvez-vous transportés, mes chers petits? — Au temps des Gaulois. — Mais les Romains, vous vous le rappelez, conquirent la Gaule. Ils y apportent leurs lois, leurs coutumes, leur civilisation et jusqu'à leur culte. Ils y bâtissent des villes. Lutèce sort de ses boues. Elle devient une *cité*, la cité des *Parisiens*, comme qui dirait la capitale du pays qui forme à peu près le département de la Seine. La voilà entourée de ces hautes murailles qu'attaqueront les *Normands*, et que défendront si vaillamment le comte *Eude* et l'évêque *Gozlin*. Puis elle déborde sur les deux rives de la Seine. Philippe-Auguste lui donne une nouvelle enceinte et pave ses rues. Des palais, dont le *Louvre*, de superbes églises, dont *Notre-Dame* et la *Sainte-Chapelle*, des hospices dont les *Quinze-vingts*, s'y sont élevés peu à peu...

C'est le Paris du moyen âge. Les siècles ajoutent à son étendue et à sa magnificence, alignent et élargissent ses rues, déblayent ses places, multiplient ses jardins, achèvent ses palais et ses monuments, bâtissent ses quais et régularisent le cours de son fleuve, remplacent ses vieilles maisons en pans de bois par de grandioses maisons de pierre, y pecrent de grandes voies appelées *boulevards*, enfin l'entourent d'une ceinture de *fortifications* que les Allemands n'ont pu forcer, il y a quelques années... C'est le Paris d'aujourd'hui, le Paris que vous trouverez si vous le visitez quand vous serez grands, le Paris où vit et travaille une population de 1 800 000 habitants !

Son point de départ, ne l'oubliez pas, est la petite île qui dort là, entre deux bras de la Seine. Cette île a gardé le nom de *Cité* — ce que la plupart des Parisiens ne sauront bientôt plus. Sa forme allongée l'a fait comparer à un berceau, ou bien encore à la *carène* d'un navire. On prétend que c'est à cause de cette dernière ressemblance que Paris a pris pour emblème ou pour *armes* un vaisseau « *qui flotte et ne sombre pas* ». Je crois, moi, que ce vaisseau est plutôt un souvenir des *bateliers de la Seine*, dont je vous ai parlé dans une de nos premières leçons d'histoire de France. Quoi qu'il en soit, c'est autour de ce Paris primitif que s'est formé le Paris du moyen âge et le Paris moderne, comme le fruit autour de son noyau. C'est de là que nous allons partir pour faire une petite excursion dans Paris, le plan sous les yeux, à l'instar des *touristes* que l'on rencontre dans ses rues.

Je remarque d'abord que la Seine divise Paris en deux parties inégales. A droite, c'était jadis la *Ville*, la ville paisible des bons bourgeois; à gauche, l'*Université*, la ville bruyante des écoles et des écoliers. Aujourd'hui, ces deux parties, unies par de nombreux ponts, ne font pour ainsi dire plus qu'un. Sur la rive droite, 14 arrondissements s'étalent en amphithéâtre, de la Seine à une chaîne de collines parmi lesquelles la butte *Montmartre*, les buttes *Chaumont*, les hauteurs de *Belleville*, de *Ménilmontant*, du *Père-Lachaise* et de *Charonne*. Sur la rive gauche,

6 arrondissements, accidentés par une éminence décorée du nom de montagne, la montagne *Sainte-Geneviève*. Défiez-vous de ce mot d'*arrondissement* que je viens de prononcer. Quand il s'agit de Paris, il ne veut pas dire une portion de territoire administrée par un sous-préfet. Il signifie simplement une partie notable de la ville, ayant ses limites déterminées et quelques services propres : mairie, écoles, bureau de bienfaisance, etc. Chacun des arrondissements ainsi compris est divisé en 4 *quartiers*. Tout cela, si nous savons bien compter, nous fait 20 arrondissements et 80 quartiers pour la division administrative de Paris.

Je ne vous promènerai pas, mes chers petits, à travers le dédale des rues qui se croisent en tout sens dans ces arrondissements et quartiers. Je vous nommerai seulement quelques-unes des grandes voies auxquelles elles finissent par aboutir. Nous sommes, avons-nous dit, dans l'île de la Cité. Eh bien ! nous avons devant nous, croisant la Seine, passant presque au pied de Notre-Dame et de la Sainte-Chapelle, une de ces larges rues plantées d'arbres qu'on s'est accoutumé à appeler *boulevards*. Elle traverse Paris du S. au N., sous les noms de boulevard *Saint-Michel*, boulevard du *Palais*, boulevard *Sébastopol*, boulevard de *Strasbourg*. Suivons-la vers le N. ; nous rencontrons la rue de *Rivoli*, une des plus belles de Paris, puis les *anciens boulevards* ; ceux-ci forment comme un arc qui commence à une place bien connue, la place de la *Bastille*, et qui se termine près d'une église non moins connue, l'église de la *Madeleine*, après avoir pris différents noms : boulevard *Saint-Martin*, boulevard *Saint-Denis*, boulevard des *Italiens*, etc. Ne vous méprenez pas sur le sens de ce mot *boulevard*. Jadis il signifiait simplement *rempart, défense*. Aujourd'hui, comme vous le voyez, il signifie en outre *grande rue ordinairement plantée d'arbres* ou même simplement *promenade*.

J'ai prononcé plus haut les mots de *monuments*, de *palais*, de *places*, de *jardins*... C'est qu'à Paris tout cela abonde plus qu'en aucun lieu du monde. Je choisis un peu au hasard. Parmi les *palais* ou *monuments*, voici le *Louvre*, bien changé depuis Philippe-Auguste! les *Tuileries*, l'ancien palais des rois, dont il ne reste en ce moment que des pans de murs noircis par l'incendie, et le frais jardin planté de marronniers, où Michel, notre Parisien, est certainement allé plus d'une fois prendre ses ébats; l'*Hôtel-de-Ville*, le palais *municipal*, la *mairie*, dirions-nous ici, que l'on reconstruit à cette heure; le *Luxembourg*, dont le vaste jardin est connu de tous les bambins de Paris; le *Panthéon*, qui couronne la montagne Sainte-Geneviève; l'*Hôtel des Invalides*, dont le dôme doré brille au loin et où sont recueillis les glorieux débris de nos armées. Parmi les *places*, je vous citerai le *Champ-de-Mars*, où se font les grandes manœuvres militaires et où tiendrait sans peine notre village; la place de la *Concorde*, faisant suite au jardin des Tuileries et ayant pour complément les *Champs-Élysées*; la place *Vendôme*, avec sa colonne qui rappelle les exploits de nos grands-pères; la place de la *Bastille*, où s'élevait jadis une redoutable forteresse. En fait de *jardins*, j'ajouterai à ceux des Tuileries et du Luxembourg, que je vous ai déjà nommés, le jardin du *Palais-Royal*, et surtout le *Jardin-des-Plantes*, que vous vous empresseriez de visiter, bien moins à cause des plantes et des arbres qu'il renferme, qu'à cause des animaux de toutes les parties du monde qu'on y nourrit : l'ours Martin dans sa fosse, les singes dans leur immense cage, les lions, les panthères, les éléphants derrière les barreaux de leurs prisons, etc.

Voilà bien des noms, mes pauvres petits : la *Cité*, *Notre-Dame*, la *Sainte-Chapelle*, les *boulevards* anciens et nouveaux, la butte *Montmartre*, les buttes *Chaumont*, la montagne *Sainte-Geneviève*, le *Louvre*, les *Tuileries*, l'*Hôtel-de-Ville*, le *Luxembourg*, le *Panthéon*, les *Invalides*, le *Champ-de-Mars*, la place de la *Concorde*, les *Champs-Élysées*, la place *Vendôme*, la place de la *Bastille*... Est-ce que je vais vous demander de les retenir tous? Dieu m'en garde! Seulement, quand ces mots seront prononcés devant vous, vous songerez à Paris, à la capitale de la France, au chef-lieu du département de la Seine.

Le plan de Paris se représentera à votre esprit. Vous reverrez la grande ville traversée par la Seine, comptant 20 arrondissements, entourée de cette ceinture de fortifications que vous voyez ici figurée par d'épaisses lignes en zigzags; c'est tout le résultat que je veux obtenir en ce moment. Un bon point à ceux qui me reproduiront passablement le plan que je laisse sur le tableau noir.

TROISIÈME LEÇON.

Mes chers enfants, sous ces ardents soleils de juin, le séjour de Paris est dur : le pavé et l'*asphalte* des rues sont brûlants; les brises qui rafraîchissent nos plaines sont rares et chaudes pour le Parisien. Aussi, quand il a sué et travaillé toute une semaine dans cette fournaise, il a hâte de voir arriver le dimanche pour s'échapper par toutes les *gares* et par toutes les *portes* qui lui permettent de franchir les fortifications. Faisons comme lui ; sortons de Paris et gagnons la campagne.

Mais où donc trouver la campagne dans le voisinage de Paris et notamment dans cet arrondissement de Saint-Denis avec lequel je veux tout d'abord vous faire faire connaissance?... Les charmants villages qui se miraient jadis dans la Seine sont devenus des villes fumeuses. Cette riche plaine de Saint-Denis, que nos pères ont vue couverte de moissons et de prairies, est aujourd'hui hérissée de fabriques et d'usines dont on voit au loin flamber les hautes cheminées : la bruyante industrie y a supplanté la paisible culture.

Quoi qu'il en soit, étudions cette plaine, et, pour cela, faisons notre observatoire du plateau sablonneux de Romainville — naguère encore le pays des lilas — qui s'y avance comme un promontoire défendu par deux *forts.* Je laisse de côté *Pantin* et le *Pré-Saint-Gervais* qui sont à nos pieds avec leur sol troué de carrières de plâtre, et je porte mes regards sur deux points plus éloignés : la butte *Montmartre* à ma gauche, et, un peu à ma droite, une ville du sein de laquelle je vois s'élever, à travers la brume, une superbe église aux tours crénelées. Cette ville. c'est *Saint-Denis*, le chef-lieu de l'arrondissement ; cette église, c'est celle de l'antique abbaye de Saint-Denis, dont je vous ai parlé dans une de mes leçons d'histoire du mois de décembre.

Oh ! que de souvenirs va évoquer chez nous ce nom de Saint-Denis !... C'est vers l'an 250 après la venue de Notre-Seigneur. Sept évêques partent de Rome pour conquérir la Gaule au christianisme. L'un d'eux est saint Denis. Il s'avance jusqu'à Lutèce pour y prêcher l'Évangile. Mais c'était, vous vous le rappelez, le temps des persécutions. Saint Denis est pris et mis à mort sur le mont de Mars, avec beaucoup d'autres sans doute, puisque le mont de Mars changera son nom en celui de mont des Martyrs, de *Montmartre*. Une dame gauloise qu'il avait probablement convertie, Catulla, fait recueillir sa tête et la fait transporter à sa *villa* — ce qui veut dire à peu près *maison de campagne*. Là, elle l'ensevelit pieusement et marque l'endroit par une chapelle. Quelques siècles plus tard, le roi Dagobert, une de vos connaissances, remplace la chapelle par une magnifique église qu'il couvre de lames d'or, et autour de laquelle s'éleva l'abbaye de Saint-Denis, puis la ville elle-même. Saint Éloi, encore une vieille connaissance pour vous, enrichit l'église de châsses et de chefs-d'œuvre d'orfévrerie que l'on y voit encore. Je m'imagine qu'il venait souvent y prier et s'y reposer des soucis de la grandeur, non sans passer par la forêt voisine, pour visiter son bon ami saint Ouen dans son ermitage. Plus tard, je vois, dans les cours de l'abbaye, de joyeux écoliers prendre leurs ébats. Parmi eux, je distingue un gros garçon joufflu, éveillé et batailleur, qui sera Louis VI, et, près de lui, un enfant grave et réfléchi, qui ne lui ménage pas les conseils, et qui m'a l'air d'être son ami Suger. Au-dessus d'eux flotte, suspendu au bout d'une lance, un morceau de taffetas couleur de feu, fendu par le bas en deux endroits; c'est l'*oriflamme*, l'étendard royal d'alors. Plus tard encore, je vois un roi frapper à la porte de l'église de Saint-Denis et demander à y abjurer le protestantisme; c'est?... — Henri IV. Mais peut-être allez-vous me reprocher de faire de l'histoire en même temps que de la géographie. Je n'en ai pas de scrupule, mes enfants; je vous ai dit souvent que l'histoire et la géographie sont deux sœurs inséparables. Toutefois revenons à la géographie proprement dite.

Sur la gauche de Saint-Denis, nous apercevons le clocher de Saint-Ouen, un village il y a quelques années, presque une ville aujourd'hui, une ville de fabriques et d'usines comme Saint-Denis. A gauche encore, Clichy-la-Garenne, qui a subi la même transformation. La Seine est là tout près.... Elle est sortie de son lit; elle couvre au loin les campagnes. Un saint prêtre sort de son presbytère, monte dans une barque et va, au péril de sa vie, porter du pain aux malheureux inondés. C'est le même qui recueillera plus tard les enfants abandonnés, celui à qui vous pensez quand vous voyez une sœur de charité?... — C'est saint Vincent de Paul? C'est lui, en effet; et si vous passez jamais à Clichy, allez voir, dans le jardin du presbytère, un vieil arbre sous lequel il a sans doute dit plus d'une fois son bréviaire et médité l'organisation de nos hôpitaux et de nos établissements de bienfaisance.

Plus loin encore et du même côté, c'est Neuilly et son parc devenu un amas de splendides villas; Courbevoie et ses casernes; Boulogne et son bois qui, sans les luxueuses promenades qu'on y a tracées, vous paraîtrait bien au-dessous de notre forêt de Charnes; Puteaux avec ses usines et ses roses; Suresnes dont les vignes s'étendent sur les pentes du mont Valérien; Saint-Cloud.... Mais ne sortons pas du département de la Seine. Restons-y pour parler un peu de cette plaine qui s'étend par delà le mont Valérien. Une jeune fille y conduit son troupeau; sa piété et ses vertus sont connues au loin; saint Germain, évêque d'Auxerre, de passage à Paris, veut la voir et la bénir. Je crois la reconnaître dans un groupe placé à la porte du Panthéon, et représentant une jeune fille qui oblige un farouche guerrier à remettre son glaive dans le fourreau. Le guerrier est Attila, et la jeune fille est sans doute?... — Sainte-Geneviève. Eh bien, la plaine que je voulais vous amener à nommer de vous-mêmes est la plaine de Nanterre, au milieu de laquelle s'élève le village où naquit sainte Geneviève.

Tel est, mes enfants, l'arrondissement de Saint-Denis avec ses 206 906 habitants, ses quatre cantons de Saint-Denis, de Pantin, de Courbevoie et de Neuilly, ses 31 communes si serrées autour de Paris, qu'elles semblent ne faire qu'un avec lui, ce qui arrivera dans un avenir peu éloigné. Il s'étend, comme vous voyez, surtout au N. de Paris et sur la rive droite de la Seine.

L'arrondissement de Sceaux est plus au S. et sur la rive gauche du fleuve. Vers l'E., il est arrosé par la Marne dont nous parlerons bientôt. De ce côté, il ressemble beaucoup à celui de Saint-Denis par les grandes agglomérations de Vincennes, de Charenton, d'Ivry, etc. Ailleurs, ses communes, son chef-lieu même, ont conservé en grande partie leur caractère *rural ;* son territoire accidenté de vallées, de coteaux et de collines, est encore couvert de vignes, de vergers, de pépinières, de bouquets de bois, de champs cultivés qui seraient plus agréables à l'œil s'ils n'étaient ébréchés par de nombreuses carrières de pierre. Celle de ses localités qui vous intéresserait le plus est, sans contredit, Vincennes. En vous promenant dans le bois qui entoure à demi le donjon de Vincennes, à quoi penseriez-vous? — A saint Louis rendant la justice sous un chêne. De Vincennes, apercevez le plateau d'Avron et Champigny dont vous retrouverez les noms dans le récit de notre fatale guerre de 1871 ; la Marne décrivant les sinuosités les plus capricieuses avant de rejoindre la Seine à Charenton ; Alfort où peut-être quelqu'un d'entre vous ira se former à la profession de *vétérinaire.* Franchissons la Seine. Nous sommes à Ivry où fument d'importantes usines. Autour de Paris et longeant la partie S. de ses fortifications, remarquez Gentilly, Montrouge, Vanves, Issy, avec leurs forts; dans le lointain, Choisy-le-Roi, Sceaux et son parc, Fontenay et ses champs de rosiers, Châtenay, Châtillon, etc. Comme vous le voyez, l'arrondissement de Sceaux forme à peu près la seconde moitié de l'anneau qui enserre Paris. Il compte 161 362 habitants, 40 communes groupées aussi autour de 4 chefs-lieux de canton : Vincennes, Charenton, Sceaux et Villejuif.

Savez-vous comment l'on appelle les prolongements des villes en dehors de leur enceinte ?... Leurs *faubourgs.* Les faubourgs de Paris, le faubourg *Saint-Antoine*, le faubourg du *Temple*, le faubourg *Saint-Denis*, le faubourg *Saint-Martin*, le faubourg *Poissonnière*, le faubourg *Montmartre*, le faubourg *Saint-Honoré*, font depuis longtemps partie intégrante de la ville même. Ses prolongements extérieurs et les localités qui l'entourent, les arrondissements de Saint-Denis et de Sceaux tout entiers, forment sa *banlieue*. Si donc vous avez des parents dans le département de la Seine, mais ailleurs qu'à Paris même, vous direz qu'ils habitent ? — Dans la banlieue de Paris.

Résumons cet entretien, mes enfants. Le département de la Seine compte, en dehors de Paris, deux arrondissements portant, comme ailleurs, le nom de leur chef-lieu : l'arrondissement de Saint-Denis et l'arrondissement de Sceaux. Le premier compte 32 communes réparties entre les cantons de Saint-Denis, de Pantin, de Courbevoie et de Neuilly. Le second compte 40 communes et 4 cantons aussi : les cantons de Vincennes, de Charenton, de Sceaux et de Villejuif. Ces deux arrondissements forment, comme nous venons de le dire, la *banlieue* de Paris. Maintenant, un gros problème. La population de la ville de Paris est de 1 851 792 habitants, celle de l'arrondissement de Saint-Denis est de 206 906, enfin celle de l'arrondissement de Sceaux de 161 362 ; quelle est la population totale du département de la Seine?... Elle est de 2 220 060 habitants. C'est un joli chiffre, comme vous voyez, pour un département aussi petit, car il ne vous échappe pas que le département de la Seine est le plus petit de tous les départements de France. Quelle quantité de pain, de viande, de fruits, de denrées de toute sorte, il faut pour nourrir une population aussi exubérante!... C'est la *province* — on appelle ainsi tout ce qui n'est pas Paris — qui est chargée de nourrir la capitale et sa banlieue. En retour que peut bien lui envoyer la capitale? Les nombreux produits de son travail et de ses industries, qu'on vous énumérera plus tard.

Je laisse sous vos yeux le plan de Paris et de sa banlieue, la carte du département de la Seine. Essayez de reproduire ce plan ou cette carte sur votre ardoise. Je récompenserai les plus habiles.

QUATRIÈME LEÇON.

Mes enfants, dans mes dernières leçons, nous avons fait connaissance avec *Paris*, la capitale de la France; avec sa *banlieue*, les arrondissements de *Saint-Denis* et de *Sceaux*. Tout cela constitue?... — Le département de la Seine. — Dites-moi comment vous vous figurez ce département? Croyez-vous qu'il soit aussi grand que ceux de l'Yonne, du Loiret, etc., qui ont jusqu'à 30 ou 40 lieues de long ou de large? — Non, monsieur, il est tout petit, le plus petit de tous les départements de France. — En effet, il ne s'étend guère à plus de trois ou quatre lieues à la ronde, autour de son chef-lieu; mais les villes et les villages y sont si pressés, qu'ils se tiennent, ou peu s'en faut, et qu'ils ne forment pour ainsi dire qu'une grande *agglomération*, l'agglomération parisienne, comptant pour sa part, avons-nous dit, plus de 2 millions d'habitants. Maintenant, vous le figurez-vous tout uni comme notre plaine de Saint-Sigismond? — Oh! non, monsieur, car vous nous yavez nommé, sinon des montagnes, du moins des collines et des hauteurs. Ainsi, vers le N. et dans Paris même, voici les hauteurs de Charonne, de Ménilmontant, de Belleville, les buttes Chaumont et la butte Montmartre, qui se tiennent comme les anneaux d'une chaîne, et qui forment de ce côté une forte barrière naturelle. Vers le S., s'élèvent, dans Paris, la montagne Sainte-Geneviève, et, plus loin, vers l'E. et vers le S. les collines qui accidentent l'arrondissement de Sceaux, et lui donnent un aspect si pittoresque : le plateau d'*Avron*, les coteaux de *Vincennes* et de *Champigny*, les collines des *Hautes-Bruyères* et de *Châtillon*, etc. Cette dernière, avec celles de *Meudon*, de *Saint-Cloud* et de *Montretout*, qui appartiennent au département voisin, domine Paris, et c'est de là que les Allemands, pendant le siége de 1870-1871, envoyaient des bombes jusqu'au cœur de la capitale, malgré les canons du *Mont-Valérien* et de nos forts, qui ne pouvaient les atteindre ou les faire reculer.

Rappelez-moi maintenant les cours d'eau qui arrosent le département de la Seine?... — La *Seine*, la *Marne*, la *Bièvre*. — Très-bien. Nous avons déjà suivi la Seine à travers Paris; suivons-là jusqu'au moment où elle quitte le département dont nous nous occupons pour rentrer dans celui de Seine-et-Oise. Voici que les hauteurs de Meudon et de Saint-Cloud la rejettent brusquement vers le N. jusqu'à Saint-Denis. Alors elle s'infléchit vers l'O., puis vers le S. O.

Elle a séparé Boulogne de Saint-Cloud, de Suresnes et de Puteaux, Neuilly de Courbevoie, Clichy d'Asnières. Saint-Ouen, Saint-Denis et Epinay de la plaine de Gennevilliers, dont elle a fait une presqu'île par son brusque retour vers la plaine de Nanterre.

La Marne, avant de se jeter dans la Seine, en amont de Paris, près de Charenton, décrit, comme vous le voyez, les plus capricieux détours. Après avoir contourné Champigny, elle enferme Saint-Maur d'un repli si tortueux, qu'on l'a appelé la *boucle de Marne*. Nous reviendrons bientôt à l'entrée de cette espèce de cul-de-sac.

Je vous ai nommé la Bièvre parmi les cours d'eau du département de la Seine; gardez-vous de croire que c'est une rivière importante comme la Marne. Ce n'est qu'un gros ruisseau, à peu près de la largeur de notre rivière de Saint-Sigismond. Elle vient des environs de Versailles, entre dans l'arrondissement de Sceaux et arrose quatre ou cinq de ses communes. Elle a ensuite l'honneur de pénétrer dans Paris. Mais, la pauvrette, c'est pour y perdre la poésie de ses bords et la limpidité de ses eaux : les tanneries et les usines en ont fait un vrai Cocyte — les anciens appelaient ainsi un des fleuves bourbeux qu'ils plaçaient dans les enfers. Aussi, comme si elle avait honte d'elle-même, elle se cache dans des ruelles infectes ou dans d'obscurs souterrains, avant d'arriver dans la Seine ou plutôt dans un égout, près du Jardin-des-Plantes.

Je vous ai fait remarquer, mes enfants, les sinuosités de la Seine et de la Marne. Ces sinuosités embellissent leur cours et plaisent aux yeux, même sur la carte où vous les voyez figurées. Mais si elles font l'affaire du peintre ou du promeneur, elles ne font point celle du pauvre marinier, dont elles triplent et quadruplent les labeurs, et encore moins celle de l'industriel, qui a hâte de voir arriver, par exemple, la houille dont chôme son usine. Voyez, en effet, le long trajet qu'est obligé de faire un bateau se rendant de Saint-Denis à Paris, parce qu'il plaît à la Seine d'aller au loin baigner le pied des coteaux de Meudon et de Saint-Cloud ! Pour échapper aux inconvénients de cette fantaisie, pour éviter à leurs bateaux de faire un si long circuit, les hommes, qui savent que le plus court chemin d'un point à un autre est la ligne droite, ont tout simplement mis une corde à cet arc mal taillé, ils ont creusé le canal Saint-Denis, pour faire communiquer directement Saint-Denis avec le centre de Paris, et le canal Saint-Martin, pour de là rejoindre la Seine sans avoir à subir les lenteurs et les fatigues de son cours par trop capricieux. Ces deux canaux se donnent la main ici, à l'extrémité des faubourgs Saint-Denis et Saint-Martin, au grand bassin de la *Villette*, où un troisième canal venu du nord par Bondy et par Pantin, le canal de l'*Ourcq*, leur apporte une eau que ménageront soigneusement de nombreuses écluses.

Mais, me direz-vous, qu'est-ce qu'on appelle une *écluse?* — C'est une grande porte double par laquelle l'on ferme ou l'on ouvre le lit d'un canal pour en retenir ou en laisser échapper les eaux à volonté. Tenez, une écluse joue à peu près le rôle de la chaussée et de la bonde de notre étang. La chaussée y retient l'eau et l'empêche de s'épancher sur le sol voisin, qui est en contre-bas. Veut-on mettre l'étang à sec, ou seulement en abaisser le niveau? On lève la bonde, et l'eau s'échappe tant que la bonde lui livre une issue. Laisse-t-on retomber celle-ci? L'écoulement cesse, et l'étang ne tarde pas à se remplir, grâce aux ruisseaux qui viennent s'y décharger. Les choses ont lieu à peu près ainsi pour un canal. Les écluses retiennent les eaux des bassins supérieurs, et les échelonnent selon la différence des niveaux. Un bateau veut-il passer d'un bassin dans un autre, l'*éclusier*, en ouvrant l'écluse supérieure, fait disparaître momentanément cette différence. L'opération se répète autant de fois qu'il est nécessaire, et le bateau, sans danger, sans secousses violentes, franchit comme par un escalier des pentes souvent fort élevées. Vous comprenez maintenant comment, au moyen d'écluses plus ou moins multipliées, les hommes ont pu faire passer les canaux presque sur le sommet des montagnes, pour peu qu'il leur ait été possible d'y réunir, dans un bassin, quelques milliers de mètres cubes d'eau. Mais revenons à notre département de la Seine, dont il me semble que nous nous sommes passablement éloignés.

Ce qu'on a fait pour abréger la navigation de la Seine, on l'a fait aussi pour abréger celle de la Marne qui, nous l'avons remarqué déjà, est au moins aussi tortueuse, sinon plus encore. Voyez : un canal, le canal *Saint-Maur*, joint les deux côtés de ce que nous avons appelé la *boucle de Marne*, par les points où ils se rapprochent le plus. On évite ainsi aux bateaux ce long détour. En outre, pour leur ménager une navigation plus facile, plus à l'abri des *grèves* et des *bas-fonds*, on a complété ce canal par un autre qui est latéral à la Marne, c'est-à-dire qui la côtoie, jusqu'à l'endroit où elle se jette dans la Seine. Cet endroit s'appelle ?... — Son embouchure. — Et encore ?... — Le confluent de la Marne et de la Seine. — Qu'est-ce qu'un *confluent?* — Le point de rencontre de deux cours d'eau. — Que direz-vous de Charenton que je vois tout près de là ? — Que Charenton est situé au confluent de la Marne et de la Seine.

On pourrait, mes chers enfants, écrire des volumes entiers sur le département de la Seine. Mais en voilà assez pour vos jeunes mémoires. Que Jérôme retienne seulement que ce département est le plus petit, mais aussi le plus peuplé de France ; qu'il est enclavé dans le département de Seine-et-Oise ; qu'il a pour capitale Paris, et pour chefs-lieux d'arrondissements Saint-Denis et Sceaux ; qu'on y trouve, en fait de collines, les buttes Chaumont, la butte Montmartre, le mont Valérien, etc. ; qu'il est arrosé par la Seine et par la Marne, traversé par des canaux qui abrégent la navigation de la Seine, tels que le canal Saint-Denis et le canal Saint-Martin..., et je serai plus que content. Aux Parisiens et à vos condisciples plus âgés d'en savoir davantage. Voyons, mon petit Jérôme, si vous avez retenu au moins ce que je viens d'énumérer si rapidement. Montrez-moi Paris et le département de la Seine sur la carte de France... Sur cette autre carte spéciale au département de la Seine lui-même, et qui en est comme le plan développé, suivez la Seine... la Marne... Retrouvez Saint-Denis... Sceaux, etc.

JUILLET

PREMIÈRE LEÇON.

Mes chers enfants, à l'heure qu'il est, vous devez être de grands géographes : pendant les huit mois qui viennent de s'écouler, vous avez étudié avec moi tout ce que la géographie a de plus général et de plus élémentaire, il est vrai, mais aussi de plus essentiel. Qu'y a-t-il en effet de plus essentiel que de savoir lire sur une carte comme dans son A, B, C, et reconnaître tout d'abord les accidents géographiques qu'elle contient : mers, cours d'eau, montagnes, etc. ; que de se rendre compte de la forme de la terre et des mouvements par lesquels elle mesure nos jours et nos années ; que d'être à même de nommer les terres, les mers, les îles, les continents et jusqu'aux races d'hommes qui se partagent les deux hémisphères ; que d'avoir sur son pays des notions sinon très-détaillées, du moins très-nettes et très-précises ? Or voilà justement ce que, suivant pas à pas notre programme, nous avons appris depuis le mois d'octobre, dans ces 36 entretiens où — je puis vous rendre ce témoignage — vous m'avez prêté une attention que semblaient peu comporter vos six ou huit ans. Que nous reste-t-il à faire pendant les quelques jours que nous avons encore devant nous ? Notre programme nous l'indique : à confirmer par une *révision générale* les petites connaissances que nous avons acquises. Abordons aujourd'hui cette dernière partie de notre tâche. Du courage ! les vacances ne sont pas loin. Seulement, à votre tour de parler. Si vous me laissez encore le soin de faire les demandes et de provoquer les réponses, vous aurez à cœur de prendre souvent la parole pour me prouver que, non-seulement vous avez compris mes leçons, mais encore que vous les avez retenues. Voyons ; de quoi s'occupe la géographie ? — De décrire la terre ; la géographie est la description de la terre, au moins de sa surface. — Et que trouve-t-on à la surface de la terre ? — Oh ! bien des choses : des montagnes et des vallées, des plaines et des plateaux, des eaux courantes et des eaux dormantes, par conséquent des cours d'eau d'une part, et de l'autre, des étangs, des lacs et des mers ; on trouve aussi des villes et des villages, des pays plus ou moins étendus, tels que la France et bien d'autres. — C'est bien, mais pour décrire toutes ces choses, il faudrait les voir, et il est donné à bien peu d'hommes de passer leur vie à parcourir ce vaste univers. — Monsieur, on a représenté toutes ces choses, par des signes convenus, sur des plans réduits qu'on appelle des *cartes* et que chacun peut voir et étudier sans sortir de chez lui. Ainsi, voici la carte de la France, celle de l'Europe, celle du monde entier, la *mappemonde*. — Eh bien, Michel, allez donc devant une de ces cartes et passez en revue ces signes convenus dont vous parlez, en nommant les *accidents géographiques* qu'ils représentent. Et, d'abord, *orientez* votre carte. — Sur une carte, le N. est au haut, le S. en bas, l'E. à droite, l'O. à gauche. — Vous appelez ces quatre points? — Les points cardinaux. N'y a-t-il pas d'autres points qu'il importe aussi de connaître? — Oui, monsieur, il y a les points intermédiaires : le N. E., le N. O., le S. E. et le S. O. — Indiquez-les en partant du centre de la carte?... Quelle est la carte que vous avez sous les yeux? — La carte de France. — Eh bien! lisez-moi cette carte. Que veulent dire ces ombres que je vois limiter la France au S. et à l'E., et la parcourir en divers sens? — Ce sont des montagnes, des chaînes de montagnes. — Qu'est-ce qu'une montagne?... Qu'est-ce qu'une chaîne de montagnes?... Quel nom particulier donne-t-on à une montagne dont le sommet est arrondi?... dont le sommet est terminé en pointe?... dont le sommet vomit des flammes et de la fumée?... à une plaine fort élevée au-dessus des terres environnantes?... à un avancement de montagne ou de chaîne de montagnes dans la mer?... Quel nom prennent les espaces plus ou moins larges ou plus ou moins resserrés qui séparent deux montagnes ou deux chaînes de montagnes? Ne sont-ce pas simplement des vallées? — On les appelle, suivant les circonstances, val, vallée, vallon, col, gorge ou défilé. — Donnez-moi des exemples? — Le val de la Loire, la vallée de la Seine, le vallon où coule notre rivière, les cols de Naurouze et de Valdieu, les gorges que l'on rencontre dans les Alpes, les défilés des Ardennes.

Nous avons dit avec Fénelon que les montagnes sont comme des réservoirs d'où descendent les eaux pour arroser nos campagnes? Que forment ces eaux qui s'écoulent ainsi des montagnes? — Des cours d'eau, fleuves, rivières ou ruisseaux. — Ambroise, qu'est-ce qu'un fleuve?... une rivière?... un ruisseau?... Montrez-moi sur la carte un fleuve? — En voici un, la Seine. — Une rivière? — L'Aube, la Marne. — Ainsi, ces lignes sinueuses que je vois serpenter sur les cartes, représentent des cours d'eau, des fleuves ou des rivières. Comment s'appelle l'endroit où commence un cours d'eau? — Sa source. — L'endroit où il se jette dans un autre cours d'eau ou dans la mer? — Son embouchure. — Montrez-moi la source de la Seine?... son embouchure? — Que sont, par rapport à la Seine, l'Aube, la Marne, l'Yonne, l'Eure? — Ses affluents. — Je comprends : l'Aube et la Marne sont ses affluents de la rive droite, l'Yonne et l'Eure ses affluents de la rive gauche. Mais, en rencontrant la Seine, ces rivières forment en outre, je crois, des confluents; qu'appelez-vous ainsi?... Montrez-moi le confluent de la Marne et de la Seine?... Je vois tout près de là un petit rond qui indique une ville, il me semble, la ville de Charenton; que direz-vous de cette ville?—Qu'elle est située au confluent de la Seine et de la Marne. — Mais j'ai parlé tout à l'heure de la rive droite et de la rive gauche de la Seine; qu'appelle-t-on la rive droite et la rive gauche d'un cours d'eau?... De plus, dans notre leçon sur le département de la Seine et sur Paris, j'ai dit que telles localités, situées sur les bords de la Seine, étaient en *amont* du fleuve, que telles autres étaient en *aval;* qu'est-ce que j'entendais par là? — Que les premières étaient au-dessus de Paris, du côté d'où vient la Seine, tandis que les autres étaient au-dessous de Paris, du côté où le fleuve s'en va. — Encore quelques questions à l'occasion des fleuves ou rivières. Je remarque que, sur la carte de France et sur la carte d'Europe, de longues chaînes de montagnes semblent envoyer les eaux à droite et à gauche, comme le faîte d'un toit quand il pleut. Paul, quel nom particulier donnez-vous à ces chaînes de montagnes? — Celui de ligne de faîte ou de partage des eaux. — Et que forment les pentes de ces chaînes, à droite et à gauche? — Des versants; ainsi la France est partagée par sa ligne de faîte en deux grands versants : le versant de l'océan Atlantique et le versant de la Méditerranée. — Mais, outre cette grande ligne de partage des eaux que vous venez de me montrer en France, j'en vois d'autres qui s'élèvent entre les divers fleuves, par exemple entre la Seine et la Loire, entre cette dernière et la Garonne. — Ce sont des reliefs, montagnes ou hauteurs, qui forment les contours des bassins de ces fleuves. — Qu'est-ce donc que le bassin d'un fleuve?... Qu'appellerez-vous en outre le lit d'un fleuve? ou d'une rivière?...

Des eaux *courantes* passons à ce que nous avons appelé les eaux *dormantes*. Nous avons dit que ces eaux formaient des étangs, des lacs, des mers ou la mer. Qu'appellerez-vous un lac?... Maurice, trouvez quelques lacs sur la carte de France?... quelques étangs?... Enfin, montrez-moi la mer?... Vous l'appelez en outre? — L'océan. — Je n'ai pas besoin de vous répéter que la mer ou l'océan est cette vaste étendue d'eau salée que vous avez vue, sur la mappemonde, couvrir les trois quarts de la terre; que l'eau de la mer est salée, et que, par opposition, nous appelons *eau douce*, l'eau de nos rivières, de nos lacs et de nos puits; que les grandes étendues de terre qu'elle laisse à découvert, comme l'Europe, l'Asie et l'Afrique, l'Amérique, l'Australie, sont des *continents;* que les terres isolées qui émergent de son sein sont des *îles*.... des *presqu'îles* ou *péninsules* quand elles sont jointes au continent par quelque langue de terre, appelé *isthme*; que les parties de mer qui avoisinent les *côtes* forment le plus souvent des *mers particulières* empruntant leur nom tantôt aux pays qu'elles baignent : la *mer de France;* tantôt à leur position : la mer du Nord; tantôt à la couleur de leurs eaux : la mer Rouge; qu'enfin, si elles s'avancent au loin dans les terres, elles forment des mers *intérieures :* la Méditerranée, par exemple, est une mer intérieure, et son nom ne veut pas dire autre chose que *mer située au milieu des terres.*

Vous voyez, mes enfants, combien nous allons vite, combien de choses nous avons passées en revue dans une seule leçon. C'est que, d'une part, le temps presse, et que, de l'autre, nous sommes revenus tant de fois sur cette nomenclature géographique, qu'elle doit nous être depuis longtemps familière. Nous la compléterons dans notre prochaine leçon, en revoyant les accidents géographiques que nous présentent la mer et ses côtes.

DEUXIÈME LEÇON.

Nous continuons, mes chers enfants, la révision générale que nous prescrit notre programme.

Nous en sommes, je crois, à la lecture des cartes, et nous revoyons rapidement les *accidents géographiques* qui y sont figurés; nous apprenons de nouveau à reconnaître ces accidents et à les nommer sans hésitation. Nous nous sommes occupés, dans notre dernière leçon, de ceux qu'on rencontre sur la terre découverte : cours d'eau, montagnes, vallées, bassins, etc. Nous avons même abordé la mer ou l'océan. Tenons-nous aujourd'hui sur ses côtes ou rivages avec les personnes qui viennent, en ce moment même, redemander la santé à ses brises et à ses eaux fortifiantes. Seulement, nous, au lieu de nous plonger dans ses vagues et d'y grelotter, nous allons l'étudier en personnes qui se portent bien et qui sont simplement désireuses de renouveler connaissance avec elle.

La mer, nous le savons, est cette étendue d'eau salée qui tient une si grande place sur notre mappemonde. Ses côtes, ce sont ses rives, ses bords, cette suite de rochers, de falaises, de reliefs variés qui la limitent, qui arrêtent ses flots lorsque, gonflés par la tempête ou poussés par la marée montante, ils semblent sur le point d'envahir le pauvre coin de terre que Dieu a laissé à l'homme pour y vivre et y travailler.

Mais je m'aperçois que je viens de prononcer un mot que vous n'avez pas encore entendu, le mot de *marée*. Laissez-moi vous l'expliquer en passant.

Vous avez vu quelquefois, par un gros orage, notre rivière sortir de son lit et inonder sa vallée. L'orage passe; l'eau se retire, et tout rentre dans son état habituel. Mes enfants, ce que fait notre rivière de loin en loin, la mer le fait tous les jours. Tous les jours, à des heures que les almanachs déterminent avec autant de précision que le lever ou le coucher des astres, la mer sort pour ainsi dire de chez elle; elle s'avance en grondant vers les terres, et couvre la *plage* qui tout à l'heure brillait au soleil. Malheur à l'imprudent qui n'a pas prévu son arrivée et qui n'a pas fui assez vite devant elle! Les flots le poursuivent, le saisissent, le ballottent et l'engloutissent enfin, si quelque pêcheur ne vient pas à temps le recueillir dans sa barque ou lui jeter une corde qui, après Dieu, le sauvera. Mais cette grande colère s'apaise; ce n'était qu'une menace. Le flot envahisseur cesse de monter; il recule, il *reflue* vers son point de départ, et vous pouvez retourner sur la plage, faire la chasse aux coquillages et aux poissons qu'il y a laissés. Toutefois, hâtez-vous de faire votre provision, car il ne tardera pas à revenir.

C'est ce *flux* et ce *reflux* quotidien de la mer que l'on appelle la *marée*, les *marées*. Souvenez-vous-en dans l'occasion; mais souvenez-vous aussi que le mot de marée a un autre sens; il signifie en outre les poissons qui nous viennent de la mer. C'est en l'employant dans ce sens que l'on dit que la *marée* est chère, rare ou abondante, qu'elle arrive tout les matins sous les halles de Paris, etc.

Ce mot expliqué, revenons à notre étude de la mer. Les côtes ou bords de la mer, nous l'avons remarqué bien des fois, sont loin de fournir une ligne droite. Tantôt ce sont les terres qui s'avancent dans la mer pour former ce que nous avons appelé des presqu'îles: nommez-moi les grandes presqu'îles que nous avons notées jadis sur les côtes de l'Europe. — Les presqu'îles scandinave, du Jutland, du Cotentin, de Bretagne; les péninsules ibérique et italique; les presqu'îles formées par la Morée et la Crimée... Tantôt c'est la mer qui pénètre au loin dans les terres, et y jette des avancements plus ou moins profonds. — Je n'entends plus parler des grandes mers intérieures dont il a été question dans notre dernière leçon, de ces enfants perdus de l'Océan qui n'y tiennent que par quelque détroit ou qui en sont complétement séparés. Ces avancements, vous les appelez?... Des golfes... des baies... des anses... des rades. Eh bien, montrez-moi, sur notre carte de France, des golfes, des baies, des rades. — Voici le golfe de la Seine, le golfe de Gascogne, le golfe du Lion ; les baies de Saint-Malo et de Saint-Brieuc; les rades de Brest et de Toulon. — Qu'est-ce donc que vous appellerez un golfe? — Un avancement de mer dans les terres. — Une baie? — Un avancement de mer moins considérable qu'un golfe. — Une anse et une rade? — Des avancements de mer moins considérables encore, de tout petits bras de mer. — Des *bras de mer*... Je saisis ce mot au passage. Qu'est-ce que vous entendez par là? — Des parties de mer resserrées entre deux terres... C'est l'opposé des langues de terre. — Très-bien ; mais ces bras de mer, ils prennent des noms fort divers, ce me semble? — Oui, monsieur, les noms de *pas*, de *détroit*, de *manche*, de *pertuis*, de *canal*, de *phare*, de *bosphore*. — Voyons si nous trouverons, soit sur la carte de France, soit sur la carte d'Europe, des bras de mer auxquels on ait donné ces dénominations. — Voici le Pas-de-Calais... la Manche... le canal du Nord et le canal Saint-George... le Pertuis-Breton et celui d'Antioche... le détroit de Gibraltar... le phare de Messine... le bosphore de Constantinople ou simplement le Bosphore. — Vous rappelleriez-vous d'où vient le nom de bosphore donné au canal de Constantinople? — Les anciens désignaient volontiers ainsi les bras de mer assez étroits pour qu'un bœuf pût les traverser à la nage. — Vous rappelleriez-vous encore pourquoi on dit le *phare* et non le *détroit* de Messine? — C'est sans doute parce qu'il y a un phare tout près de là. — Qu'est-ce donc qu'un phare? — Une tour élevée sur le bord de la mer et surmontée d'une grande lanterne. — A quoi servent les phares? — A guider les vaisseaux pendant la nuit et à les avertir du voisinage des côtes ou des écueils. — Et qu'est-ce que vous appelez écueils? — Des rochers tantôt apparents, tantôt à fleur d'eau sur lesquels les vaisseaux risquent de se briser; on les nomme aussi *brisants* ou *récifs*.

Voilà, mes enfants, des souvenirs qui font honneur à votre attention et à vos jeunes mémoires. Pour les justifier, faisons ce que nous avons fait une fois déjà, une excursion *maritime* autour de l'Europe ; nous noterons, chemin faisant, les accidents géographiques que nous venons d'énumérer et avec lesquels nous ne saurions trop nous familiariser. Montons sur un vaisseau et voguons à pleines voiles ou à toute vapeur, sous la conduite de bons marins et de quelque habile pilote. Où irons-nous nous embarquer? — Dans un port. — Qu'est-ce à dire, un port? — Un bassin où les vaisseaux sont abrités contre les vents et les tempêtes, chargent et déchargent leurs marchandises, prennent ou déposent des *passagers*. — Où se trouvent des bassins de cette sorte? — Il y en a sur les fleuves et rivières; mais il y en a surtout sur les bords de la mer ; alors on les appelle des *ports de mer*, et ils prennent le nom de la ville qui les entoure: les ports de Calais, du Havre, de Cherbourg, de Brest, de Marseille, etc. Eh bien, sans aller aussi loin que dans notre premier voyage, embarquons-nous à Calais. Nous nous trouvons sur le bras de mer qui sépare la France de l'Angleterre, sur un détroit que vous appelez? — Le Pas-de-Calais. — Si je ne me trompe, il fait communiquer deux mers particulières ? — La mer du Nord et la Manche. — Entrons dans cette dernière mer et tournons vers le sud. Nous avons à notre droite?... — L'archipel britannique. — Oui, un groupe d'îles dont les deux plus grandes ont entre elles le canal du Nord, la mer d'Irlande et le canal Saint-George ; sur notre gauche sont?... — Les côtes de France. — Voyons ce que nous allons y apercevoir à travers la brume ; car nous nous tenons à distance, à cause des écueils. Voici des chaînes de collines qui s'avancent en pointe dans la mer ; elles y forment ?... — Des caps ou pointes. — Voici des bassins où maints vaisseaux sont à l'ancre... — Ce sont des ports. — Un large estuaire où se termine un fleuve... — C'est l'embouchure de la Seine.

— Un avancement de mer assez profond qui s'étend à partir de cet estuaire... — C'est le golfe de la Seine. — Puis, au contraire, une partie de terre qui s'avance assez loin dans la mer... — C'est une presqu'île, la presqu'île du Cotentin... — (Continuer ainsi jusqu'à la mer Noire, en faisant remarquer et nommer les principaux accidents géographiques que l'on rencontrera.)

TROISIÈME LEÇON.

Nous voici, mes chers enfants, revenus encore une fois devant notre globe. Qu'allez-vous m'en dire? D'abord, quelle est sa forme? — Il est rond. — Rond comme un disque ou un gâteau? — Non, monsieur; il est rond comme une boule ou une sphère. — Il est traversé par une tige qui m'a tout l'air de passer par son centre; comment appelez-vous cette tige? — Son axe. — Sans doute, et voyez : je fais tourner mon globe ou ma sphère autour de cet axe, comme une roue autour de son essieu. Deux points attirent mon attention, celui par lequel l'axe pénètre le globe, et celui par lequel il en sort; vous nommez ces points d'entrée et de sortie? — Les pôles du globe, le pôle nord et le pôle sud. — Vous avez raison, car j'ai eu soin de poser mon globe de manière que l'un de ces pôles, celui qui est le plus élevé, fût tourné vers le nord, vers le point du ciel où je vous ai montré l'étoile polaire; l'autre, celui qui est le plus abaissé, se trouve dès lors naturellement tourné vers le sud; nous pouvons donc légitimement appeler le premier le pôle nord et le second le pôle sud.

Ainsi, voilà qui est bien entendu : notre globe est rond comme une boule ou une sphère, ou plutôt il est lui-même une sphère; il est traversé par un axe sur lequel on peut le faire tourner; les points d'entrée et de sortie de cet axe déterminent les deux pôles du globe, ou mieux, ne sont autres que ces deux pôles mêmes : le pôle nord et le pôle sud. Si j'ai bonne mémoire, nous avons appelé en outre le pôle nord *pôle arctique*, et le pôle sud *pôle antarctique*.

Maintenant, que nous représente notre globe ?—Il nous représente la terre.—Bien, et Jérôme va en conclure que la terre est ronde ; que nous nous imaginons volontiers qu'elle est traversée par un axe ; qu'elle a deux pôles, le pôle nord et le pôle sud ; enfin qu'elle tourne sur l'axe que nous lui prêtons, comme notre globe autour de l'axe qui le traverse réellement. Les preuves de tout cela, nous les avons longuement données en temps opportun, et nous n'y reviendrons pas ; nous ne pouvons, pour le moment, que nous livrer à un travail de constatation, le seul qui convienne en effet à une révision aussi générale que celle que nous faisons.

Mais si la terre tourne comme sur un axe, hâtons-nous de donner un nom au mouvement qu'elle exécute ainsi, afin d'en pouvoir parler plus à notre aise. — On l'appelle le mouvement de rotation ; la terre l'exécute en vingt-quatre heures ; pendant ce laps de temps, elle présente la moitié de sa surface au soleil, et c'est le jour pour cette moitié ; la moitié opposée est dans l'ombre, et il y fait nuit. — Ainsi la cause de la succession des jours et des nuits ?... — C'est le mouvement de la terre sur elle-même. — Est-ce que la terre n'exécute pas un autre mouvement ?—Oui, monsieur, un mouvement de translation autour du soleil. — En combien de temps ? — En 365 jours environ, c'est-à-dire en l'espace d'une année.—Ainsi, Jérôme, qui a huit ans, s'est promené combien de fois autour du soleil ? — Huit fois. — Comme vous voyez, c'est un terrible voyageur ; a-t-il pu s'apercevoir d'excursions aussi rapides et aussi lointaines ? — Non, monsieur, parce que, soit dans son mouvement de rotation, soit dans son mouvement de translation, la terre emporte avec elle tout ce qui nous entoure. — Mon Dieu ! oui, mes enfants, nos demeures, nos champs, nos jardins, tout nous suit et garde la même place relative pendant que nous parcourons ainsi l'espace. Il en serait de même si nous voyagions dans une voiture ou dans un wagon bien fermés, en admettant toutefois que notre véhicule fût bien suspendu et la route sans cahots ni aspérités. Nous nous apercevons un peu pourtant que nous nous éloignons ou que nous nous rapprochons du soleil, ou plutôt, que nous occupons des situations différentes par rapport à lui; car, à cette heure, vous dépouilleriez volontiers vos vêtements, tandis que, dans quelques mois, vous soufflerez dans vos doigts; aujourd'hui, c'est l'été, alors ce sera l'hiver. Je vous fais cette observation pour vous rappeler que si le mouvement de rotation de la terre fait les jours et les nuits, son mouvement de translation détermine les saisons : le printemps, l'été, l'automne et l'hiver.

Reprenons l'étude de notre globe. Paul, venez le considérer de plus près et dites à vos camarades ce que nous trouvons à sa surface. — J'y trouve des lignes tracées en divers sens. Les unes en font le tour en passant par les pôles; ce sont des *méridiens;* voici, par exemple, le méridien de Paris. Le méridien de Paris!... mon jeune docteur, qu'est-ce que cela veut dire? — J'appelle ainsi cette circonférence de cercle qui passe à la fois par les pôles et par le point où est figuré Paris; quand le soleil qui paraît se lever là-bas, à l'orient, arrive au-dessus de cette ligne, il est midi, le milieu du jour pour Paris et à peu près aussi pour nous qui n'en sommes pas bien éloignés. — Peut-on mener plusieurs méridiens sur une sphère? — On peut en mener autant qu'on veut; chaque peuple a le sien. — Sans doute; mais le nôtre, souvenons-nous en, est celui de Paris; pour nous, ces autres lignes qui sont à droite et à gauche, qui peuvent être des méridiens pour d'autres peuples, sont simplement ce qu'on vous nommera plus tard des *degrés de longitude.* Continuez votre exploration, mon cher Paul. Voici une autre ligne qui fait aussi le tour de la terre, mais dans un autre sens, celle-là : elle coupe les précédentes et a tous ses points à égale distance des deux pôles. — C'est, je crois, l'équateur. — C'est lui en effet; mais pourquoi ne dites-vous pas *un équateur?* — Parce que je vois bien qu'il ne peut pas y avoir plusieurs équateurs comme il y a plusieurs méridiens. — C'est très-bien. Remarquez-vous d'autres lignes qui soient au moins dans le même sens que l'équateur? — Oui, monsieur, en voici au-dessus et au-dessous, au N. et au S. — Ne nous en occupons pas pour l'instant; laissez-moi seulement vous dire que, à l'exception de celles que vous voyez appelées *tropiques* et *cercles polaires*, ce sont des *degrés de latitude*.

Renouvelons maintenant par la pensée une opération que nous avons faite dans le temps sur une et même sur plusieurs oranges. Scions notre globe en deux, en faisant passer la scie par un méridien; nous aurons deux moitiés de globe, de boule ou de sphère... — Deux hémisphères. — Plaçons ces deux hémisphères sur leur côté plat, tout près l'un de l'autre et de manière qu'ils se touchent. L'un est à l'orient... — C'est l'hémisphère oriental. — L'autre est à l'occident... — C'est l'hémisphère occidental. — Quel avantage nous sommes-nous ainsi ménagé? — Celui de pouvoir embrasser d'un seul coup d'œil la surface entière de notre globe. — Et si nous dessinons au tableau noir ce que nous avons sous les yeux?... Nous aurons une mappemonde. — Qu'est-ce donc qu'une mappemonde? — Une carte représentant le monde, la surface de la terre entière partagée en deux hémisphères, l'hémisphère oriental et l'hémisphère occidental. — Ambroise, où est notre mappemonde? — La voici suspendue à droite de votre bureau. — Montrez-nous l'hémisphère oriental?... l'hémisphère occidental?... des méridiens?... le méridien de Paris?... l'équateur?...

Il ne vous échappe pas, mes enfants, que nous aurions pu opérer la section de notre globe par l'équateur. Nous aurions eu alors deux hémisphères aussi, l'un septentrional ou boréal, l'autre méridional ou austral, en un mot une mappemonde encore, mais une mappemonde tournée d'autre façon et qui nous serait peu utile, car elle mettrait surtout en vue les pôles de la terre, c'est-à-dire des contrées glacées et qui ne sont guère habitées que par les ours blancs. Celle qui est suspendue devant vous nous intéresse bien autrement, et vous allez vous en apercevoir dans nos prochaines leçons.

QUATRIÈME LEÇON

Mes chers enfants, dans notre dernière leçon, je vous ai ramenés devant notre globe, afin de vous remettre en mémoire la forme de la terre, son mouvement de *rotation*, cause des jours et des nuits, et son mouvement de *translation*, qui mesure notre année, en nous faisant passer successivement par les quatre saisons : le printemps, l'été, l'automne et l'hiver.

Aujourd'hui, c'est la mappemonde que je vais placer de nouveau sous vos yeux. Vous devinez de suite ce que nous allons y chercher : *les terres et les eaux, les cinq parties du monde, les grands océans, les plus grandes chaînes de montagnes* et *les plus grands fleuves de la terre*, c'est-à-dire presque tout ce qui a fait l'objet de notre étude pendant les mois, hélas ! déjà bien loin de nous, de février et de mars.

Commençons par ce que nous avons appelé les *terres* et les *eaux*.

Il y a longtemps, bien longtemps, mes chers petits, vous vous le rappelez, Dieu punit les hommes par un déluge universel. Transportons-nous par la pensée au moment où les eaux, ayant accompli leur terrible mission, commencent à remonter vers les nuages ou à refluer vers les abîmes de l'océan. Les parties les plus élevées de la surface de la terre émergent peu à peu du sein des flots pour devenir encore une fois le domaine de l'homme et comme son immense jardin. Ce sont ces parties fermes et habitables que nous appelons les *terres*. Les voici sur notre mappemonde, bizarrement découpées, tantôt s'avançant au loin dans les mers, tantôt étreintes par celles-ci au point de ne former que des isthmes plus ou moins étroits. Quant à la mer, elle est restée, vous le voyez, maîtresse de la portion la plus considérable du globe ; c'est elle que nous appelons les *eaux*, en y joignant les lacs qui dorment dans nos plaines, et les fleuves qui courent dans nos vallées.

Les *terres*, nous les avons divisées en cinq grandes parties, que vous reconnaissez à leur forme et à leur couleur : voici, dans l'hémisphère oriental, l'Europe, l'Asie, l'Afrique et même presque toute l'Océanie ; dans l'hémisphère occidental, l'Amérique, nous pourrions dire les Amériques, puisqu'il y a l'Amérique du Nord et l'Amérique du Sud. Comment appelle-t-on une étendue considérable de terre que l'on peut parcourir sans traverser la mer, quitte à prendre le chemin des écoliers, c'est-à-dire le plus long ? — Un continent. — Eh bien, combien de continents forment les cinq parties du monde que je viens d'énumérer ? — Trois : l'Europe, l'Asie et l'Afrique en forment un, l'Amérique en forme un autre, et l'Australie un troisième. — Lequel croyez-vous que les hommes aient connu et habité tout d'abord ? — Le premier, et, à cause de cela, on l'a appelé l'*Ancien monde*. — Il y a donc un *Nouveau monde?* — Oui, monsieur, l'Amérique ; on lui conserve ce nom bien qu'elle ne le mérite plus guère, car il y a bientôt quatre cents ans que Christophe Colomb l'a découverte. — Affaire d'habitude, mes chers enfants ; c'est ainsi que les Parisiens disent : le *Pont-Neuf* pour désigner un pont qui est bien le plus vieux de leur ville. Quelle est la contrée pour laquelle on devrait réserver la qualification de Nouveau monde ? — L'Océanie. — Vous avez raison, mais on s'est contenté d'en faire le *Monde maritime;* devinez-vous pourquoi ? — Parce qu'elle est située au milieu de la mer ; c'est déjà pour cela qu'on l'appelle l'Océanie, du mot *océan*.

Puisque vous avez prononcé ce mot d'océan, vous voilà condamnés à me l'expliquer. — L'océan n'est autre chose que la mer elle-même considérée dans toute son étendue ; il prend différents noms : ici, entre l'Europe et l'Afrique, d'une part, et l'Amérique, d'autre part, c'est l'océan Atlantique ; là, entre l'Amérique et l'Asie, c'est le Grand-Océan ou l'océan Pacifique ; au S. de l'Asie, de l'Inde, c'est l'océan Indien. Est-ce tout, Michel? — Non, monsieur; il y a encore, dans le voisinage du pôle nord, l'océan Glacial arctique, et, autour du pôle sud, l'océan Glacial antarctique. — A la bonne heure! nos cinq grands océans sont retrouvés. Jérôme, venez les reconnaître. Placez la baguette sur l'Atlantique... Passez dans l'océan Pacifique... dans l'océan Indien... Montrez l'océan Glacial arctique... l'océan Glacial antarctique, c'est-à-dire opposé au premier...

Les cinq parties du monde, les cinq grands océans, voilà qui est facile à retenir. Il n'en est pas de même, nous l'avons éprouvé dans le temps, des grandes chaînes de montagnes et des grands fleuves. Aussi, vais-je me montrer encore moins exigeant que la première fois sur ces deux points.

Maurice, nommez-moi, ou plutôt trouvez-moi seulement quelques chaînes de montagnes en Europe? — Les Alpes... les Pyrénées... — En Asie? — Les monts de l'Himalaya, qui sont les plus élevés du globe... Je me souviens aussi du mont Ararat, où s'arrêta l'arche, après le déluge... du mont Liban, où il y a de si beaux cèdres... du mont Nébo, où mourut Moïse... du mont Sinaï, où Dieu publia sa loi... — En Afrique? — La chaîne de l'Atlas, qui donne son nom à l'océan Atlantique. — En Amérique? — La longue chaîne qui forme la ligne de partage des eaux de l'Amérique; elle prend différents noms : dans le N., ce sont les montagnes Rocheuses; vers le centre, la Cordillère de l'Amérique centrale; dans le S., les Cordillères des Andes. — En Océanie? — Vous ne nous avez nommé que les Alpes-Australiennes ou montagnes Bleues. — Cessez maintenant de regarder la carte et répétez ce que vous venez de dire...

C'est très-bien, Maurice; je n'attendais pas moins de votre mémoire, et aussi de votre attention. Aux fleuves, maintenant. C'est là surtout qu'est la difficulté : les grands fleuves qui peuvent nous intéresser et qu'il serait bon de connaître dès aujourd'hui sont si nombreux! Essayons; un bon point à qui me trouvera immédiatement au moins quatre grands fleuves en Europe, cinq en Asie, deux ou trois en Afrique, deux dans l'Amérique du Nord, deux ou trois dans l'Amérique du Sud! Michel seul lève la main? Voyons, Michel, du courage! Je vous viendrai en aide s'il le faut. — En Europe, je me rappelle le Rhin, le Rhône, le Danube et le Volga... En Asie, l'Euphrate et le Tigre... l'Indus et le Gange. — Cela ne fait que quatre! — J'en connais bien un autre, mais il est tout petit. — Dites toujours. — Le Jourdain. — Eh bien mais, le Jourdain a son importance et je l'accepte volontiers; où en est-il souvent question? — Dans notre Histoire sainte. — Continuez, mon cher Michel; les choses commencent bien. — En Afrique, voici le Nil... le Chélif... le Sénégal; en Amérique, dans l'Amérique du Nord, le Saint-Laurent et le Missisipi que les anciens habitants du pays appelaient le *père des fleuves*... dans l'Amérique du Sud, le fleuve des Amazones, le plus grand fleuve du monde... — Ajoutez l'Orénoque, qui est là, vers le N., et le Parana, qui, avec l'Uruguay, forme, vers le S., cette sorte de bras de mer qu'on appelle le Rio de la Plata, et votre bon point est gagné; il ne s'agit plus que de tourner le dos à la carte et de me répéter tous ces noms, plusieurs fois au besoin, afin que Jérôme lui-même s'en souvienne...

Telles sont, mes enfants, les grandes choses que je désire vous voir retenir de notre étude de la mappemonde. Ajoutez-y, pour mémoire seulement, que cette terre, que vous venez de parcourir à grands pas, est habitée par des hommes qui, bien qu'issus d'un même couple, d'Adam et d'Ève, se partagent aujourd'hui en trois races bien distinctes. Par quoi diffèrent surtout ces races? — Par la couleur : il y a la race blanche, la race jaune, la race noire ou nègre. Ajoutez qu'elles diffèrent en outre notablement par la forme du visage. Regardez ces *types* que vous présente votre livret. L'homme blanc a le front haut et développé, le nez presque droit; son visage, régulier et barbu, est susceptible d'être encadré dans un angle très-ouvert. Le type de la race jaune a les pommettes des joues très-saillantes, la barbe rare ou nulle, les yeux obliques et convergeant vers le nez; déjà son front est quelque peu fuyant; son angle facial s'éloigne sensiblement de l'angle droit. Pour le nègre, on l'a barbouillé de noir, afin de bien vous indiquer la couleur de sa peau; voyez en outre que ses cheveux sont crépus, son nez épaté, ses lèvres épaisses, son front déprimé; pour lui l'angle facial est devenu tout à fait aigu. Rappelez-moi les pays où l'on trouve la race blanche?... la race jaune?... la race nègre?... A cette occasion, reportez-vous au moment de la dispersion des hommes après la folle entreprise de la tour de Babel. Que deviennent les descendants de Sem?... de Cham?... de Japhet?...

AOUT

Révision générale (Suite).

PREMIÈRE LEÇON

Mes chers enfants, nous venons de voir que trois races principales, la race blanche, la race jaune et la race nègre, se partagent les cinq parties de la terre habitable, à savoir?... — L'Europe, l'Asie, l'Afrique, l'Amérique et l'Océanie.

Ajoutons que ces trois races se divisent en une foule de peuples ou nations. Chacun de ces peuples, chacune de ces nations forme comme une grande famille dont les membres ont le plus souvent la même origine, parlent la même langue, dans tous les cas vivent sous le même gouvernement, obéissent aux mêmes lois et habitent une même contrée.

Cette contrée, ils l'appellent leur *pays*, leur *terre natale*, leur *patrie*. Ils ne la quittent qu'avec regret; loin d'elle, ils la voient dans leurs rêves; au retour, ils la saluent avec transport; au besoin, ils meurent pour la défendre; leur dernier vœu est d'y être ensevelis auprès de leurs frères ou *compatriotes*. Connaissez-vous au moins quelques-unes de ces nations dont je parle? — Il y a la nation anglaise... la nation belge... la nation allemande... la nation italienne... la nation espagnole... — Très-bien, mais, pour parler plus simplement, dites : il y a les Anglais, les Belges, les Allemands, les Espagnols, etc.; puis, identifiant ces peuples avec les pays qu'ils habitent, dites : il y a l'Angleterre, la Belgique, l'Allemagne, l'Italie, l'Espagne, etc. Je vois bien pourquoi vous avez songé tout d'abord à ces nations : les Anglais, les Belges, les Allemands, les Italiens, les Espagnols; c'est parce qu'ils sont nos voisins, et que leurs pays, l'Angleterre, la Belgique, l'Allemagne, l'Italie, l'Espagne, sont, ou peu s'en faut, limitrophes du nôtre. Mais, dans cette énumération, il ne faut pas nous oublier nous-mêmes... — Nous sommes Français! notre nation est la nation française, et notre patrie la France!

A la bonne heure! J'aime l'accent avec lequel vous avez prononcé ces mots, et pour vous en récompenser, c'est de la France que nous allons nous occuper aujourd'hui. Paul, montrez-nous la France sur la mappemonde... sur la carte d'Europe... Cela vous fait voir, mes enfants, la place qu'occupe notre pays dans le monde entier, puis dans celle des cinq parties du monde à laquelle il appartient, c'est-à-dire... — En Europe. — Voyez-le maintenant, plus développé et occupant une carte tout entière. La France a-t-elle ce que nous avons appelé dans le temps des limites *naturelles?* — Oui, monsieur; elle a pour limites naturelles, à l'O., l'océan Atlantique; au S., les Pyrénées et la Méditerranée; à l'E., les Alpes, le Jura et les Vosges. — Et au N.? — Jadis, au temps où elle s'appelait la Gaule, elle avait le Rhin; aujourd'hui, elle n'a plus pour limite de ce côté qu'une ligne de *convention* qui n'a point été tracée par la nature, mais par les hommes, à la suite des guerres et des traités. — Rappelez-moi maintenant ce que, en employant un mot plus général, nous avons nommé ses bornes. — La France est bornée à l'O. par l'océan Atlantique, formant la mer du Nord, le Pas-de-Calais, la Manche et la mer de France; au S. par l'Espagne, dont la séparent les Pyrénées, ensuite par la Méditerranée; à l'E. par l'Italie, dont la séparent les Alpes; par la Suisse, dont la sépare le Jura; par l'Allemagne, dont la séparent les Vosges; au N. encore par l'Allemagne, puis par le grand-duché de Luxembourg, et enfin par la Belgique.

Voilà, en effet, les bornes actuelles de la France. Ces bornes, comme vous le verrez plus tard, ont souvent varié. Mais il y a des choses que la France conserve à travers les siècles; ce sont ses montagnes, ses fleuves, ses plateaux, ses plaines, ses vallées, en un mot les grands accidents de terrain qui, du haut d'un ballon, doivent la faire apparaître comme une mer paisible que les vents font légèrement onduler.

Ses montagnes, nous l'avons remarqué, l'entourent comme d'une double ceinture, l'une extérieure, et qui ne lui appartient qu'en partie, l'autre intérieure, et qui est bien à elle tout entière. Dites-moi les chaînes de montagnes qui forment la première. — Ce sont les Pyrénées, les Alpes, le Jura, les Vosges. — Celles qui forment la seconde? — Ce sont les Corbières, les Cévennes, les monts de la Côte-d'Or, le plateau de Langres, les Ardennes occidentales. — Existe-t-il en outre des montagnes de quelque importance dans l'intérieur de la France? — Oui, monsieur; il y a les monts d'Auvergne, les monts du Morvan, les collines de Normandie, les monts de Bretagne, etc. Il y a aussi des plateaux : le plateau Central, le plateau de la Beauce, etc. — A quoi servent ces montagnes et hauts plateaux que l'on rencontre si fréquemment à la surface de la terre? A quoi votre ami Fénelon les compare-t-il? — A des réservoirs d'où s'écoulent les fleuves. — Et que dit Fénelon des fleuves eux-mêmes? — Il les compare à des canaux chargés d'arroser un jardin. — Eh bien, nous venons de passer en revue les montagnes qui sont comme nos réservoirs; voyons maintenant les fleuves qui en descendent pour arroser ce beau jardin que l'on appelle la France. En connaissez-vous beaucoup? — Nous en connaissons au moins quatre : la Seine, la Loire, la Garonne et le Rhône. — Ne sommes-nous pas convenus d'y ajouter la Meuse et la Moselle? — Oui, monsieur, parce que la Meuse et la Moselle ont au moins en France leur source et une partie de leurs cours. — Comment avons-nous procédé dans l'étude que nous avons faite, au mois de mai, des grands fleuves de la France? — Nous avons décrit leur bassin, puis nous les avons suivis de leur source à leur embouchure, en notant les affluents qu'ils rencontrent et les principales villes qu'ils baignent ou qu'ils traversent. — En effet, mais nous avions préalablement reconnu la ligne de faîte qui envoie la Seine, la Loire et la Garonne dans l'Océan, et le Rhône dans la Méditerranée, il faut la retrouver. — Cette ligne se soude aux Pyrénées par les Corbières; elle se continue par les Cévennes, par les monts de la Côte-d'Or, le plateau de Langres, joint les Vosges par les Faucilles, s'abaisse aux collines de Belfort, se relève par le Jura, et s'achève par les Alpes. Elle divise la France en deux grands versants, le versant de l'Océan et celui de la Méditerranée, et répartit entre eux les fleuves et rivières de notre pays.

C'est très-bien; ainsi préparés, nous pouvons repasser nos fleuves, et d'abord la Seine... — La Seine prend sa source dans la Côte-d'Or, au pied du mont Tasselot; elle coule vers le N. O., puis vers le S. O., puis encore vers le N. O., et se jette dans la Manche, près du Havre. Elle a reçu, sur sa rive droite, l'Aube, la Marne et l'Oise, sur sa rive gauche, l'Yonne et l'Eure; elle a passé notamment à Paris et à Rouen... (Faire de même pour les autres fleuves).

Nous avons, mes chers petits, renouvelé connaissance avec les bornes, les montagnes et les grands fleuves de la France. Faut-il terminer là notre révision? N'avons-nous rien dit de plus sur notre pays? — Nous avons parlé de sa population... de ses côtes et des ports qui s'y trouvent... des presqu'îles et des golfes qui les découpent... des îles qui les avoisinent... Eh bien, après avoir rappelé que la France compte 36 millions et demi d'habitants, faisons de nouveau une excursion sur ses 1700 kilomètres de côtes et revoyons les ports, les presqu'îles, les golfes, les îles, que nous y avons notés. Nous voici sur les bords de l'Océan ; suivons le rivage et lisons. Ici, à l'embouchure de la Seine, c'est le Havre, un port de mer, il me semble. Plus bas, c'est le golfe de la Seine, la presqu'île du Cotentin; la presqu'île de Bretagne ; encore des ports : Brest, Saint-Nazaire, Bordeaux; des îles, dont celles de Ré et d'Oléron, etc., etc. (Continuer l'excursion.)

DEUXIÈME LEÇON

Mes chers enfants, jetez les yeux sur ces deux cartes... Toutes deux vous représentent cette France dont nous nous occupions dans notre dernière leçon. Voilà bien, sur l'une et sur l'autre, les mers et les montagnes qui encadrent notre pays ; les quatre grands fleuves qui l'arrosent; la ligne de faîte qui le partage en deux grands versants. De plus, vous remarquez encore, sur l'une et sur l'autre, des divisions capricieuses, comme des pièces de toutes couleurs qui me font songer, moi, à une mosaïque, et vous probablement à un morceau de l'habit du seigneur Arlequin.

Examinons un peu ces pièces; peut-être vont-elles nous permettre d'établir une différence entre ces cartes qui, au premier abord, vous paraissent deux images parfaitement semblables. Sur la carte de gauche, elles me semblent plus grandes et moins nombreuses ; si je les comptais, je n'en trouverais que 32; sur la carte de droite, j'en trouverais, je crois, 86, près du double ! — La carte de gauche représente la France par provinces; celle de droite, la France par départements... — Voilà qui est très-bien; vous vous rappelez qu'avant 1789, du temps de nos grands-pères, la France était divisée en 32 provinces, et qu'aujourd'hui, elle l'est en 86 départements. Qu'est-ce donc qu'un département? — C'est une partie de territoire placée sous l'autorité d'un préfet... Les départements se subdivisent en arrondissements, les arrondissements en cantons, les cantons en communes... Il y a, à la tête d'un département, un préfet, et la ville où réside le préfet est la préfecture, le chef-lieu du département... Il y a, à la tête d'un arrondissement, un sous-préfet, et la ville où réside le sous-préfet est la sous-préfecture, le chef-lieu de l'arrondissement... Il y a, dans chaque chef-lieu de canton un juge de paix; dans chaque commune, un maire assisté d'un conseil municipal... — Je vois, mes enfants, que vous avez bien retenu nos entretiens du mois du juin, ou plutôt que vous avez bien appris la dernière leçon de votre livret. Tous mes compliments; cela me met en mesure de reprendre, sans autre préambule, l'étude de notre département?... non, mais l'étude du département de la Seine qui, nous en sommes convenus, est pour ainsi dire celui de tout le monde.

Ce département est-il difficile à trouver sur la carte de France? Non certainement, pas plus que Jérôme au milieu de vous : il est le plus petit de tous. Le voici, enclavé, avons-nous dit, dans le département de Seine-et-Oise, et cela va de soi, traversé par la Seine. Après avoir remarqué sa place sur la carte de France, étudions-le sur la carte qui lui est propre et où il s'étend tout à son aise. Occupons-nous tout d'abord de son chef-lieu, de Paris, la plus grande et la plus peuplée de nos villes, et, vous le savez depuis longtemps, la capitale de la France.

Paris, vous le reconnaissez à la ceinture de fortifications qui l'entoure, à cette courbe qui le divise en deux parties inégales, et qui n'est autre que la Seine courant à peu près de l'E. à l'O. Jadis, il était enfermé dans cette petite île, dans la *Cité* : c'était le Paris des Gaulois, des Romains et des Francs. Peu à peu, il a débordé sur la rive droite et sur la rive gauche de la Seine, pour devenir le Paris du moyen âge, le Paris de Philippe-Auguste. Bientôt, franchissant l'enceinte que celui-ci lui avait construite, il a atteint d'une part les hauteurs de Charonne, de Ménilmontant, de Belleville, les buttes Chaumont et la butte Montmartre; de l'autre, cette ligne qui confine aux anciens villages d'Ivry, de Montrouge, d'Issy et de Vanves : c'est le Paris moderne, celui dont vous trouvez le plan dans vos livrets. Au mois de mai, — ce n'est pas encore bien loin de nous, — nous avons fait une excursion à travers ce grand Paris de notre époque. Redites-moi ce que nous y avons noté. — Des boulevards ou grandes rues plantées d'arbres : les boulevards de Sébastopol, Saint-Martin, Saint-Denis, de la Madeleine... des monuments, églises ou palais : Notre-Dame, la Sainte-Chapelle, le Panthéon, le Louvre, l'hôtel de ville, les Tuileries, les Invalides... des jardins, parmi lesquels ceux du Luxembourg, des Tuileries, du Palais-Royal... des promenades telles que les Champs-Élysées... des places : la place de la Concorde, celle de la Bastille, le Champ-de-Mars...

Mais fuyant Paris, le bruit et les embarras de ses rues, nous avons voulu gagner la campagne vers le N., et nous avons rencontré?... — L'arrondissement de Saint-Denis. Eh bien, rappelez-moi ce que nous avons dit de cet arrondissement. — L'arrondissement de Saint-Denis a pour chef-lieu la ville dont il porte le nom; il compte 31 communes réparties entre 4 cantons, qui sont ceux de Saint-Denis, de Pantin, de Courbevoie et de Neuilly. Quel est l'aspect de cet arrondissement? — On y trouvait jadis de riches plaines : la plaine Saint-Denis, la plaine de Nanterre; aujourd'hui, il est couvert d'usines et de fabriques. En le parcourant, n'avons-nous pas eu l'occasion d'évoquer le souvenir de quelques personnages dont il est question dans votre *histoire de France?* — Oui, monsieur : Saint-Denis nous a fait songer à Dagobert, à saint Éloi, à Suger; Nanterre, à sainte Geneviève; Clichy, à saint Vincent de Paul.

Nous avons ensuite passé dans l'arrondissement de Sceaux. Cet arrondissement a-t-il la même physionomie que celui de Saint-Denis? — Pas tout à fait; sur beaucoup de points, il a conservé son caractère rural; l'industrie n'y a pas encore partout remplacé la culture. Combien compte-t-il de communes? — 40, qui sont réparties aussi en 4 cantons, les cantons de Sceaux, de Vincennes, de Charenton et de Villejuif. — Parmi ces communes, y en a-t-il qui vous aient particulièrement intéressés? — Celle de Vincennes, qui nous a rappelé Saint-Louis... celle de Charenton, qui est située au confluent de la Seine et de la Marne.

La Seine... la Marne... ces deux mots, mes enfants, nous ramènent tout naturellement à la géographie physique du département que nous étudions. Esquissons-la rapidement, car l'heure nous talonne et nous presse.

Le département de la Seine ne renferme point de montagnes à proprement parler. Mais il est accidenté par de nombreuses collines dont les unes sont renfermées dans Paris même (nous les avons nommées plus haut), et dont les autres appartiennent à l'arrondissement de Saint-Denis, comme le mont Valérien, ou bien à l'arrondissement de Sceaux, comme les hauteurs de Vincennes, de Champigny, de Châtillon, etc. Entre ces reliefs circulent, comme vous le voyez, la Seine, la Marne, la petite rivière de Bièvre et quelques ruisseaux dont je puis bien vous épargner les noms peu connus, même des Parisiens. La Seine et la Marne, nous l'avons remarqué bien des fois, décrivent des sinuosités qui allongent singulièrement leur cours. Pour obvier à cet inconvénient, on a creusé des canaux que nous avons comparés à des cordes sous-tendant des arcs mal taillés. Voici, par exemple, le canal Saint-Denis et le canal Saint-Martin qui jouent parfaitement ce rôle. Voyez comme ils abrégent le chemin entre Saint-Denis et Bercy! Ils se réunissent, dans Paris même, sur un point fort élevé, au grand bassin de la Villette. Là, ils manqueraient certainement d'eau, si un autre canal, le canal de l'Ourcq, ne leur apportait celle qu'il a dérobée au loin, à une petite rivière du même nom. A ces trois canaux ajoutez le canal latéral à la Marne, en vous rappelant qu'on nomme canal *latéral* celui qui côtoie un fleuve ou une rivière.

Arrêtons-nous là, mes chers petits. Notre révision générale est terminée, et avec elle notre cours de géographie. Je ne vois plus rien sur notre programme. Plions bagage; serrons notre globe, roulons nos cartes, et disons-leur adieu pour jusqu'au mois d'octobre. Pourtant, les vacances — qu'elles mettent de temps à venir, les vacances! — ne sont pas tout à fait arrivées. Nous pouvons causer encore une fois terre, mer, mappemonde, voyages, etc. Pour préparer ce dernier entretien, dont je me propose d'ailleurs de faire tous les frais, vous apprendrez la fable... de *la Tortue et les deux Canards*. Un bon point à ceux qui me la réciteront sans faute.

TROISIÈME ET DERNIÈRE LEÇON.

Mes chers enfants, vous venez de me réciter *la Tortue et les deux Canards*. Laissez-moi revenir sur cette fable ; peut-être trouvera-t-elle ici plus d'une application.

> Une tortue était, à la tête légère...

C'est un peu vous, ce me semble... Vos petites têtes sont encore bien légères de savoir et d'expérience !

> Qui, lasse de son trou, voulut voir du pays...

C'est vous encore. Vous aimez — et cela me fait plaisir — à courir le monde et à voir du pays. Du pays, des pays, nous en avons vu beaucoup depuis quelques mois ! Nous avons parcouru la terre entière. Tantôt, comme le Juif-Errant, que rien n'arrête et qui ne peut s'arrêter, nous allions à travers les cinq parties du monde : l'Europe, l'Asie, l'Afrique, l'Amérique et l'Océanie, explorant îles et continents, fleuves et montagnes. Tantôt, hardis navigateurs, c'étaient les océans que nous visitions : l'Atlantique, le grand Pacifique, l'océan Indien. Bravant les glaces et les ours blancs, nous nous avancions jusque sous les pôles pour reconnaître l'océan Glacial arctique et l'océan Glacial antarctique. Puis, voyageurs fatigués, nous tournions nos regards vers la patrie ; nous revenions dans notre chère France, pour nous y reposer ?... Nullement, car nous nous mettions aussitôt en quête de ses bornes, de ses montagnes, de ses grands fleuves, de ses divisions administratives, nous finissions par l'étude de notre département, ou, à son défaut, par l'étude du département de la Seine, qui, disions-nous, est celui de tout le monde.

Volontiers gens boiteux haïssent le logis...

Oh! cela ne va pas jusque-là. Nous ne sommes point boiteux, Dieu merci, et nous ne haïssons point le logis. Tant s'en faut, car je vous rends cette justice, mes petits amis, que vous ne vous faites pas tirer l'oreille pour venir à l'école, notre logis à nous: l'école buissonnière, jadis si chère aux écoliers, a fait son temps. Ah! c'est que l'école n'est plus ce que je l'ai vue à votre âge. Ce n'est plus *le trou de la tortue*, quelque taudis enfumé dont il était bien permis de se lasser. Notre salle de classe est blanche, spacieuse, pleine de jour et de lumière. Le maître y sourit quelquefois à ses chers élèves, et, dans tous les cas, il fait ce qu'il peut pour que l'approche des leçons, de la leçon de géographie notamment, ne fasse pas naître un seul pli sur leur front ou sur leurs lèvres.

Volontiers on fait cas d'une terre étrangère...

Pourquoi pas?... Sans haïr le logis, sans dédaigner le coin de terre où nous sommes nés, où j'espère que se passera notre existence, nous ne sommes pas fâchés de savoir un peu comment sont les terres *étrangères*, les pays qui ne sont pas le nôtre, et c'est pour cela que nous avons fait et que nous ferons encore ces lointaines excursions que je rappelais tout à l'heure.

Deux canards, à qui la commère
Communiqua ce beau dessein,
Lui dirent qu'ils avaient de quoi la satisfaire.

Les deux canards... Qui remplit ici leur rôle? Ce pourrait bien être moi. En effet, c'est moi qui me suis chargé de satisfaire votre curiosité, votre vif désir de voir du pays et des terres étrangères.

Voyez-vous ce large chemin?
Nous vous voiturerons par l'air en Amérique;
Vous verrez mainte république,
Maint royaume, maint peuple, et vous profiterez
Des différentes mœurs que vous remarquerez...

Ma foi, c'est bien mon histoire; tel a bien été, aux termes près, mon langage au début et au cours de nos leçons de géographie. A tout moment je vous montrais un large chemin, de vastes espaces à parcourir, la surface de la terre entière à explorer. Tenant ma parole, je vous ai voiturés, sinon par l'air, du moins par la pensée, non-seulement en Amérique, mais dans bien d'autres contrées encore. Je vous ai fait voir ici des terres, là des mers, ici des hommes blancs, là des hommes jaunes, ailleurs des hommes tout noirs. Je vous ai nommé, chemin faisant, sinon encore maint royaume et mainte république, ce qui n'était pas dans mon programme, du moins déjà plusieurs peuples ou nations : les Européens, les Asiatiques, les Africains, les Américains, les Océaniens; les Français, les Anglais, les Belges, les Allemands, les Italiens, les Espagnols. Bien plus, je vous ai fait assister au grand spectacle de notre terre tournant sur elle-même pour nous donner alternativement le jour et la nuit, se transportant autour du soleil pour faire succéder le printemps à l'hiver, l'automne à l'été, et mesurer ainsi nos années... Mais pourquoi les deux canards, afin de décider la tortue à les suivre, lui promettent-ils de lui faire visiter l'Amérique? Pourquoi pas l'Asie ou l'Afrique? Je crois le deviner: l'Europe, l'Asie, l'Afrique... qu'était-ce que cela? Un vieux monde tout usé et qui ne pouvait rien offrir d'intéressant à une si docte et si avide voyageuse. Mais l'Amérique! c'était autre chose... un monde tout nouveau, découvert récemment, et qui devait fourmiller de choses extraordinaires. Vous voyez que ces canards-là connaissaient l'histoire et la géographie. Mais vous êtes aussi savants qu'eux aujourd'hui; vous distinguez l'Ancien monde et le Nouveau monde; d'une part l'Europe, l'Asie et l'Afrique, connues depuis longtemps, de l'autre, l'Amérique, découverte par Christophe Colomb il y a quelques siècles seulement.

> Ulysse en fit autant. On ne s'attendait guère
> De voir Ulysse en cette affaire...

Il y a une chose à laquelle vous ne vous attendiez guère

non plus, mes chers petits: c'était de voir une fable servir de texte à une leçon de géographie. Que voulez-vous? C'èst une vieille habitude chez moi de lier ensemble toutes les parties de votre petit enseignement: l'histoire à la géographie, la géographie aux leçons de mémoire, etc. Ne me le reprochez pas, puisque cette manière de procéder paraît vous plaire et qu'en somme elle nous réussit.

La tortue écouta la proposition.
Marché fait, les oiseaux forgent une machine
Pour transporter la pèlerine...

Moi aussi, j'ai dû forger des machines pour transporter mes voyageurs. J'ai dû inventer maints ressorts pour vous intéresser, trouver cent moyens pour m'accommoder à votre faiblesse, pour parler à vos yeux en même temps qu'à vos esprits, pour éveiller et soutenir votre attention, pour décider mes chères tortues à la tête légère à me suivre dans des voies quelquefois assez arides. Ces machines, ç'a été ma craie et mon tableau noir pour tracer le plan de notre classe et vous montrer ce qu'est une carte; ces oranges transpercées d'un axe, coupées en deux dans le sens du méridien ou de l'équateur, pour vous donner l'idée de la forme de la terre, de ses pôles, des différents cercles que nous imaginions à sa surface. Ça été encore ce magnifique globe qui a tant de fois figuré sur mon bureau et qui, lui aussi, nous représentait la terre: vous preniez plaisir à le voir tourner sur son axe et nous donner l'image du jour et de nuit... nous le décomposions en deux hémisphères, que nous placions côte à côte, et que nous dessinions ensuite pour produire la mappemonde. Nous avons tant de fois promené notre baguette sur cette mappemonde et sur nos cartes, qu'elles en sont quelque peu éraillées, ce qui nous honore, en prouvant que nous ne faisons pas, comme c'était l'usage de mon temps, comme ce l'est peut-être encore trop aujourd'hui, de la géographie par les livres seuls, c'est-à-dire dans le vide.

Ces machines ont été moins dangereuses que celle qu'avaient inventée les deux canards. Plus heureux que la tortue, nous avons achevé notre voyage; personne n'a péri; tout le monde est arrivé à bon port. Jérôme lui-même a emboîté le pas et nous a suivis sans trop de peine. Il a rapporté de son excursion une certaine somme de connaissances un peu sommaires, il est vrai, mais nettes et précises: il sait ce que c'est que la géographie; il lit sur une carte aussi bien et peut-être mieux que dans son livre; il y distingue la terre et les eaux, les fleuves et les montagnes, les continents et les îles; les cinq parties du monde lui sont familières, et il mettrait moins de temps que Christophe Colomb à découvrir l'Amérique; il sait qu'il y a trois grandes races humaines, et ce n'est pas lui qui s'ébahirait de voir des hommes à peau jaune ou à peau noire. Sur une mappemonde, sur une carte d'Europe, il reconnaît à première vue la France, son tant doux pays. Il en dirait couramment les bornes, les grands fleuves, les principales chaînes de montagnes, la capitale. Il serait même capable d'aller à Paris tout seul, de s'y promener sur les boulevards, de rendre visite aux lions et surtout aux singes du Jardin des plantes, de monter aux tours de Notre-Dame ou sur la butte Montmartre, et de nous faire voir de là les monuments, les places, les jardins que nous rappelions dans notre dernière leçon. Bref, il est en état, presque autant que vous, de suivre le cours de géographie en règle qu'un autre maître vous fera l'année prochaine.

Serrez bien, lui dirent-ils; gardez de lâcher prise.

Je termine, mes enfants, par cette recommandation des deux canards. Serrez bien ces notions de géographie que vous avez acquises pendant les dix mois que nous venons de passer ensemble, et tâchez de nous les rapporter fraîches et intactes au mois d'octobre.

FIN

BIBLIOTHÈQUE NATIONALE R.F. IMPRIMÉS

NOTICE

DE

LIVRES ÉLÉMENTAIRES

A L'USAGE

R.F.

1° DE L'ENSEIGNEMENT DANS LES SALLES D'ASILE
2° DE L'ENSEIGNEMENT PRIMAIRE
3° DE L'ENSEIGNEMENT SPÉCIAL

PARIS
LIBRAIRIE HACHETTE ET Cie
79, BOULEVARD SAINT-GERMAIN, 79

Avril 1876.

TABLE DES MATIÈRES

On adressera franco aux personnes qui en feront la demande :

Le catalogue des livres d'éducation et d'enseignement ;
Le catalogue des livres de littérature générale et de connaissances utiles;
Le catalogue des livres reliés pour les distributions de prix ;
Le catalogue des livres reçus en dépôt ;
Le catalogue de livres à l'usage des bibliothèques populaires ;
Le catalogue des livres pour étrennes ;
Le catalogue des fournitures de classes ;
Le catalogue du matériel nécessaire pour l'enseignement pratique des sciences.

ENSEIGNEMENT DANS LES SALLES D'ASILE

Livres, Tableaux, Images, Registres.

Alphabet mural en caractères romains. 26 lettres de 16 centimètres de hauteur sur 12 centimètres de largeur. 1 fr.

Les 26 lettres collées isolément sur carton pour être suspendues. 4 fr.

Alphabet des salles d'asile, 20 tableaux de 50 centimètres de hauteur sur 32 centimètres de largeur. 2 fr.

Les 20 tableaux collés sur dix cartons. Prix. 4 fr. 50 c.

Cerise (Dr). *Le médecin des salles d'asile*, ou manuel d'hygiène et d'éducation physique de l'enfance, destiné aux médecins et aux directeurs de ces établissements, et pouvant servir aux mères de famille; 2e édition. 1 vol. in-8, broché. 3 fr. 50 c.

Chansons à l'usage des salles d'asile, sur des airs connus. Brochure in-8. 75 c.

Chevreau-Lemercier (Mme). *Chants pour les enfants des salles d'asile*, avec les airs notés par MM. Defresne et de la Gastine; 4e édition. 1 vol. in-8. 2 fr.

— *Petites histoires pour les enfants des salles d'asile*, avec un questionnaire à l'usage des maîtres. Gr. in-18. 1 fr. 50 c.

Chiffres arabes destinés à être collés sur mur. 10 chiffres de 16 centimètres sur 12 centimètres. 50 c.

Les dix chiffres collés isolément sur carton pour être suspendus. 1 fr. 50 c.

Chiffres romains, destinés à être collés sur mur. 7 chiffres de 16 centimètres de hauteur sur 12 centim. de largeur. 50 c.

Les sept chiffres collés isolément sur carton pour être suspendus. 1 fr.

Enseignement par les yeux, nouvelles images tirées en couleur par la chromolithographie, accompagnées d'histoires et leçons explicatives :

Les images ont 35 centimètres de hauteur sur 50 centimètres de largeur.

Chaque image séparément, 60 c.

Le collage sur carton de chaque image et le vernissage se payent en sus, 50 c.

On peut se procurer ces collections d'images reliées en albums.

Chaque série est accompagnée d'un texte explicatif qui se paye en sus.

Animaux. 1re *série*, 10 sujets : singe; ours; blaireau; loutre; lion; tigre; chat; hyène; loup et renard; chien. 5 fr.

Texte explicatif, par Mme Pape-Carpantier; gr. in 18, illustré. 1 fr. 25 c.

2e *série*, 10 sujets : castor, lièvre, vache et bœuf, mouton; chèvre; chamois; cerf, renne; chameau; girafe. 5 fr.

Texte explicatif, par Mme Pape-Carpantier; gr. in-18, illustré. 1 fr. 25 c.

3e *série*, 10 sujets : porc; sanglier; hippopotame; cheval; âne; rhinocéros; éléphant; sarigue; phoque; baleine. 5 fr.

Texte explicatif, par Mme Pape-Carpantier; gr. in-18, illustré. 1 fr. 25 c.

Les 30 images des 3 premières séries se vendent aussi divisées en *Animaux domestiques*, 10 sujets. 5 fr., et *Animaux sauvages*, 20 sujets, 10 fr.

4e *série*, 10 sujets : aigle; hibou; perroquet; hirondelle et moineau; coq et poule; dinde et dindon; autruche; héron et cygne; canard et oie; pélican et manchot. 5 fr.

Texte explicatif, par Mme Pape-Carpantier; gr. in-18, illustré. 1 fr. 50 c.

5e *série*, 10 sujets : chauve-souris; paresseux et écureuil; oiseau-mouche; paon; grenouille, vipère, tortue et lézard; carpe, cyprin doré et anguille; araignée et scorpion, ver à soie, abeille, libellule et écrevisse; sangsue et lombric; huître, moule et coraux. 5 fr.

Texte explicatif, par Mme Pape-Carpantier; gr. in-18, illustré. 2 fr.

Culture et emploi du blé, 6 sujets : le labour; les semailles; la moisson; le battage; le moulin; la boulangerie. 3 fr. 50 c.

Texte explicatif, par Mme Pape-Carpantier; gr. in-18, cart. 1 fr.

Histoire sainte, 1re partie, 25 sujets. 15 fr.

Histoire sainte, 2e partie, 25 sujets. 15 fr.

Histoire de N. S. Jésus-Christ, 25 sujets. 15 fr.

Texte explicatif pour les deux parties de l'histoire sainte et pour l'histoire de N. S. Jésus-Christ, par Mme Monternault, née Chevreau-Lemercier; gr. in-18, avec 75 vignettes, cartonné. 1 fr. 50 c.

Histoire de la Sainte-Vierge Marie, 20 sujets. 12 fr.

Texte explicatif, par la sœur Elisabeth, gr. in-18, illustré, cart. 1 fr

Recommandé et approuvé par plusieurs prélats.

Forney (Mme). *Récits enfantins*, 1 vol. grand in-18, avec vignettes, broché. 1 fr.

Images pour les salles d'asile, de 35 centimètres de hauteur sur 50 centimètres de largeur environ :

Le collage sur carton de chaque image et le vernissage se payent en sus, 50 c.

Arbres, Arbustes, Plantes, 6 sujets.
En noir. 2 fr. 50 c.
Coloriés. 5 fr.

Arts et métiers, 10 sujets : le maçon, le menuisier, le serrurier, le charron, le cordonnier, le tisserand, le vannier, le potier, l'imprimeur typographe, l'imprimeur lithographe. En noir. 5 fr.
Coloriés. 10 fr.

Notions industrielles, 10 sujets: forges, verrerie, mines, machine à vapeur, chemins de fer, fabrique de papier, fabrique d'épingles, filature mécanique, atelier de monnayage, fabrique de savon.
En noir. 5 fr.
Coloriés. 10 fr.
Texte explicatif, par M. Boucard, grand in-18, br. 1 fr.

Sept (les) couleurs principales du spectre solaire qui forment la lumière blanche du soleil. 1 feuille. 1 fr.

Cadre en bois pour recevoir les images des salles d'asile. 4 fr.

Portefeuille pour renfermer lesdites images. 4 fr.

Mallet (Mme Jules). *Chants pour les salles d'asile*, comprenant des cantiques et des chansons, avec les airs notés. 9e édition. 1 vol. grand in-8, broché. 1 fr. 50 c.

Monternault (Mme), née Chevreau-Lemercier, inspectrice des salles d'asile de l'Académie de Douai : *Nouveau Manuel des comités de patronage et des directrices des salles d'asile*, contenant les lois, décrets, règlements et circulaires concernant ces établissements, et des moyens pratiques pour leur organisation pédagogique et matérielle. 1 vol. in-8, br. 3 fr.

Pape-Carpantier (Mme), inspectrice générale des salles d'asile. *Conseils sur la direction des salles d'asile;* 4e édit. in-18, broché. 1 fr. 50 c.

Ouvrage couronné par l'Académie française et autorisé par le Conseil de l'Instruction pub.

— *Enseignement pratique dans les salles d'asile*, ou premières leçons à donner aux petits enfants, suivies de chansons et de jeux pour les récréations de l'enfance; 5e édition. In-8, avec planches, br. 6 fr.

Ouvrage approuvé par le Saint-Siége et couronné par l'Académie française.

— *Histoires et leçons de choses*, pour les enfants; 8e édition. 1 vol. in-12, avec vignettes, broché. 2 fr. 25 c.

Ouvrage couronné par l'Académie française.

— *Lectures et travail* pour les enfants et les mères, 1 vol. in-12, avec vignettes. 1 f. 25.

— *Histoire du blé.* 1 vol. grand in-18 avec vignettes, cart. 1 fr.

— *Jeux gymnastiques* avec chants pour les enfants des salles d'asile; 2e édition. 1 vol. in-8, avec musique et gravures, br. 2 fr.

— *Enseignement de la lecture*, à l'aide du procédé phonomimique de M. Grosselin. 1 vol. gr. in-18, cartonné, 50 c.

— *Tableaux* reproduisant la méthode. 30 tableaux de 50 centimètres de hauteur sur 32 cent. de largeur, 3 fr.

Le collage des 30 tableaux sur 15 cartons se paye en sus, 3 fr. 75

— *Nouveau syllabaire des salles d'asile*, 32 tableaux de 50 centimètres de hauteur sur 32 centim. de largeur, avec un Manuel grand in-18. 3 fr. 50 c.

Le collage des 32 tableaux sur 16 cartons se paye en sus, 4 fr.
On vend séparément :
Chacun des 32 tableaux, 15 c.
Le Manuel, contenant la matière des 32 tableaux reproduits dans le format grand in-18, broché. 25 c.

Régimbeau, ancien instituteur. *Syllabaire-atlas*, méthode de lecture *pour l'enseignement collectif*, à l'usage des salles d'asile et des écoles. (Voir *Enseignement primaire*, page 7.)

Registres prescrits par le règlement des salles d'asile :

1o *Registre des admissions provisoires :*
25 feuilles in-folio, cart. 5 fr.
40 feuilles, *idem.* 7 fr. 50 c.

2o *Registre des admissions définitives:*
25 feuilles in-folio, cartonné. 5 fr.
40 feuilles, *idem.* 7 fr. 50 c.

3o *Registre du médecin :*
25 feuilles in-folio, cart. 5 fr.
40 feuilles, *idem.* 7 fr. 50 c.

4o *Registre des visites d'inspection :*
25 feuilles in-folio, cart. 5 fr.
40 feuilles, *idem.* 7 fr. 50 c.

5o *Liste mensuelle de présence des enfants:* chaque feuille. 10 c.

Voir pour les objets qui composent le matériel des salles d'asile, le Catalogue spécial.

ENSEIGNEMENT PRIMAIRE

1° Méthodes d'enseignement, Pédagogie, Législation.

Barrau. *Direction morale pour les instituteurs;* 9e édit. Grand in-18, 1 fr. 25 c.
Ouvrage couronné par l'Académie française.

Bréal (Michel), professeur au Collége de France. *Quelques mots sur l'École.* 1 vol. in-12, br. 1 fr. 25 c.

Brouard et Defodon. *Inspection des écoles primaires;* ouvrage destiné aux aspirants aux fonctions d'inspecteur primaire, aux inspecteurs primaires, aux délégués cantonaux et généralement aux personnes chargées de la direction et de la surveillance des écoles; 2e édit. 1 vol. in-12, broché. 3 fr.

Brunel. *Les pensions de retraite des instituteurs,* dispositions légales et réglementaires. 1 vol. in-18, br. 75 c.

Conférences pédagogiques faites à la Sorbonne aux instituteurs primaires venus à Paris pour l'Exposition universelle de 1867. 3 vol. in-12, br. 3 fr.

Delon (M. et Mme). *Méthode intuitive,* selon les méthodes et les procédés de Pestalozzi et de Frœbel. 1 vol. in-8 avec 24 planches, br. 7 fr.

Laveleye (E. de). *L'instruction du peuple.* 1 vol. in-8, br. 7 fr. 50 c.

Manuel général de l'instruction primaire, journal hebdomadaire des instituteurs et des institutrices; rédacteur en chef, M. Defodon. Prix de l'abonnement pour une année. 6 fr.
Voir, pour plus de détails, page 24.

Mariotti, directeur de l'école normale de Versailles. *Conférences de pédagogie;* 2e édition. 1 vol. in-12, br. 3 fr.

Pichard. *Nouveau code de l'instruction primaire;* 5e édition, donnant l'état de la législation au 1er juillet 1875. 1 volume in-18, broché. 2 fr.

Regnard (Mme). *Manuel des travaux à l'aiguille;* 2e édition. 1 vol. in-12, avec 90 vignettes dans le texte, br. 2 fr.

Salmon, conseiller à la cour de Cassation. *Conférences sur les devoirs des instituteurs primaires;* nouvelle édition. 1 vol. in-12, br. 3 fr.
Ouvrage couronné par l'Académie française.

Simon (Jules). *L'école;* 8e édition mise au courant des dernières statistiques et de l'état actuel de la législation. 1 vol. in-12, broché. 3 fr. 50 c.

2° Cours d'éducation et d'instruction primaire pour les enfants des deux sexes de 5 à 14 ans

A L'USAGE DES ÉCOLES ET DES FAMILLES

Par Mme PAPE-CARPANTIER, inspectrice générale des salles d'asile, avec la collaboration de professeurs de lettres et de sciences.

Ce cours est divisé en trois périodes : 1° Elémentaire. — 2° Moyenne. — 3° Complémentaire, précédées de deux années préparatoires.

Les volumes sont imprimés dans le format grand in-18, contiennent des vignettes intercalées dans le texte et se vendent cartonnés.

Deux éditions de tous les volumes ont été publiées simultanément, l'une à l'usage des garçons, l'autre à l'usage des filles; avoir soin de désigner, dans les demandes, l'édition spéciale que l'on désire recevoir.

Première année préparatoire.

Manuel de l'instituteur, comprenant : l'exposé des principes de la pédagogie et le guide de la première année. 2 fr. 50

Enseignement de la lecture, à l'aide du procédé phonomimique de M. Grosselin, 50 c.

Tableaux (30) reproduisant la méthode. 3 fr.

Petites lectures morales ; premières notions de grammaire. 50 c.

Premières notions d'arithmétique, de géométrie et du système métrique. 50 c.

Premières notions de géographie et d'histoire naturelle. 75 c.

Deuxième année préparatoire.

Manuel de l'instituteur, comprenant : le développement des principes pédagogiques et le guide pratique de la deuxième année. 2 fr. 50 c.

Lectures morales et instructives ; grammaire. 1 fr.

Arithmétique ; géométrie ; système métrique. 1 fr.

Géographie ; premières notions sur quelques phénomènes naturels. 7. c.

Histoire naturelle, leçons préparatoires à l'étude de l'hygiène. 1 fr.

Période élémentaire.

Manuel des maitres, guide pratique de la période élémentaire. » »

Grammaire avec exercices, lectures et dictées. 1 fr. 50 c

Arithmétique; géométrie appliquée; système métrique. 1 fr. 50 c.

Premiers éléments de cosmographie ; géographie. 1 fr. 50

Histoire naturelle. 1 fr. 50

Premières notions d'hygiène, de physique et de chimie. 1 fr.

Période moyenne.

Grammaire, accompagnée de dictées-exercices. 1 fr. 50

(Les autres ouvrages de la *période moyenne* sont en préparation.)

3° Manuels

A l'usage des aspirants et aspirantes aux brevets de capacité d'enseignement primaire et des candidats au volontariat d'un an.

Manuel d'examen pour les brevets de capacité d'enseignement primaire, rédigé conformément à la loi du 14 mai 1850 et de l'arrêté ministériel du 3 juillet 1868, par MM. Berger et Brouard, inspecteurs primaires à Paris ; Defodon, professeur à l'École normale primaire de la Seine ; Demkès, directeur d'une école municipale à Paris, et Devic, ancien élève de l'École centrale des arts et manufactures :

Partie obligatoire. 1 vol. petit in-16, cartonné. 5 fr.

Partie facultative. 1 vol. petit in-16, sous presse.

Manuel d'examen pour le volontariat d'un an, contenant les matières de l'*enseignement primaire*, et rédigé d'après les dernières instructions ministérielles, par MM. Berger, Brouard, Defodon et Demkès. 1 vol. petit in-16, cartonné en percaline. 4 fr.

4° Instruction morale et religieuse, Livres d'offices.

Abrégé de l'histoire sainte, avec les preuves de la religion, par demandes et par réponses. Édition revue et annotée par M. l'abbé Doubet. In-18, cart. 50 c.

Élisabeth (sœur) du tiers ordre de Saint-François. *Histoire de la Sainte Vierge Marie*, racontée à l'aide des tableaux des grands maîtres, pour l'usage des écoles et des familles. 1 vol. grand in-18, contenant 20 vignettes, cartonné, 1 fr.

Ouvrage recommandé par S. Em. le cardinal Donnet, archevêque de Bordeaux, par Mgr Mermillod, évêque d'Hébron, et approuvé par Mgr l'évêque de Beauvais.

Épitres et Évangiles des dimanches et fêtes de l'année. Édition accompagnée de prières pendant la messe, et revue par M. l'abbé Legravereng. In-18, cartonné. 50 c.

Édition approuvée par Mgr l'év. de Coutances.

Épitres et Évangiles des dimanches et des principales fêtes de l'année, *extraits des traductions de Bossuet*, recueillis, complétés et accompagnés de notes prises en partie du même auteur ; par M. H. Wallon, membre de l'Institut. In-18, cartonné. 75 c.

Ouvrage approuvé ou recommandé par un grand nombre de prélats et adopté pour les écoles communales de la ville de Paris.

Fleury. *Petit catéchisme historique*, avec les demandes et les réponses. In-18, cartonné. 30 c.

Édition approuvée par Mgr l'arch. de Cambrai.

— *Mœurs des israélites et des chrétiens.* Édition revue et annotée par M. l'abbé Legravereng. In-12, cart 1 fr. 20 c.

Édit. recommandée par Mgr l'év. de Coutances.

Histoire abrégée de l'Ancien Testament, avec celle de N. S. Jésus-Christ, où sont contenues ses principales actions. Édition revue et annotée par M. l'abbé Legravereng. In-12, cart. 90 c.

Édit. recommandée par Mgr l'év. de Coutances.

Lhomond. *Doctrine chrétienne* en forme de lectures de piété. Édition revue par M. l'abbé Delacouture. In-12. 1 fr. 10 c.

— *Histoire abrégée de la religion* avant la venue de Jésus-Christ. Édition revue par M. l'abbé Doubet. In-12, cart. 1 fr. 10 c.

— *Histoire abrégée de l'Église.* Édition revue et continuée jusqu'à nos jours par M. l'abbé Doubet. In-12, cart. 1 fr. 10 c.

Monternault (Mme), inspectrice des salles d'asile et des écoles de filles de l'Académie de Douai. *Simples récits sur l'ancien et le nouveau Testament.* 1 vol. grand in-18 avec 75 vignettes, cartonné. 1 fr. 50 c.

Ouvrage approuvé par NN. SS. les archevêques de Cambrai, de Besançon et de Toulouse, et par NN. SS. les évêques d'Amiens, d'Arras, de Soissons, de Beauvais et de la Guadeloupe.

Paroissien romain à l'usage des pensionnats et des communautés, contenant les offices des dimanches et fêtes de l'année, *avec les plains-chants en notation moderne* et dans un diapason moyen, par M. F. Clément. 1 vol. in-18, br. 2 f. 50

La reliure, en basane gaufrée, tranche marbrée, se paye en sus 1 fr.; avec tranche dorée, 1 f. 75; la reliure, en chagrin, tranche dorée, 4 fr. 50.

Approuvé par NN. SS. les archevêques de Paris et d'Avignon, et l'évêque de Nevers.

Ségur (comtesse de). *Évangile d'une grand'mère.* 1 vol. in-12, cart. 1 fr. 50 c.

Ouvrage approuvé par S. Em. le cardinal archevêque de Bordeaux, par NN. SS. les archevêques de Sens et de Bourges et les évêques de Seez, de Poitiers, de Nîmes et d'Annecy.

Wallon, membre de l'Institut. *Vie de N. S. Jésus-Christ* selon les quatre Evangélistes. Livre de lecture courante à l'usage des écoles primaires; 3e édition. 1 volume in-12, cartonné. 1 fr.

Ouvrage approuvé ou recommandé par un grand nombre de prélats.

5° Méthodes de Lecture.

Alphabet et premier livre de lecture, à l'usage des écoles primaires. Grand in-18, avec figures, broché. 30 c.
Cartonné. 35 c.

L'*Alphabet* seul, br. 10 c.; cart. 15 c.

Le premier livre de lecture seul. Grand in-18, broché, 20 c. : cartonné. 25 c.

Pape-Carpantier (Mme). *Enseignement de la lecture* à l'aide du procédé phonomimique de M. Grosselin. Gr. in-18. 50 c.

— *Tableaux* reproduisant la méthode, 30 tableaux. 3 fr.

Le collage sur 15 cartons se paye en sus, 3 fr. 75.

Régimbeau, ancien instituteur, chevalier de la Légion d'honneur. Nouvelle méthode simplifiant l'enseignement de la lecture par la décomposition du langage en sons purs et en sons articulés.

Cette méthode a été couronnée par la Société pour l'Instruction élémentaire, mentionnée à l'Exposition universelle de 1867, et est adoptée pour les écoles communales de la ville de Paris.

— *Syllabaire,* avec 33 images intercalées dans le texte. In-12, cartonné. 60 c.

Ce syllabaire, pouvant se diviser en trois livrets qui se vendent séparément chacun 20 cent., est ainsi à la portée des plus petites écoles.

— *Syllabaire-atlas pour l'enseignement collectif,* à l'usage des écoles et des salles d'asile, 72 tableaux imprimés en caractères de grande dimension, pour être lus à longue distance par tous les élèves d'une même classe. Lesdits tableaux réunis et cart. en 1 vol. in-folio. 10 fr.

— *Le même,* en feuilles, permettant d'appliquer lesdits tableaux de lecture à l'*enseignement par groupes* dans les écoles et les salles d'asile. 6 fr.

Le collage sur 36 cartons se paye en sus, 9 fr.

— *Petit syllabaire,* reproduisant textuellement, ligne par ligne, la matière des 72 tableaux du *Syllabaire-atlas.* 1 vol. in-18, cart. 30 c.

Le *petit syllabaire* est l'instrument de l'élève comme le *syllabaire-atlas* est l'instrument du maître. Le *petit syllabaire* a été disposé pour que l'élève suive des yeux et indique du doigt, sur son propre livre, les différentes parties de la leçon, au fur et à mesure que le maître lui-même les montre sur le *Syllabaire-atlas.*

— *Tableaux de lecture spécialement destinés à l'enseignement par groupes,* 38 tableaux contenant des exercices plus nombreux et plus variés que ceux des tableaux précédents, mais imprimés en caractères moins gros. 3 fr.

Le collage sur 19 cartons se paye en sus, 4 f. 75.

— *Grand tableau mural méthodique*, composé pour faciliter l'enseignement de la lecture dans les classes nombreuses et représentant en très-gros caractères les divers éléments de la lecture, groupés dans un ordre gradué. Dimension : 1 m. 60 c. de hauteur sur 2 m. 40 c. de largeur. 5 fr.

Le collage sur toile avec gorge et rouleau se paye en sus 12 fr.

Le même tableau, format réduit, pour les petites écoles, à 1 m. 20 c. de hauteur sur 1 mètre 80 c. de largeur. 2 fr. 50 c.

Le collage sur toile avec gorge et rouleau se paye en sus 6 fr.

Tableaux de lecture avec ou sans épellation par MM. Lamotte, Perrier, Meissas et Michelot. 50 tableaux. 3 fr.

Les mêmes, augmentés de 16 tableaux supplémentaires. 66 tableaux. 4 fr.

Les 16 tableaux supplémentaires. 1 fr.

Manuel des tableaux de lecture, à l'usage des maîtres. In-8°, br. 1 fr.

Le même, à l'usage des élèves. Grand in-18, broché, 25 c. ; cart. 30 c.

Les tableaux et les manuels sont autorisés par le Conseil de l'Instruction publique.

Tableaux de lecture, extraits de l'*Alphabet et premier livre de lectures*. 24 tableaux. 1 fr.

6° Livres de Lecture courante.

§ 1er. *Ecoles primaires de garçons et de filles.*

Altemont (Louis d'). *Choix de poésies* propres à être apprises par cœur, extraites de divers auteurs et accompagnées de notes. 1 vol. in-18. 75 c.

Aulard, inspecteur d'académie. *Premières leçons de lecture courante*. In-18. 60 c.

— *Deuxièmes leçons de lecture courante*. In-18, cartonné. 60 c.

— *Nouvelles leçons de lecture courante*. In-18, cartonné. 1 fr.

Barrau. *Devoirs des enfants envers leurs parents*. In-18, avec vignettes, cart. 50 c.

Autorisé par le Conseil de l'Instruction publique.

— *Félix*, ou le jeune cultivateur. 1 vol. in-18 avec 4 vignettes, cart. 50 c.

— *Livre de morale pratique*, ou choix de préceptes et de beaux exemples. In-12 de près de 500 pages, avec gravures, cartonné. 1 fr. 50 c.

Autorisé par le Conseil de l'Instruction publique, approuvé par un grand nombre de prélats.

— *La patrie*, description et histoire de la France. In-12, avec grav., cart. 1 fr. 50 c.

Ouvrage dont l'introduction dans les écoles est autorisée par le Conseil de l'Instr. publique.

Barrau-Heuzé : *Simples notions sur l'agriculture*. 1 vol. in-12, cart. 1 fr. 50 c. Voir *Agriculture*, page 18.

Bibliothèque manuscrite des écoles primaires, ou exercices de lecture dans les manuscrits :

1re PARTIE : *Choix gradué de 50 sortes d'écritures* pour exercer à la lecture des manuscrits. 1re édition. 4 cahiers composés chacun de 32 pages grand in-8, et contenant :

Le cahier no 1. *Préceptes de conduite pour les enfants, et anecdotes instructives*.

Le cahier no 2. *Principaux événements de l'histoire ancienne et de l'histoire moderne*.

Le cahier no 3. *Modèles d'actes et de factures. Notions industrielles*.

Le no 4. *Modèles de style épistolaire*.

Les 4 cahiers réunis, cart. 1 fr. 30 c.

Chaque cahier. La douzaine, 3 fr. 90 c.

Autorisé par le Conseil de l'Instr. publique.

Le même ouvrage. Nouvelle édition refondue par M. Barrau. 4 cahiers composés chacun de 32 pages, grand in-8.

Cartonné, 1 fr. 30 c.

Chaque cahier. La douzaine, 3 fr. 90 c.

Ouvrage adopté pour les écoles communales de la ville de Paris.

Pour faciliter aux maîtres l'emploi de cette nouvelle édition, le texte des écritures a été reproduit page pour page en caractères typographiques très-lisibles, et forme un volume in-8 qui se vend. 1 fr. 50 c.

2e PARTIE : *Premières notions d'histoire naturelle et d'économie domestique*, 4 cahiers ornés de 40 dessins ou vignettes, composés chacun de 32 pages grand in-8, et contenant :

Le no 1. *Culture et emploi du blé*.
Le no 2. *Plantes, arbres et arbustes*.
Le no 3. *Animaux sauvages*.
Le no 4. *Animaux domestiques*.

Les 4 cahiers réunis, cart. 1 fr. 30 c.

Chaque cahier. La douzaine. 3 fr. 90 c.

Autorisé par le Conseil de l'Instr. publique.

3e PARTIE : *Histoire sainte et histoire de Notre Seigneur Jésus-Christ*, par M. H. Wallon, membre de l'institut, 4 cahiers, ornés de vignettes, composés chacun de 32 pages grand in-8, et contenant :

Le no 1. *Histoire sainte*, 1re partie.
Le no 2. *Histoire sainte*, 2e partie.
Le no 3. *Histoire sainte*, 3e partie.
Le no 4. *Histoire de Notre Seigneur Jésus-Christ.*

Les 4 cahiers réunis, cart. 1 fr. 30 c.
Chaque cahier. La douzaine. 3 fr. 90 c.

4e PARTIE : *Manuel épistolaire*, ou lettres choisies de grands écrivains et de personnages célèbres : 4 cahiers composés chacun de 32 pages in-8, et contenant :

Le no 1. *Lettres morales et instructives.*
Le no 2. *Lettres historiques et littéraires.*
Le no 3. *Lettres badines et familières.*
Le no 4. *Lettres de genres et de styles divers.*

Les 4 cahiers réunis, cart. 1 fr. 30 c.
Chaque cahier. La douzaine. 3 fr. 90 c.

Calemard de La Fayette. *Petit Pierre*, ou le bon cultivateur, 1 vol. in-12, avec gravures, cart. 1 fr. 10 c.
Ouvrage dont l'introduction dans les écoles est autorisée par le ministre de l'Instr. publique.

Carraud (Mme Z.). *Contes et historiettes* à l'usage des jeunes enfants qui commencent à savoir lire. 1 vol. in-12, avec 21 vignettes, cart. 1 fr. 10 c.
Ouvrage adopté pour les écoles communales de la ville de Paris.

— *Maurice ou le travail.* 1 vol. in-12, avec 8 vignettes, cart. 1 fr. 10 c.
Ouvrage dont l'introduction dans les écoles publiques est autorisée par le ministre de l'instruction publique, approuvé par NN. SS. l'archevêque de Paris et les évêques de Versailles, de Sées et de Quimper.

— *La petite Jeanne ou le devoir*, livre de lecture courante, à l'usage des écoles primaires de filles. 1 vol. in-12, avec 9 vignettes, cart. 1 fr. 10 c.
Ouvrage dont l'introduction dans les écoles est autorisée par le ministre de l'Instruction publique, couronné par l'Académie française et approuvé par S. Em. le cardinal Du Pont, archevêque de Bourges, et NN. SS. les évêques de Dijon, de Limoges, de Versailles, de Sées et de Quimper.

Choix de fables *de la Fontaine, Florian* et autres auteurs. Nouvelle édition augmentée et annotée, par A. Desportes. In-18, cart. 30 c.

Choix de fables tirées de la Fontaine, de Florian et autres fabulistes, par M. De la Palme. Grand in-18, broché, 15 c.; cart. 20 c.

Civilité chrétienne (petite), ou règles de la bienséance, imprimée en caractères gradués. In-18, broché 20 c.; cart. 25 c.
Autorisé par le Conseil de l'Instr. publique.

Corne (H.), ancien magistrat, sénateur. *Éducation intellectuelle*, maximes et proverbes expliqués. 1 volume grand in-18, cart. 1 fr. 25 c.

Cortambert (E. et R.). *Les trois règnes de la nature*, simples lectures sur l'histoire naturelle; nouvelle édition avec un grand nombre de vignettes intercalées dans le texte. 1 vol. in-12, cart. 1 fr. 50 c.

Cuir (A. F.), instituteur. *Les petits écoliers*, lectures courantes sur les qualités et les défauts des enfants. 3e édit. Grand in-18, avec 38 vignettes, cart. 90 c.
Ouvrage approuvé par Mgr l'évêque de Versailles.

Daniel (Mgr), ancien évêque de Coutances. *Choix de lectures* en prose et en vers, extraites des auteurs classiques, ou leçons abrégées de littérature et de morale. Nouvelle édition avec 32 vignettes. 1 vol. in-18, cart. 1 fr. 60 c.
Autorisé par le Conseil de l'Instr. publique.

DelaPalme. *Premières lectures dans les manuscrits.* Grand in-18 de 36 pages, broché, 15 c.; cart. 20 c.

— *Le premier livre des petits enfants.* 1 vol. in-18, avec 28 vignettes, cart. 50 c.

— *Premier livre de l'enfance*, ou exercices de lecture et leçons de morale, à l'usage des très-jeunes enfants. 1 vol. grand in-18, imprimé en très-gros caractères, avec vignettes, cart. 60 c.
Autorisé par le Conseil de l'Instruction publique et adopté pour les écoles de la ville de Paris.

— *Premier livre de l'adolescence*, ou exercices de lecture et leçons de morale. 1 vol. grand in-18, imprimé en caractères gradués, avec vignettes, cartonné. 60 c.
Autorisé par le Conseil de l'Instruction publique et adopté pour les écoles de la ville de Paris.

Delon. *Lectures expliquées ;* tableaux et récits accompagnés de développements et commentaires. 1 vol. in-12 avec 81 vignettes, cartonné. 1 fr.

Du Bos d'Elbhecq (Mme). *Le père Fargeau*, ou la famille du peigneur de chanvre, précédé d'une préface par M. l'abbé Faudet, curé de St-Roch, à Paris. 1 vol. in-12, cart. 1 fr. 25 c.
Ouvrage dont l'introduction dans les écoles est autorisée par le ministre de l'Instruction pu-

blique, approuvé ou recommandé par S. Em. le cardinal archevêque de Lyon et par NN. SS. les évêques d'Arras, de Beauvais, de Gap, du Mans, de Moulins, de Troyes et de Versailles.

Fénelon. *Les Aventures de Télémaque.* In-12, cart. 1 fr.

— *Fables*, par M. Ad. Regnier. 1 vol. petit in-16, avec vignettes, cart. 75 c.

— *Morceaux choisis*, à l'usage des enfants, publiés par M. Ad. Regnier. 1 vol. in-18, cartonné. 80 c.

Figuier. *Les grandes inventions modernes* dans les sciences, l'industrie et les arts. 1 vol. in-12 avec 138 figures dans le texte, cart. 1 fr. 50 c.

Florian. *Fables*, suivies des poëmes de Ruth et de Tobie, avec des notes de M. Geruzez. 1 vol. petit in-16, avec vignettes, cart. 75 c.

Garrigues et Boutet de Monvel. *Simples lectures sur les sciences, les arts et l'industrie.* Nouvelle édition refondue et accompagnée de 157 figures dans le texte. 1 fort vol. in-12, cart. 1 fr. 80 c.

Guillon (Mme). *La mère Justin*, protectrice des animaux. 1 vol. in-18, avec 33 gravures, cart. 60 c.

— *Après la guerre ; les travailleurs chez la mère Justin.* 1 vol. in-12, cart. 90 c.

Humbert. *Jean le dénicheur* ou *misère et richesse*, in-18, cart. 50 c.

Ouvrage couronné par la Société protectrice des animaux et par la Société pour l'Instruction élémentaire.

La Fontaine. *Choix de fables*, avec une notice bibliographique et des notes tirées de l'édition classique publiée par M. Geruzez. In-18, cart. 1 fr.

Lebrun (Th.), ancien inspecteur des écoles primaires de la Seine. *Livre de lecture courante*, en quatre parties, contenant la plupart des notions utiles qui sont à la portée des enfants de huit à douze ans, 4 vol. in-18, avec gravures, cartonnés :

Ouvrage dont l'introduction dans les écoles est autorisée par le ministre de l'Instruction publique et adopté pour les écoles communales de la ville de Paris.

Chaque volume se vend séparément et contient une lecture pour chacun des jours de classe du trimestre.

1re partie (janv., fév., mars), 1 fr. 10 c.
2e partie (avril, mai, juin), 1 fr. 10 c.
3e partie (juil., août, sept.), 1 fr. 10 c.
4e partie (octob., nov., déc.), 1 fr. 10 c.

Monternault (Mme), inspectrice des écoles de filles de l'Académie de Douai. *Les saisons*, ou simples causeries pour les petites filles de 7 à 10 ans ; 3e édition. Gr. in-18, avec vignettes, cart. 90 c.

Ouvrage approuvé par NN. SS. les archevêques de Cambrai, de Besançon et de Reims, NN. SS. les évêques d'Arras, d'Amiens, de Soissons et de Gap.

Pape-Carpantier (Mme). *Lectures et travail* pour les enfants et les mères. In-12 cartonné. 1 fr. 25 c.

— *Histoire du blé.* 1 vol. grand in-18, avec 64 vignettes dans le texte, cart. 1 fr.

Parent, inspecteur de l'instruction primaire. *Premières lectures courantes*, comprenant : 1° des lectures sur les connaissances à la portée des enfants ; 2° des récits moraux et instructifs ; 3° des morceaux de poésie ; 4° des préceptes de religion, de morale et de civilité. Ouvrage rédigé conformément à l'instruction ministérielle du 18 novembre 1871. 1 vol. in-12, avec 33 vignettes, cart. 90 c.

Pellissier. *La gymnastique de l'esprit*, modeles et sujets d'exercices oraux et écrits, format grand in-18, cartonné.

Ouvrage adopté pour les écoles communales de la ville de Paris.

1re partie, pour les enfants de 5 à 8 ans. 1 vol. avec figures, 60 c.
2e partie, pour les enfants de 7 à 10 ans. 1 vol. 80 c.
3e partie, pour les enfants de 9 à 13 ans. 1 vol. 60 c.
4e partie, pour les enfants de 10 à 16 ans. 1 vol. 1 fr. 40 c.

Poiré (P.). *Simples lectures sur les principales industries.* 1 vol. in-12, avec 163 vignettes dans le texte, cart. 1 fr. 50 c.

Psautier de David, en latin, avec une instruction sur la manière de prononcer le latin, et des prières durant la sainte messe. Nouvelle édition revue par M. l'abbé Doubet. In-18, cart. 60 c.

Édition approuvée par Mgr l'archevêque de Paris.

Rendu (Ambroise). *Robinson dans son île*, ou abrégé des aventures de Robinson, in-18, cart. 50 c.

Autorisé par le Conseil de l'Instr. publique.

Ségur (comtesse de). *Évangile d'une grand'mère*, 1 vol. in-12 cart. 1 fr. 50 c.

Soulice. *Premières connaissances.* In-18 broché, 20 c. ; cart. 25 c.

Wallon, membre de l'Institut. *Vie de N. S. Jésus-Christ*, livre de lecture courante. 1 vol. in-12, cart. 1 fr.

— *Jeanne d'Arc.* In-12, br. 1 fr.

Wirth (Mlle). *Le livre de lecture courante des jeunes filles chrétiennes :*

1re partie, à l'usage des classes élémentaires ; 3e édition. 1 v. in-18, cart. 90 c.
2e partie, à l'usage des classes supérieures. 1 vol. in-12, cart. 1 fr. 40 c.

§ 2. *Classes d'adultes.*

Chaque volume, format in-12, se vend : broché, 1 fr. 25 c.; cartonné, en percaline gaufrée, avec titre doré, 1 fr. 75 c.

Agassiz (M. et Mme). *Voyage au Brésil.* 1 vol.

Aunet (Mme d'). *Voyage d'une femme au Spitzberg.* 1 vol.

Badin. *Duguay-Trouin,* 1 vol.
— *Jean Bart.* 1 vol.

Baines. *Voyage dans le sud-ouest de l'Afrique.* 1 vol.

Baker. *Le lac Albert,* nouveau voyage aux sources du Nil. 1 vol.

Baldwin. *Du Natal au Zambèse.* 1 vol.

Barrau. *Conseils aux ouvriers.* 1 vol.

Bernard. *Vie d'Oberlin.* 1 vol.

Bonnechose (Émile de). *Bertrand du Guesclin.* 1 vol.
— *Le général Hoche.* 1 vol.

Burton. *Voyage à la Mecque, aux grands lacs d'Afrique et chez les Mormons.* 1 vol.

Calemard de La Fayette. *La prime d'honneur.* 1 vol.
— *L'Agriculture progressive.* 1 vol.

Carraud (Mme Z.). *Une servante d'autrefois.* 1 vol.
— *Les veillées de maître Patrigeon,* entretiens familiers sur l'impôt, le travail, la richesse, la propriété, l'agriculture, la famille, la tempérance, etc. 1 vol.

Charton (Ed.). *Histoire de trois enfants pauvres.* 1 vol.

Corne (H.). *Le cardinal Mazarin.* 1 vol.
— *Le cardinal de Richelieu.* 1 vol.

Corneille (Pierre). *Chefs-d'œuvre.* 1 vol.

Deherrypon. *La boutique de la marchande de poissons.*

De la Palme. *Le premier livre du citoyen.* 1 vol.

Duval (Jules). *Notre pays.* 1 vol.

Ernouf (le baron). *Histoire de trois ouvriers français :* Richard Lenoir, Bréguet, Brézin. 1 vol.
— *Deux inventeurs célèbres.* Philippe de Girard, Jacquart, 1 vol.
— *Denis Papin,* sa vie et son œuvre. 1 vol.

Franck (Ad.). *Morale pour tous.* 1 vol.

Franklin. *Œuvres,* traduites et annotées par M. Ed. Laboulaye. 5 vol.
Mémoires. 1 vol.
Correspondance. 3 vol.
Essais de morale. 1 vol.

Guillemin (Amédée). *La lune.* 1 volume illustré.
— *Le soleil.* 1 vol. illustré.
— *La lumière et les couleurs.* 1 vol. illustré.
— *Le son.* 1 vol. illustré.

Hauréau. *Charlemagne et sa cour.*

Hayes. *La mer libre du pôle.* 1 vol.

Homère. *Les beautés de l'Iliade et de l'Odyssée,* par M. Giguet. 1 vol.

Joinville. *Histoire de saint Louis,* texte rapproché du français moderne, par Natalis de Wailly, 1 vol.

Jonveaux. *Histoire de quatre ouvriers anglais :* Henri Maudslay, G. Stephenson, W. Fairbairn, James Nasmyth. 1 vol.
— *Histoire de trois potiers célèbres :* Bernard Palissy, Wedgwood, Böttger. 1 vol.

Jouault *Abraham Lincoln.* 1 vol.

Labouchère. *Oberkampf.* 1 vol.

Lacombe. *Petite histoire du peuple français.* 1 vol.

La Fontaine. *Choix de fables.* 1 vol.

Lanoye (de). *Le Nil et ses sources.* 1 vol.

Le loyal serviteur. *Histoire du gentil seigneur de Bayart,* abrégée par A. Feillet. 1 vol.

Lescure (de). *Vie de Henri IV.* 1 vol.

Livingstone. *Explorations dans l'Afrique australe.* 1 vol.

Mage. *Voyage dans le Soudan occidental.* 1 vol.

Meunier (Mme). *Entretiens familiers sur l'hygiène.* 1 vol.
— *Entretiens familiers sur la botanique.* 1 vol.

Milton et Cheadle. *Voyage de l'Atlantique au Pacifique.* 1 vol.

Molière. *Chefs-d'œuvre.* 2 vol.

Mouhot. *Voyage dans le royaume de Siam.* 1 vol.

Müller. *La boutique du marchand de nouveautés.* 1 vol.

Palgrave. *Une année dans l'Arabie.* 1 vol.

Perron D'Arc. *Aventures d'un voyageur en Australie.* 1 vol.

Pfeiffer (Mme). *Voyage autour du monde.* 1 vol.

Piotrowski. *Souvenirs d'un Sibérien.* 1 v.

Poirson. *Guide de l'orphéoniste.* 1 vol.

Racine (Jean). *Chefs-d'œuvre.* 2 vol.

Reclus (Élisée). *Les phénomènes terrestres.* 2 vol.

Rendu (Victor). *Principes d'agriculture.* 2 vol.

— *Mœurs pittoresques des insectes.* 1 vol.

Shakspeare. *Chefs-d'œuvre.* 3 vol.

Speke (le capitaine). *Découverte des sources du Nil.* 1 vol.

Vambéry. *Voyages d'un faux derviche dans l'Asie centrale.* 1 vol.

7° Écriture.

Taupier. *Nouveaux cahiers d'écriture cursive*, destinés à être repassés à l'encre par les élèves. 10 cahiers. Chaque cahier. 9 c.

Ouvrage dont l'introduction dans les écoles est autorisée par le ministre de l'Instruction publique.

— *Nouveaux cahiers d'écriture bâtarde, ronde et gothique* pour apprendre à écrire avec ou sans maître ; 6 cahiers in-8 oblong (2 cahiers de chaque sorte). Prix de chaque cahier. 15 c.

— *Guide des nouveaux cahiers pour les écritures bâtarde et ronde.* 1 cahier de 32 pages in-8 oblong. 75 c.

— *Guide des nouveaux cahiers pour l'écriture gothique.* 1 cahier de 32 pages in-8 oblong. 75 c.

— *Tableaux muraux pour l'enseignement de l'écriture.* Chaque tableau se compose de 4 feuilles colombier ayant ensemble 1 mètre 45 centimètres de hauteur sur 1 mètre 10 centimètres de largeur :

1° Ecriture cursive : lettres minuscules, 1 tableau.

2° Ecriture cursive : lettres majuscules, 1 tableau.

3° Ecriture bâtarde, ronde et gothique, 1 tableau.

Chaque tableau en feuilles. 3 fr.

Le collage sur toile avec gorge et rouleau et le vernissage se payent en sus 7 fr.

Thiolat : *L'enseignement de l'écriture par les procédés combinés de l'imitation et du calque.* Huit cahiers de 20 pages in-4° couronne, fabriqués avec un bon et solide papier. Chaque cahier, avec une couverture de couleur portant une gravure instructive avec légende. 9 c.

8° Étude de la langue française.

Altemont (d'). *Narrations et lettres* (sujets et corrigés). 1 vol. in-12, br. 2 fr. 50 c.

— *Choix de poésies*, propres à être apprises par cœur, extraites de divers auteurs et accompagnées de notes. In-18, cart. 75 c.

Barrau. *Méthode de composition et de style*, ou principes de l'art d'écrire en français, suivis d'un choix de modèles en prose et en vers ; 11e édition. 1 vol. in-12, cartonné. 2 fr. 75 c.

Beaujean, professeur au lycée Louis-le-Grand. *Abrégé du dictionnaire de la langue française de E. Littré*, contenant tous les mots qui se trouvent dans le dictionnaire de l'Académie française, plus un grand nombre de néologismes et de termes de science et d'art, avec l'indication de la prononciation, de l'étymologie et l'explication des locutions proverbiales et des difficultés grammaticales. 1 fort volume in-8 de 1300 pages, broché. 12 f.; cartonné en toile verte, 13 fr. 50 c.; relié en demi-chagrin, 16 fr.

— *Petit dictionnaire universel*, comprenant un abrégé du dictionnaire de la langue française de E. Littré, une partie mythologique, historique, biographique et géographique. 1 fort vol. in-18, cart. » »

— *Le même ouvrage*, sans la partie historique et géographique. » »

Bonnaire. *Cours de thèmes français* ou exercices d'orthographe, de syntaxe, d'analyse et de ponctuation. In-12, cartonné. 1 fr. 20 c.

Corrigé des thèmes. In-12, br. 1 fr. 50 c.

Brachet, lauréat de l'Académie française, et **Dussouchet**, agrégé de grammaire. *Petite grammaire française*, fondée sur l'histoire de la langue. 1 vol. in-12, cartonné. 80 c.

Ouvrage adopté par les écoles communales de la ville de Paris.

Voir *Dussouchet* pour les Exercices.

Carraud (Mme). *Lettres de familles*, ou modèles de style épistolaire pour les circonstances ordinaires de la vie; 4e édition. 1 vol. in-12, cart. 1 fr. 10 c.

Defodon, rédacteur en chef du Manuel général de l'instruction primaire. *Cours de dictées*; 6e édition. In-12 cart. 2 fr.

Dussouchet. *Exercices sur la petite grammaire française* de MM. Brachet et Dussouchet. 1 vol. in-12, cart. 80 c.

Lhomond. *Eléments de la grammaire française*. In-12, cart. 30 c.

— *Abrégé de la grammaire française*. Grand in-18 de 36 pages, br., 15 c.; cartonné, 20 c.

Noël et **Chapsal**. *Nouvelle grammaire française*. 1 vol. in-12 cart. 1 fr. 50 c.

— *Exercices*. In-12, cart. 1 fr. 50 c.

— *Corrigé des exercices*. In-12, c. 2 fr. 10 c.

— *Exercices français supplémentaires*. In-12, cartonné. 1 fr. 50 c.

— *Corrigé des mêmes*. In-12, cart. 2 fr. 10 c.

— *Abrégé de la grammaire*. In-12, cart. 90 c.

— *Exercices élémentaires*. 1 vol. in-12, cartonné. 1 fr. 10 c.

Regnard (Mme). *Cours de dictées* à l'usage des jeunes filles. In-12. 1 fr. 80 c.

— *Compositions françaises*, à l'usage des jeunes filles. 1 vol. in-12, cart. 1 fr. 50 c.

Sardou. *Traité de la conjugaison des verbes*. In-12, cart. 50 c.

Sommer. *Grammaire des écoles primaires*, avec de nombreux exercices; 6e édition. 1 vol. in-12, cartonné. 80 c.

— *Grammaire des jeunes filles*, à l'usage des écoles et des pensionnats, avec des exercices spécialement rédigés par Mme Cécile Regnard. 1 vol. in-12, cart. 80 c.

— *Manuel de l'art épistolaire*; 4e édit. 2 vol. grand in-18, brochés. 3 fr. 25 c.

On vend séparément :

Sujets et préceptes de lettres, à l'usage des élèves. 1 vol. 1 fr. 25 c.

Modèles de lettres, à l'usage des maîtres. 1 vol. 2 fr.

— *Manuel de style*, ou préceptes et exercices sur l'art de composer et d'écrire le français, contenant des morceaux écrits en vieux style à rajeunir, des vers à mettre en prose, des exercices sur les homonymes et les synonymes, des sujets de fables, lettres, narrations et discours; 7e édition. 2 vol. grand in-18, br. 3 fr.

On vend séparément :

Préceptes et exercices, à l'usage des élèves. 1 vol. 1 fr. 50 c.

Modèles, à l'usage des maîtres. 1 volume. 1 fr. 50 c.

— *Petit dictionnaire des synonymes français*, avec 1o leur définition; 2o de nombreux exemples tirés des meilleurs écrivains; 3o l'explication des principaux homonymes français. 1 vol. in-18, cartonné. 1 fr. 80 c.

Soulice (Th.). *Petit dictionnaire de la langue française*, à l'usage des écoles primaires. Nouvelle édition entièrement refondue. 1 vol. in-18, cart. 1 fr. 50 c.

Le même ouvrage, suivi d'un *complément historique et géographique*, par M. Soulice fils. 1 vol. in-18, cart. 1 fr. 80 c.

Le complément historique et géographique, seul. 1 vol. in-18, cart. 50 c.

Soulice et **Sardou**. *Petit dictionnaire raisonné des difficultés et exceptions de la langue française*. In-18, cart. 2 fr.

9o Géographie.

§ 1er. *Livres, Atlas.*

Ansart (F.) *Petite géographie moderne*; 36e édition avec 30 vignettes dans le texte. 1 vol. in-18, cart. 80 c.

Autorisé par le Conseil de l'Instr. publique.

Belin de Launay, inspecteur d'académie. *Petite géographie de la France*. Grand in-18 de 36 pages, broché, 15 c.; cartonné. 20 c.

Cortambert. *Petite géographie illustrée du premier âge*, à l'usage des écoles et des familles, présentée sous forme d'entretiens, 4e édition. 1 vol. in-18, avec 88 vignettes ou cartes; cartonné en percaline gaufrée. 80 c.

— *Petite géographie illustrée de la France*, à l'usage des écoles primaires, 1 vol. in-18, contenant 75 vignettes dans le texte, cartonné en percaline gaufrée. 80 c.

— *Petit atlas primaire*, composé de 15 cartes tirées en couleurs. 1 volume petit in-8, broché. 50 c.

— *Petit atlas élémentaire de géographie moderne*, à l'usage des écoles et des familles, composé de 22 cartes tirées en couleur. 1 vol. in-4, br. 90 c.

Le même, accompagné d'un texte explicatif en regard de chaque carte. 1 vol. in-4, cart. 1 fr. 10 c.

Le même, sans texte, suivi d'une carte du département demandé, br. 1 fr. 15 c.

L'Atlas, avec texte, suivi d'une carte du département demandé, cart. 1 fr. 35 c.

— *Petite géographie* à l'usage des écoles primaires; 9e édition. 1 vol. in-18, avec 24 vignettes, cartonné. 60 c.

— *Petit atlas géographique du premier âge*, contenant 9 cartes coloriées, et précédé d'un texte explicatif. Grand in-18, cartonné. 80 c.

Ouvrage dont l'introduction dans les écoles est autorisée par M. le ministre de l'Instruction publique.

— *Petit cours de géographie moderne*, contenant de nombreux exercices; 18e édition. In-12, avec 63 vignettes dans le texte, cartonné. 1 fr. 50 c.

Autorisé par le Conseil de l'Instr. publique.

— *Petit atlas de géographie moderne*. Nouvelle édition gravée sur acier. Grand in-8, contenant 20 cartes imprimées en couleurs, cartonné. 2 fr. 50 c.

— *Petite géographie générale*. Grand in-18 de 36 pages, broché, 15 c.; cartonné, 20 c.

— *Le globe illustré*, géographie générale à l'usage des écoles et des familles. In-4o, avec 130 vignettes et 16 cartes tirées en couleur, cart. 4 fr.

Fillias. *Géographie de l'Algérie*. 1 vol. in-12, avec une carte, cartonné. 1 fr. 25 c.

Joanne (A.). *Géographies des départements de la France*, contenant la liste complète des communes du département et un dictionnaire alphabétique des localités les plus remarquables.

Chaque département, accompagné de vignettes intercalées dans le texte et d'une carte du département tirée en 4 couleurs, forme un volume in-12 élégamment cartonné et se vend séparément 1 fr.

En vente : *Aisne; Allier; Aube; Bouches-du-Rhône; Cantal; Charente; Corrèze; Côte-d'Or; Deux-Sèvres; Doubs; Gironde; Haute-Saône; Indre-et-Loire; Landes; Loire; Loire-Inférieure; Loiret; Maine-et-Loire; Meurthe; Nord; Pas-de-Calais; Puy-de-Dôme; Rhône; Saône-et-Loire; Seine-et-Oise; Seine-Inférieure.*

En préparation : *Basses-Alpes; Charente-Inférieure; Dordogne; Haute-Vienne; Isère; Jura; Loir-et-Cher; Oise; Seine-et-Marne; Somme; Vienne.*

— *Atlas de la France*, contenant 95 cartes, avec notices géographiques et statistiques. In-folio cartonné. 40 fr.

Chaque carte séparément 50 c.

Meissas et Michelot. *Petit atlas élémentaire de géographie moderne* (Atlas A), huit cartes coloriées, grand in-8, cartonné. 2 fr. 50 c.

Le même (atlas B), avec les 8 cartes muettes. Cartonné. 3 fr. 50 c.

— *Petite géographie méthodique*, à l'usage des jeunes enfants. In-18, cartonné. 60 c.

Autorisé par le Conseil de l'Instr. publique.

— *Géographie sacrée*. In-18, cart. 1 fr. 25 c.

Autorisé par le Conseil de l'Instr. publique.

— *Tableaux de géographie*. 28 tableaux in-folio. 3 fr.

— *Manuel de géographie*. In-18, cart. 75 c.

Autorisé par le Conseil de l'Instr. publique.

§ 2. *Cartes murales par MM. Meissas et Michelot.*

Chaque carte est accompagnée d'un questionnaire qui est donné gratuitement aux acquéreurs de la carte à laquelle il se réfère. Chaque questionnaire se vend en outre séparément 30 c.

GRANDES CARTES MURALES MUETTES OU ÉCRITES.

Les cartes en 16 feuilles ont 1 mètre 80 centimètres de hauteur sur 2 mètres 30 cent. de largeur. Celles en 20 feuilles ont 1 mètre 80 cent. de hauteur sur 2 mètres 80 cent. de largeur. Le collage sur toile, avec gorge et rouleau et le vernissage se payent en sus: 1o pour les cartes en 16 feuilles, 12 fr.; — 2o pour les cartes en 20 feuilles, 14 fr.

Géographie ancienne.

Empire romain écrit. 16 feuilles. 10 fr.

Italie et Grèce anciennes écrites. 16 feuilles. 10 fr.

Géographie moderne.

Afrique écrite. 16 feuilles. 10 fr.

Amériques septentrionale et méridionale écrites. 20 feuilles. 12 fr.

L'Amér. septentrionale, séparément, 12 f^lles. 8 fr.

L'Amér. méridionale, séparément, 8 f^lles. 6 fr.

Asie écrite. 16 feuilles. 10 fr.

Europe écrite. 16 feuilles. 9 fr.

Europe muette, 16 feuilles. 7 fr. 50 c.

France écrite par départements, *Belgique et Suisse;* nouvelle édition, où l'on a ajouté la division de la France en bassins et la division en gouvernements avant 1789. 16 feuilles. 9 fr.

Mappemonde écrite. 20 feuilles. 12 fr.

Mappemonde muette. 20 feuilles. 10 fr.

NOUVELLE CARTE MURALE.

France muette ou *écrite*, par départements, indiquant le relief du terrain, tirée en couleurs sur 12 feuilles jésus mesurant 1 metre 95 de hauteur sur 2 mètres de largeur. 15 fr.

Le collage sur toile avec gorge et rouleau et le vernissage se payent en sus, 12 fr.

PETITES CARTES MURALES ÉCRITES.

Les petites cartes murales conviennent aux écoles dans lesquelles les grandes cartes ne peuvent être placées à cause de leur dimension.

La *France*, l'*Europe*, l'*Asie*, l'*Afrique et la Palestine* ont 1 mètre de hauteur sur 1 mètre 30 c. de largeur: la *Mappemonde* a 1 mètre 10 centimètres de hauteur sur 1 mètre 70 cent. de largeur; l'*Amérique* a 1 mètre de hauteur sur 1 mètre 95 centimètres de largeur.

Le collage sur toile, avec gorge et rouleau et le vernissage se payent en sus: 1° pour la *France*, l'*Europe*, l'*Asie*, l'*Afrique* et *la Palestine* 5 fr.; 2° pour la *Mappemonde* et l'*Amérique*, 7 fr.

Afrique, 4 feuilles jésus. 5 fr.

Amériques septentrionale et méridionale, 6 feuilles jésus. 6 fr.

Asie, 4 feuilles jésus. 5 fr.

France, en 89 départements, *Belgique* et *Suisse*, 4 feuilles jésus. 4 fr. 50 c.

Europe, 4 feuilles jésus. 4 fr. 50 c.

Mappemonde, 8 feuill. grand raisin. 6 fr.

Palestine, 4 feuilles jésus. 6 fr.

§ 3. *Grandes cartes murales muettes* ou *écrites par M. Ehrard.*

Ces cartes sont imprimées en couleurs, sur 4 feuilles grand-monde, et ont 1 mètre 60 cent. de hauteur sur 1 mètre 78 de largeur. Elles indiquent par des teintes de nuances graduées la configuration du sol et rendent facile l'étude de la géographie physique.

France muette ou *écrite*, d'après la carte oro-hydrographique, publiée sous les auspices du ministère de l'instruction publique, par la commission de la topographie des Gaules. 20 fr.

Le collage sur toile avec gorge et rouleau et le vernissage se payent en sus 12 francs.

Europe, sous presse.

§ 4. *Petites cartes murales muettes* ou *écrites par M. Ehrard.*

France muette ou *écrite*, en feuille, réduction de la précédente, imprimée en couleurs, ayant 90 cent. sur 1 mètre. 6 fr.

Le collage sur toile avec gorge et rouleau et le vernissage se payent en sus 4 francs.

Europe muette ou *écrite*, imprimée en couleurs sur un seul morceau de toile de 1 mètre sur 95 centimètres et montée sur gorge et rouleau. 8 fr.

D'autres cartes sont en préparation.

§ 5. *Petites cartes murales écrites par E. Cortambert.*

Ces nouvelles cartes sont imprimées en couleurs sur un seul morceau de toile de 1 mètre 20 cent. sur 95 centimetres et ne se vendent que montées sur gorge et rouleau.

France. — *Europe.* — *Asie.* — *Afrique.* — *Amérique du Nord.* — *Amérique du Sud.* — *Océanie.* — *Planisphère.*

Prix de chaque carte. 7 fr.

10° Histoire.

Beaujean, professeur au lycée Louis-le-Grand. *Petit dictionnaire d'histoire et de géographie*, contenant la mythologie, l'histoire ancienne et moderne, la biographie des personnages célèbres de tous les pays et de tous les temps, et la géographie comparée, ancienne et moderne. 1 vol. in-18, cart. » »

Daniel (Mgr), ancien évêque de Coutances. *Abrégé chronologique de l'histoire uni-*

verselle. Nouvelle édition, continuée jusqu'à nos jours par M. Ch. Marie, professeur au lycée de Caen. 1 fort vol. in-12, cartonné. 3 fr. 50 c.

Ducoudray. *Premières leçons d'histoire de France.* Ouvrage rédigé conformément aux programmes de la ville de Paris et du ministère de l'instruction publique (premier degré). 1 vol. in-18, avec vignettes, cartonné. 60 c.
Ouvrage adopté pour les écoles communales de la ville de Paris.

— *Nouvelles leçons d'histoire de France* (2e degré). 1 vol. in-18 avec vignettes. 1 fr.
Ouvrage adopté pour les écoles communales de la ville de Paris.

Duruy (V.). *Petit cours d'histoire universelle,* format in-18, cartonné :
Petite histoire sainte. 80 c.
Vie de N. S. Jésus-Christ. 60 c.
Petite histoire ancienne. 1 fr.
Petite histoire grecque. 1 fr.
Petite histoire romaine. 1 fr.
Petite histoire du moyen âge. 1 fr.
Petite histoire des temps modernes. 1 fr.
Petite histoire de France, depuis les temps les plus reculés, jusqu'à nos jours. 1 fr.
Petite histoire générale. 1 fr.

Ferté. *Petite histoire sainte,* comprenant l'Ancien et le Nouveau Testament ; 8e édition. 1 vol. in-12 avec vignettes, cart. 70 c.
Ouvrage approuvé par NN. SS. les évêques de Rodez, de Beauvais et de Versailles.

Geruzez. *Petit cours de mythologie.* Nouvelle édition. In-12, cart. 90 c.
Autorisé par le Conseil de l'Instr. publique.

Lesieur. *Petite histoire sainte.* Grand in-18 de 36 pages, broché, 15 c.; cart. 20 c.

— *Petite histoire ancienne.* Grand in-18 de 36 pages, broché, 15 c. ; cart. 20 c.

— *Petite histoire romaine.* Grand in-18 de 36 pages, broché, 15 c.; cart. 20 c.

— *Petite histoire moderne.* Grand in-18 de 36 pages, broché, 15 c.; cart. 20 c.

— *Les rois de France* et la chronologie des principaux événements de leur règne. Grand in-18 de 36 pages, br. 15 c., cart. 20 c.

— *Petite mythologie.* Grand in-18 de 72 pages, broché, 25 c. ; cartonné. 30 c.

Meissas et Michelot. *Tableaux d'histoire de France.* 36 tableaux in-folio. 3 fr. 50 c.

— *Manuel d'histoire de France.* In-18. 75 c.

Saint-Ouen (Mme L. de). *Histoire de France,* depuis l'établissement des Francs dans les Gaules jusqu'à nos jours, avec les portraits des rois et une carte de la France à l'époque actuelle. In-18, cart. 80 c.
Autorisé par le Conseil de l'Instr. publique.

Simon, adjoint d'école normale primaire. *Histoire sainte abrégée* (Ancien et Nouveau Testament). Ouvrage rédigé conformément à l'instruction ministérielle du 18 novembre 1871, et revu par M. l'abbé Manuel. 1 vol. in-12, avec une carte, cartonné. 1 fr. 25 c.

Wallon, membre de l'Institut. *Abrégé de l'Histoire sainte* (Ancien et Nouveau Testament). 1 vol. in-18, cart. 75 c.
Ouvrage approuvé par Mgr l'archevêque de Paris, recommandé par un grand nombre d'autres prélats et adopté pour les écoles communales de la ville de Paris.

— *Petite histoire sainte,* extraite de la précédente; avec questionnaire. 1 vol. in-18, cart. 50 c.

11° Arithmétique, Poids et Mesures, Tenue des livres.

Boutet de Monvel. *Arithmétique,* à l'usage des écoles primaires, suivie de notions élémentaires sur le système métrique, et accompagnée de nombreux problèmes. In-18; cartonné. 75 c.

Bovier-Lapierre, sous-directeur à l'École Monge. *L'arithmétique simplifiée.* 1 vol. in-12, cart. 1 fr. 50 c.

Cadrès Marmet. *Principes de tenue de livres très-simplifiée,* à partie simple et à partie double, avec un vocabulaire des termes les plus usités dans le commerce. In-18, cartonné. 60 c.
Autorisé par le Conseil de l'Instr. publique.

Cirodde (P. L.). *Abrégé d'arithmétique.* In-18, cartonné. 75 c.
Autorisé par le Conseil de l'Instr. publique.

Courcelle-Seneuil. *Traité élémentaire de comptabilité et de tenue des livres.* 1 vol. in-12, broché. 2 fr.

Degranges (Edmond). *Éléments de la tenue des livres.* 1 vol. In-12, cart. 90 c.

Fauré, directeur d'école normale primaire. *Nouvelle arithmétique simplifiée des écoles primaires,* comprenant : 1° la théorie de l'arithmétique mise à la portée des enfants ; 2° de nombreux exercices de calcul mental et écrit ; 3° un grand nombre de problèmes d'applications; 4° des questionnaires ; 5° l'indication des meilleurs procédés d'enseignement. Ouvrage rédigé conformément à l'instruction ministérielle du 18 novembre 1871. 1 vol. in-12, cartonné. 1 fr. 50 c.

Garrigues. *Le système métrique*, avec fig. dans le texte. 1 vol. in-18, cartonné. 75 c.

Lamotte. *Système légal des poids et mesures.* In-18, br. 30 c.
Autorisé par le Conseil de l'Instr. publique.

Ritt, ancien inspecteur général de l'instruction primaire. *Nouvelle arithmétique des écoles primaires*, divisée en deux parties : 1° *Théorie et pratique du calcul :* Nombres entiers, fractions, système métrique, nombres complexes, rapports, — 2° *Applications :* Applications arithmétiques, puissances et racines des nombres, applications géométriques ; et contenant environ 1200 exercices et problèmes. In-12, cartonné. 1 fr. 50 c.

— *Réponses et solutions raisonnées* des exercices de calcul et problèmes contenus dans la *Nouvelle Arithmétique des écoles primaires*. In-12, broché. Prix. 1 fr. 50 c.

— *Premières notions d'arithmétique et de calcul mental.* In-18, cartonné. 75 c.

Saigey. *Problèmes d'arithmétique et exercices de calcul du premier degré*, servant de complément à tous les traités d'arithmétique. In-18, contenant plus de 1300 problèmes. Broché. 75 c.
Autorisé par le Conseil de l'Instr. publique.

— *Solutions raisonnées des problèmes d'arithmétique du premier degré.* In-18, broché. 1 fr. 50 c.

— *Problèmes d'arithmétique et exercices de calcul du second degré*, avec leurs solutions raisonnées. In-18, br. Prix. 50 c.

— *Les poids et mesures du système métrique.* Grand in-18, br., 15 c. ; cart. 20 c.
Autorisé par le Conseil de l'Instr. publique.

— *Tableau des poids et mesures du système métrique*, avec 30 figures enluminées, 3 feuilles ayant ensemble 1 mètre de hauteur sur 1 mètre 49 centimètres de largeur. 1 fr. 50 c.
Le collage sur toile avec gorge et rouleau et le vernissage se payent en sus. 5 fr.

Tarnier, inspecteur primaire à Paris. *Nouvelle arithmétique théorique et pratique ;* 7e édition. 1 vol. in-12, cart. 2 fr.
Ouvrage adopté pour les écoles communales de la ville de Paris.

— *Applications de l'arithmétique aux opérations pratiques.* Recueil de 1000 questions modèles pour l'enseignement élémentaire ; 3e édition. 1 vol. in-12, cart. 2 fr.
Ouvrage adopté pour les écoles communales de la ville de Paris.

— *Solutions raisonnées* des exercices compris dans le précédent ouvrage ; 3e édit. 1 vol. in-12, cart. 3 fr.

— *Petite arithmétique des écoles primaires*, 7e édition. In-18, cartonné. 75 c.
Ouvrage dont l'introduction dans les écoles est autorisée par le ministre de l'instruction publique et adopté pour les écoles communales de la ville de Paris.

— *Carte murale du système métrique.* Mesures légales, effectives et de grandeur naturelle. 6 feuilles coloriées mesurant 1 m. 60 cent. de hauteur sur 2 mètres 15 de largeur. 10 fr.
Le collage sur toile avec gorge et rouleau et le vernissage se payent en sus. 12 fr.
Carte adoptée pour les écoles communales de la ville de Paris.

— *Petit tableau du système métrique*, imprimé en couleurs sur un seul morceau de toile de 90 centimètres sur 1 mètre 20 c., et monté sur gorge et rouleau. 7 fr.

— *Petit manuel raisonné du système métrique*, complément de toutes les arithmétiques et de toutes les cartes murales du système métrique. 1 vol. in-12, br. 1 fr.

Tarnier et Bos. *Problèmes d'arithmétique* à l'usage des commençants (*Enoncés*). 1 vol. in-12, cartonné. 2 fr.

— *Solutions raisonnées* desdits problèmes. 1 vol. in-12, cart. 3 fr.

12° Géométrie, Arpentage, Topographie, Dessin linéaire.

Bouillon. *Principes de dessin linéaire ;* 6e édition, 24 planches in-4, avec un texte explicatif, broché. 2 fr.
Autorisé par le Conseil de l'Instr. publique.

Briot et Vacquant. *Arpentage, levé des plans, nivellement*, à l'usage des instituteurs, des élèves des écoles normales et supérieures, etc. 4e édit. 1 vol. in-12 avec planches, broché. 3 fr.
Ouvrage dont l'introduction dans les écoles est autorisée par le ministre de l'Instr. publique.

Demkès, inspecteur primaire de la Seine. *Memento de géométrie*, à l'usage des cours supérieurs de l'enseignement primaire. Petit in-16. » »

Henriet (d'). *Cours rationnel de dessin*, à l'usage des écoles élémentaires, avec 206 figures dans le texte et un album de 44 modèles applicables au crayonnage, aux notions de perspective, au dessin usuel et à la figure. Grand in-8, br. 8 fr.

Lamotte. *Traité élémentaire d'arpentage.* In-12, avec planches, broché. 2 fr. 25 c.
Autorisé par le Conseil de l'Instr. publique.

— *Cours méthodique de dessin linéaire et de géométrie usuelle :*

1re partie : *Cours élémentaire*, composé d'un atlas de 19 planches, grand in-4, et d'un vol. in-8 de texte. 4 fr.

2e partie : *Cours supérieur*, composé d'un atlas de 15 planches, gr. in-4, et d'un vol. in-8 de texte. 4 fr.

— *Le dessin linéaire des demoiselles*, contenant les applications à l'ornement et à la composition, à la broderie, au dessin des châles, aux fleurs et au paysage. 1 vol. in-8, avec un atlas de 15 planches, grand in-4. 5 fr.

Autorisé par le Conseil de l'Instr. publique.

Sonnet. *Premiers éléments de géométrie*, contenant les principales applications à l'architecture, au levé des plans, à l'arpentage, etc. ; 10e édition. 2 vol. in-12, texte et planches, br. 2 fr. 50 c.

— *Cours élémentaire de topographie*. 1 vol. in-12 avec 92 figures, cart. 2 fr.

13° Agriculture, Histoire naturelle, Physique, Chimie.

Barrau-Heuzé. *Simples notions sur l'agriculture*, les animaux domestiques, l'économie agricole et la culture des jardins. Nouvelle édition refondue conformément au programme pour l'enseignement agricole dans les écoles, par M. G. Heuzé. 1 vol. in-12, avec 78 vignettes et 1 carte de la France agricole, cart. 1 fr. 50 c.

Boutet de Monvel. *Notions de physique*. 8e édition. 1 vol. in-12, avec des figures dans le texte, br. 3 fr. 50 c.

— *Notions de chimie* ; 10e édition. 1 vol. in-12 avec figures dans le texte. 2 fr. 50 c.

Ces deux ouvrages, dont l'introduction dans les écoles est autorisée par le ministre de l'Instruction publique, comprennent les matières pour l'enseignement dans les écoles normales primaires.

Cortambert. *Les trois règnes de la nature*, simples lectures d'histoire naturelle. 1 v. in-12, avec 213 vignettes, c. 1 fr. 50 c.

Delafosse, membre de l'Institut. *Notions élémentaires d'histoire naturelle*. 3 vol. in-18, avec figures dans le texte, cart. 3 fr. 75.

Autorisé par le Conseil de l'instr. publique.

On vend séparément :

La *zoologie*. 1 fr. 25 c.
La *botanique*. 1 fr. 25 c.
La *minéralogie*. 1 fr. 25 c.

Heuzé, adjoint à l'inspection générale de l'agriculture. *La France agricole*, notions générales sur le sol, le climat, les engrais, les instruments, les cultures, les plantes, les assolements, les animaux, les agriculteurs célèbres, les concours et les fermes-écoles des différentes régions agricoles de la France.

Région du sud : Pyrénées-Orientales, Aude, Hérault, Gard, Ardèche, Drôme, Vaucluse, Basses-Alpes, Bouches-du-Rhône, Var, Alpes-Maritimes, 1 vol.

Région du sud-ouest : Ariége, Haute-Garonne, Hautes-Pyrénées, Basses-Pyrénées, Landes, Gers, Tarn, Lot, Lot-et-Garonne, Dordogne, Charente, Charente-Inférieure, Gironde, 1 vol.

Région de l'ouest : Vendée, Loire-Inférieure, Côtes-du Nord, Ille-et-Vilaine, Mayenne, Morbihan, Finistère, Maine-et-Loire, Deux-Sèvres, Vienne, 1 vol.

Chaque région forme un volume in-12, avec de nombreuses figures intercalées dans le texte et une carte de la France agricole et se vend, cartonné, 1 fr. 25 c.

Menault : *Le berger*, 1 vol. in-32, avec 23 vignettes, br. 50 c.

—— *Le vacher et le bouvier*. 1 vol. in-32, avec 23 vignettes, br. 50 c.

Neveu-Derotrie. *Veillées villageoises*, ou entretiens sur l'agriculture moderne, à l'usage des écoles primaires rurales. In-12, cart. 1 fr. 25 c.

Autorisé par le Conseil de l'Instr. publique.

Périer (Mlle). *Simples entretiens sur la physique et la cosmographie*. 1 vol. in-12, avec 60 figures, cart. 1 fr. 25 c.

Rendu (Victor), ancien inspecteur général de l'agriculture. *Notions élémentaires d'agriculture*, à l'usage des écoles primaires. 1 volume grand in-18 avec 20 vignettes, cart. 75 c.

Ouvrage couronné par la Société centrale d'agriculture.

— *Petit traité de culture maraîchère*, 1 vol. in-32, avec 38 vignettes, br. 50 c.

— *La basse-cour*. 1 vol. in-32, avec 6 vignettes, br. 50 c.

— *Les abeilles*, leurs mœurs, leur industrie, leur culture. 1 vol. in-32 avec 17 vignettes, br. 50 c.

Saffray (Dr). *La physique des champs*. 1 vol in-32, avec vignettes, br. 50 c.

— *La chimie des champs*. 1 vol. in-32, avec vignettes, br. 50 c.

14° Musique et plain chant.

Clément (Félix). *Le paroissien romain*, avec les plains-chants en notation moderne et dans un diapason moyen. 1 vol. in-18, br. 2 fr. 50 c.

— *Méthode complète de plain-chant*, d'après les règles du chant grégorien, à l'usage des séminaires, des chantres, des écoles normales primaires et des maîtrises. 1 vol. in-12, br. 2 fr. 50 c.
Relié en basane. 3 fr. 50 c.

— *Tableaux de plain-chant*, avec l'indication des procédés à suivre dans l'enseignement simultané. 16 tableaux. 4 fr.
Manuel des tableaux de plain-chant. In-12, broché. 75 c.

— *Méthode d'orgue, d'harmonie et d'accompagnement*, comprenant toutes les connaissances nécessaires pour devenir un organiste habile. 1 vol. in-4. br. 12 fr.

Papin, professeur et maître de chapelle au lycée Saint-Louis. *Méthode pratique de musique vocale*, à l'usage des orphéons et des écoles. Ouvrage divisé en trois parties qui se vendent séparément :
Chaque partie, 1 vol. in-8, broché. 1 fr.

Il existe deux éditions de la première partie, l'une transcrite en *clef de fa* pour les voix graves, l'autre en *clef de sol* pour les voix aiguës. Avoir soin de désigner dans les demandes l'édition spéciale que l'on désire recevoir.

— *Les solféges classiques*. Recueil de leçons de grands maîtres italiens et français, disposé à deux parties, voix égales, à l'usage des orphéons et des écoles. Cet ouvrage, complément de la *méthode* du même auteur, est divisé en deux parties qui se vendent séparément :
Chaque partie. 1 vol. in-8, br. 1 fr.

Quicherat (L.). *Traité élémentaire de musique*, contenant 180 exemples imprimés dans le texte. In-12 broché 1 fr. 50 c.

Roques (Léon). *L'accompagnement du plain-chant*, mis à la portée de tout le monde. 1 vol. in-12, broché. 60 c.

Savard, professeur au Conservatoire de musique de Paris. *Principes de la musique et méthode de transposition*. In-8, broché. 4 fr.
Ouvrage approuvé par l'Académie des beaux-arts et adopté par le Conservatoire de musique.

— *Premières notions de musique*, extraites de l'ouvrage précédent. In-12, br. 50 c.

15° Notions de droit, Tenue des Actes de l'état civil.

Delacourtie, avocat, docteur en droit. *Eléments de législation usuelle*; 3e édition. 1 vol. in-12, br. 2 fr.
— *Eléments de législation commerciale et industrielle*. 1 vol. in-12, br. 3 fr.

Grün, *Guide et formulaire pour la rédaction des actes de l'état civil et des procès-verbaux, certificats, déclarations et actes divers*, à l'usage des secrétaires de mairie, des instituteurs; 4e édition. Grand in-18, br. 1 fr. 50 c.
Autorisé par le Conseil de l'Instr. publique.

16° Gymnastique, Hygiène.

Riant (Dr), médecin de l'École normale du département de la Seine. *Hygiène scolaire*, influence de l'école sur la santé des enfants. 1 vol. in-12 avec 42 figures, br. 3 fr.

— *Le café, le chocolat, le thé*. 1 vol. in-32 avec 30 vignettes. 50 c.

— *L'alcool et le tabac*. 1 vol. in 32, avec 35 vignettes, broché. 50 c.

Saffray (le Dr). *Les remèdes des champs*, herborisations pratiques à l'usage des instituteurs et de tous ceux qui donnent leurs soins aux malades; 2e édition. 2 vol. in-32 avec 60 vignettes, broché. 1 fr.

Soubeiran (Dr). *Hygiène élémentaire* répondant aux programmes des écoles normales et des lycées. In-12. 1 fr. 50 c.

Vergnes, ex-capitaine instructeur de gymnastique. *Manuel de gymnastique*, à l'usage des écoles primaires, des écoles normales primaires, des lycées et des colléges; 5e édit. 1 vol. in-12 avec 170 fig. et 4 planches d'appareils gymnastiques, cartonné. 2 fr. 25.
Ouvrage publié conformément aux programmes officiels annexés au décret du 3 février 1869.

Voir, pour le *Matériel des écoles*, le Catalogue spécial.

ENSEIGNEMENT SPÉCIAL

Ouvrages destinés aux écoles et aux cours préparatoires pour les professions agricoles, industrielles et commerciales.

LANGUE FRANÇAISE.

Barrau. *Méthode de composition et de style*, ou principes de l'art d'écrire en français, suivis d'un choix de modèles en prose et en vers. In-12, cart. 2 fr. 75 c.

Demogeot, agrégé de la Faculté des lettres de Paris. *Textes classiques de la littérature française* extraits des grands écrivains français, avec notices biographiques, bibliographiques, appréciations littéraires et notes explicatives (3e année). 2 vol. in-12, cart. 4 fr. 50 c.

Tome I. *Moyen âge, renaissance*, XVIIe *siècle*. 3 fr.

Tome II. XVIIIe *et* XIXe *siècles*. 1 fr. 50

Lelion-Damiens, économe du collége Rollin. *Lectures ou dictées* (année préparatoire et 1re année), 2 vol. in-12, cart.

Tome I, à l'usage des contrées agricoles. 1 fr. 50 c.

Tome II, à l'usage des contrées commerciales. 1 fr. 50 c.

Pellissier, professeur au collége Chaptal et à Sainte-Barbe. *Premiers principes de style et de composition* (2e année), 1 vol. in-12, cart. 1 fr. 50 c.

— *Sujets et modèles de composition française* destinés à servir d'application aux *principes de style*. 1 vol. in-12, cart. 1 f. 50.

— *Morceaux choisis des classiques français*, en prose et en vers, adaptés au précédent ouvrage, 1 vol. in-12, cart. 1 fr.

— *Principes de rhétorique française* (3e année) 1 vol. in-12, cart. 2 fr. 50 c.

— *Morceaux choisis des classiques français*, en prose et en vers, adaptés au précédent ouvrage. 1 vol. in-12, cart. 2 fr.

— *Sujets et modèles de composition française*, destinés à servir d'application aux *principes de rhétorique*. 1 vol. in-12, cartonné. 2 fr. 50 c.

Sommer. *Grammaire de l'enseignement spécial*, avec de nombreux exercices. 3e édition. In-12, cart. 1 fr. 50 c.

HISTOIRE ET GÉOGRAPHIE.

Cortambert. *Géographie de la France* (année préparatoire), 1 vol. in-12, cartonné. 90 c.

— *Atlas* correspondant. Gr. in-8. 2 fr. 50 c.

— *Géographie des cinq parties du monde* (1re année), 1 vol. in-12, cart. 1 fr. 50 c

— *Atlas* correspondant. Grand in-8. 6 fr.

— *Géographie agricole, industrielle et commerciale de la France et de ses colonies* (2e année), 1 vol. in-12, cart. 2 fr.

— *Atlas* correspondant. Grand in-8. 4 fr.

— *Géographie commerciale des cinq parties du monde* (3e année), 1 vol. in-12, cart. 3 fr.

— *Atlas* correspondant. Grand in-8. » »

Ducoudray et **Feillet.** *Simples récits d'histoire de France* (année préparatoire). 1 vol. in-12, cart. 2 fr.

— *Simples récits d'histoire ancienne, grecque, romaine et du moyen âge* (1re année). 1 vol. in-12, cart. 2 fr. 50 c.

Ducoudray (G.), agrégé d'histoire. *Histoire de la France depuis l'origine jusqu'à la révolution française, et grands faits de l'histoire moderne, de* 1453 *à* 1789 (2e année), 1 vol. in-12 cart. 2 fr. 50 c.

— *Histoire de France et histoire générale depuis* 1789 *jusqu'à nos jours* (3e année), 1 vol. in-12, cart. 2 fr. 50 c.

Joanne. *Géographies des départements de la France.* Voir *Enseignement primaire*, page 14.

Sardou, ancien professeur à l'Ecole de commerce et des arts industriels. *Abrégé de géographie commerciale et industrielle*, indiquant pour chaque État : sa situation maritime; les principaux ports de mer; les places de commerce et centres de grande fabrication; le climat; les productions naturelles; les canaux et chemins de fer; les revenus, la dette publique, etc.; et pour la France en particulier : ses richesses agricoles, minérales et industrielles; le mouvement général de son commerce avec l'étranger, la nature et la valeur des importations et exportations, la navigation, la grande pêche, etc.; avec un tableau des monnaies, poids et mesures de tous les pays; 6e édit., in-12, br. 4 fr.

Autorisé par le Conseil de l'Instr. publique.

LÉGISLATION, MORALE, ÉCONOMIE POLITIQUE, INDUSTRIE.

Delacourtie, avocat, docteur en droit. *Éléments de législation usuelle* (3e année), 5e édition. 1 vol. in-12, cart. 2 fr.

— *Éléments de législation commerciale et industrielle* (4e année), 2e édition. 1 vol. in-12, cartonné. 3 fr.

Figuier (L.). *Les grandes inventions modernes* dans les sciences, l'industrie et les arts (4e année). 1 vol. in-12 avec 138 figures dans le texte, cart. 1 fr. 50 c.

Franck (Adolphe), membre de l'Institut. *Éléments de morale* (3e et 4e années), 4e édition. 1 vol. in-12, cart. 2 fr.

Levasseur, membre de l'Institut. *Cours d'économie rurale, industrielle et commerciale* (4e année), 1 volume in-12, cartonné. 3 fr.

Poiré (P.). *Simples lectures sur les principales industries* (4e année), 1 vol. in-12, avec 163 vignettes dans le texte, cart. 1 fr. 50

ARITHMÉTIQUE ET APPLICATIONS, TENUE DES LIVRES, CORRESPONDANCE COMMERCIALE.

Bovier-Lapierre, ancien professeur de mathématiques à l'école normale de Cluny. *Arithmétique* (année préparatoire et 1re année). In-12, cart. 2 fr. 50 c.

— *Traité d'arithmétique commerciale* (2e année), 1 vol. in-12, cart. 1 fr. 50 c.

Coupin, directeur de l'École commerciale de Bordeaux. *Cours raisonné d'arithmétique commerciale*. 1 vol. in-8. 3 fr. 50 c.

Courcelle-Seneuil. *Cours de comptabilité* (1re, 2e, 3e et 4e années). 4 vol. in-12, cartonnés ; chaque vol. se vend séparément. 1 fr. 50 c.

Dupuis (J.), proviseur du lycée de Bourges. *Tables de logarithmes* à cinq décimales, d'après J. de Lalande. Édition stéréotype disposée à double entrée et contenant les logarithmes de 1 à 10 000, les logarithmes des sinus et des tangentes des arcs, calculés de minute en minute dans la supposition de R = 1, et un très-grand nombre de tables usuelles. 1 vol. gr. in-18, broché. 2 fr.
Cartonné en percaline gaufrée. 2 fr. 50 c.

Goujon et Sardou. *Cours complet de tenue de livres et d'opérations commerciales*, comprenant : — l'analyse des opérations du commerçant et les premières écritures qui servent à les constater ; — la théorie des comptes courants ; — les comptes d'intérêts par toutes les méthodes ; — la tenue des livres en partie simple et en partie double ; — la correspondance : — les effets publics ou rente sur l'État ; les matières d'or et d'argent — les changes et les arbitrages ; — les comptes en participation ; — les actes de société ; — les écritures des sociétés par actions, etc. ; 5e édition, 1 vol. in-8, br. 5 fr.
Ouvrage dont l'introduction dans les écoles est autorisée par le ministre de l'Instruction publique.

— *Solutions des exercices* contenus dans le Cours complet de tenue de livres et d'opérations commerciales. 1 vol. in-8, broché. 2 fr. 50 c.

Jeanne, directeur de l'École de commerce de Toulouse. *Cours d'arithmétique commerciale* (2e année), 1 vol. in-12, cartonné. 3 fr.

Monnaies, poids et mesures, et usages commerciaux de tous les pays du monde. 1 vol. in-8, broché. 6 fr.

Pichot, censeur du lycée de Versailles. *Éléments d'arithmétique* (année préparatoire et 1re année) ; 3e édition. 1 vol. in-12, cartonné. 2 fr. 50 c.

Sonnet. *Problèmes et exercices d'arithmétique et d'algèbre* sur les principales questions usuelles relatives au commerce, à la banque, aux fonds publics, aux établissements de prévoyance, à l'industrie, aux sciences appliquées, etc. 2 vol. in-8, brochés. 5 fr.

On vend séparément :
1re partie : *Énoncés*. 1 vol. 2 fr.
2e partie : *Solutions raisonnées*. 1 volume. 3 fr.

GÉOMÉTRIE, ARPENTAGE ET TOPOGRAPHIE.

Bezodis, professeur au lycée Henri IV. *Notions sur les courbes usuelles* (4e année). 1 vol. in-12, cart. 1 fr. 50 c.

Briot et Vacquant. *Arpentage, levé des plans, nivellement* ; 4e édition, 1 vol. in-12, avec 194 figures dans le texte et des planches, broché. 3 fr.
Ouvrage dont l'introduction dans les écoles est autorisée par le ministre de l'Instruction publique.

Saint-Loup, professeur à la Faculté des sciences de Besançon. *Géométrie plane* (année préparatoire) ; 4e édition. 1 vol. in-12, avec 90 figures, cart. 1 fr.

— *Géométrie plane* (1re année), 2e édition. 1 vol. in-12 avec 394 fig., cart. 2 fr.

— *Géométrie dans l'espace* (2e année) ; 3e édit. 1 vol. in-12, avec 144 fig., cart. 1 fr. 50 c.

Sonnet. *Géométrie théorique et pratique*, contenant de nombreuses applications au dessin linéaire, à l'architecture, à l'ar-

pentage, au levé des plans, à la perspective, aux ombres, etc., et les premiers éléments de la géométrie descriptive; 7e édition. 2 vol. in-8, texte et planches, brochés. 6 fr.
Autorisé par le Conseil de l'Instr. publique.

— *Premiers éléments de géométrie*, extraits du précédent ouvrage; 10e édition, 2 vol. in-12, texte et planches, br. 2 fr. 50 c.
Autorisé par le Conseil de l'Instr. publique.

— *Cours élémentaire de topographie*. 1 vol. in-12 avec vignettes, cart. 2 fr.

ALGÈBRE, TRIGONOMÉTRIE, GÉOMÉTRIE DESCRIPTIVE.

Bezodis, professeur au lycée Henri IV. *Notions élémentaires de trigonométrie rectiligne* (4e année), 2e édition. 1 vol. in-12, cartonné. 1 fr. 50 c.

Bovier-Lapierre, ancien professeur de mathématiques à l'Ecole normale de Cluny. *Traité élémentaire de trigonométrie rectiligne*, rédigé sur un plan nouveau (4e année). In-8 avec 23 figures dans le texte, br. 2 fr. 50 c.

Kiæs. *Cours élémentaire de géométrie descriptive* (3e et 4e années); 5e édition. 2 vol. in-12, texte et planches, cart. 5 fr.

Sonnet. *Principes d'Algèbre*, mis en harmonie avec les programmes officiels de l'enseignement spécial par M. Jeanne. (3e et 4e années), 1 vol. in-12, cart. 2 fr. 50 c.

MÉCANIQUE.

Collignon, répétiteur à l'École polytechnique. *Cours élémentaire de mécanique:*
Troisième année (1re partie, *cinématique*). 1 vol. in-12. 1 fr. 80 c.
Troisième année (2e partie, *statique*). 1 vol. in-12. 2 fr. 20 c.
Quatrième année (*dynamique*). 1 vol. (sous presse).

Dessins muraux pour l'enseignement de la mécanique dans les lycées et collèges d'enseignement spécial (arrêté ministériel du 27 octobre 1867) imprimés en couleur sur 4 feuilles colombier mesurant ensemble 1 mètre 45 de longueur sur 1 mètre de hauteur.

Roue en dessous; roue de côté; roue en dessus; turbine Fontaine; turbine Jonval; bélier hydraulique; locomobile; locomotive.

Prix de chaque dessin mural. 6 fr.
Le collage sur toile avec gorge et rouleau et le vernissage se payent en sus. 7 fr.

Morin (le général), membre de l'Institut (Académie des sciences). *Aide-mémoire de mécanique pratique;* 6e édition. 1 vol. in-8, broché. 9 fr.

— *Notions géométriques* sur les mouvements et leurs transformations, ou éléments de *cinématique;* 4e édition. 1 vol. in-8, broché. 5 fr.

— *Notions fondamentales de mécanique et données d'expérience;* 3e édition. 1 vol. in-8 avec des figures dans le texte et des planches, broché. 7 fr. 50 c.

Morin et **Tresca**. *Dessins coloriés pour l'enseignement de la mécanique* publiés sous la direction du général Morin et par les soins de M. Tresca. 30 planches de 49 centimètres sur 64 centimètres. Prix. 40 fr.

Les 30 planches se divisent en quatre séries qui se vendent comme suit:
1o Organes de transmission du mouvement. 12 planches. Prix, 18 fr.
2o Roues hydrauliques et autres récepteurs. 6 planches. Prix, 10 fr.
3o Machines hydrauliques. 7 planches. Prix, 12 fr.
4o Machines à vapeur. 5 planches. Prix, 10 fr.
Chaque planche se vend séparément. 2 fr.

Robinet. *Cours complet de dessin des machines*, appliqué à la construction. Voir ci-après page 23.

PHYSIQUE, CHIMIE, AGRICULTURE, HISTOIRE NATURELLE, COSMOGRAPHIE.

Dehérain, professeur au collège Chaptal, et **Tissandier** : *Eléments de chimie*. 4 vol. in-12, avec des figures intercalées dans le texte, cartonnés:
Première année. 1 vol. 1 fr. 50 c.
Deuxième année. 1 vol. 2 fr. 50 c.
Troisième année. 1 vol. 3 fr.
Quatrième année. 1 vol. 2 fr. 50 c.

Gervais, membre de l'Institut. *Eléments de zoologie*, avec des figures intercalées dans le texte. 5 vol. in-12 cartonnés:
Année préparatoire : *Notions préliminaires*. 1 vol. 1 fr. 25 c.
Première année : *Notions générales et histoire des mammifères*. 1 fr. 25 c.
Deuxième année : *Vertébrés, ovipares, animaux sans vertèbres*. 1 v. 2 fr. 50 c.
Troisième année : *Anatomie et physiologie des animaux*. 1 vol. 2 fr. 50 c.
Quatrième année : *Zoologie appliquée à l'agriculture, à l'industrie et à l'hygiène*. 1 vol. (en préparation).

Gervais, Marchand et Raulin. *Notions élémentaires d'histoire naturelle :* Zoologie, Botanique, Géologie. 5 volumes in-12 avec fig. dans le texte, cartonnés:
Année préparatoire. 1 vol. 3 fr.

Première année. 1 vol. 3 fr. 50 c.
Deuxième année. 1 vol. 4 fr. 50 c.
Troisième et quatrième années. 2 vol. en préparation.

Gossin, proviseur du lycée de Toulon. *Cours élémentaire de physique*, avec figures, 4 vol. in-12 cartonnés :
Première année. 1 vol. 3 fr.
Deuxième année. 1 vol. 3 fr.
Troisième année. 1 vol. 3 fr.
Quatrième année. 1 vol. 3 fr.

Guillemin (Amédée). *Eléments de cosmographie* (3e année). 1 volume in-12, avec 164 figures intercalées dans le texte, cartonné. 3 fr. 50 c.

Marchand, agrégé de l'école de pharmacie de Paris. *Eléments de botanique*. 4 vol. in-12 avec figures dans le texte, cart.
Année préparatoire. 1 vol. 1 fr. 25 c.
Première année. 1 vol. 1 fr. 50 c.
Deuxième année. 1 vol. 1 fr. 50 c.
Troisième et quatrième années : *classification et usages des plantes*. 1 vol. 3 fr.

Marié-Davy. *Notions préliminaires de physique* (1re année). 1 vol. in-12, avec des figures dans le texte, cartonné. 3 fr.

Raulin, professeur à la faculté des sciences de Bordeaux. *Eléments de géologie*. 5 vol. in-12 avec figures dans le texte, cartonnés :
Année préparatoire. 1 vol. 1 fr. 25 c.
Première année : *Géologie de la France*. 1 vol. 1 fr. 25 c.
Deuxième année, 1 vol. 1 fr. 50 c.
Troisième année, 1 vol. (sous presse).
Quatrième année : *Eléments de physique terrestre*, par MM. Marié-Davy et Sonrel, 1 vol 1 fr. 80 c.

DESSIN LINÉAIRE ET INDUSTRIEL, DESSIN D'IMITATION.

Bouillon. *Exercices de dessin linéaire*, présentant un choix très-varié de modèles pratiques d'architecture, de menuiserie, de charpente, de serrurerie, de marbrerie et d'ameublement. 24 planches in-folio avec un texte explicatif, in-8. 5 fr.
Autorisé par le conseil de l'instr. publique.

Chazal, professeur de dessin au lycée Henri IV : *Modèles de dessin d'imitation*, à l'usage des lycées et des écoles. Études d'architecture, d'ornement et de figures, choisies parmi des spécimens de l'art dans les époques égyptienne, assyrienne, grecque, romaine et de la renaissance.
Trois séries de 20 planches in-folio.
Chaque série de 20 planches. 15 fr.
Chaque planche séparément. 1 fr.

Henriet (d'). *Cours rationnel de dessin*, avec 206 figures dans le texte et un album in-4o de 44 modeles lithographiés applicables au crayonnage, aux notions pratiques de perspective, au dessin usuel et à la figure. 1 vol. grand in-8, broché. 8 fr.

Morin et **Tresca**. *Modèles de dessin et de lavis*, publiés sous la direction du général Morin, de l'Académie des sciences, et par les soins de M. Tresca, sous-directeur du Conservatoire des arts et métiers :
1re *série*, comprenant 22 planches, savoir : 10 planches d'ornement, 6 planches de géométrie, 4 planches de levé de plans et de bâtiments, et 2 planches de lavis. 6 fr.
2e *série*, comprenant 14 planches, savoir : 6 planches de géométrie et projections et 8 planches de levé de plans et topographie. 4 fr.
3e *série*, comprenant 12 planches, savoir : 5 cartes géographiques, 1 planche de géométrie et 6 planches de lavis de machines. 3 fr. 25 c.

Normand fils, **Douliot** et **Krafft**. *Cours de dessin industriel* ; 3e édition. 1 volume in-8 avec un atlas de 34 planches in-folio. 7 fr. 50 c.

Ottin, grand prix de Rome. *Méthode élémentaire de dessin* comprenant l'étude des lignes, des mesures des angles, de l'ombre et de la lumière. Ouvrage composé d'un texte explicatif et de 66 planches in-4. 7 fr.

Robinet, ingénieur dessinateur. *Cours complet de dessin des machines*, appliqué à la construction, comprenant 150 planches in-folio, avec un texte explicatif, In-8, br. 30 fr.

GYMNASTIQUE.

Vergnes. *Manuel de gymnastique*, avec 170 figures et quatre grandes planches d'appareils ; 5e édition. 1 vol. in-12, cartonné. 2 fr. 25 c.

MANUEL GÉNÉRAL

DE L'INSTRUCTION PRIMAIRE

JOURNAL HEBDOMADAIRE

DES INSTITUTEURS ET DES INSTITUTRICES

RÉDACTEUR EN CHEF : M. CHARLES DEFODON.

43e ANNÉE

Prix de l'abonnement : un an, 6 fr.

On ne s'abonne que pour un an; l'année commence au premier janvier; mais les abonnements peuvent se prendre du 1er de chaque mois.

Le *Manuel général* paraît, chaque semaine, par numéro de 16 pages in-8, se compose de deux parties distinctes d'égale étendue, l'une *générale*, l'autre *scolaire*, ayant chacune leur pagination ; une fois par mois, un supplément de quatre pages au moins, spécialement destiné à la correspondance, est ajouté au journal sans augmentation de prix ; toutes les fois que l'abondance des matières l'exige, notamment pour la reproduction du compte rendu sténographique des débats des chambres concernant l'instruction primaire, il est également ajouté un supplément.

La *Partie générale* (huit pages) contient, sous le titre de chronique générale, un résumé des faits historiques, géographiques, militaires ou économiques qui ont pu se passer d'une semaine à l'autre, soit à l'intérieur, soit à l'extérieur ; le texte officiel des lois et des actes les plus importants du gouvernement ; les comptes rendus *in extenso* de celles des séances des Chambres qui ont rapport aux intérêts de l'instruction primaire, comptes rendus qui ne se trouvent guère, sous cette forme, que dans le *Journal officiel;* tous les actes officiels relatifs à l'instruction primaire ; une revue hebdomadaire des faits concernant l'enseignement des écoles en France et à l'étranger ; des articles sur les questions à l'ordre du jour relatives à l'administration de l'instruction primaire ; des articles de pédagogie pratique, examen de questions diverses concernant les principes de la pédagogie ou l'exposé des méthodes, biographies des grands pédadogues français et étrangers, études de pédagogie historique, questions d'enseignement ou de méthode, proposées aux instituteurs sous forme de concours volontaires donnant droit à des récompenses, suivis du compte rendu anonyme d'un grand nombre de mémoires (tous les mémoires sont renvoyés à leurs auteurs avec des annotations) ; des articles de variétés, surtout de variétés pédagogiques ; un cours suivi de langue anglaise à l'usage des instituteurs ; des morceaux de musique à l'usage des écoles ; des comptes rendus de livres et procédés d'enseignement ; une correspondance avec les abonnés sur les questions administratives, pédagogiques et autres, qui peuvent les intéresser.

La *Partie scolaire* (huit pages) comprend des devoirs de tous genres, destinés à faciliter la préparation quotidienne de la classe, et gradués, d'après la division mensuelle des matières de l'enseignement adoptée dans les écoles publiques du département de la Seine, pour les trois cours d'une école primaire.

Moyennant un supplément de 4 fr. par an, les abonnés peuvent recevoir vingt-quatre modèles de dessin gradués formant un *Cours rationnel de dessin*, dessin linéaire et desssin d'ornement, à l'usage spécial des écoles primaires; ces modèles sont tirés hors texte ; le texte du cours de dessin, avec vignettes à l'appui, est inséré dans la *partie générale*.

BIBLIOTHÈQUE NATIONALE R.F. IMPRIMÉS

Paris. — Imprimerie Viéville et Capiomont, rue des Poitevins, 6.

EXTRAIT DU CATALOGUE DE LA LIBRAIRIE HACHETTE ET Cie

OUVRAGES ADOPTÉS POUR LES ÉCOLES COMMUNALES DE LA VILLE DE PARIS.

BARRAU : **Choix gradué de 50 sortes d'écritures**, pour exercer à la lecture des manuscrits. Édition refondue par M. Barrau. 1 vol. grand in-8, cart. 1 fr. 30

BRACHET et DUSSOUCHET : **Petite grammaire française**, fondée sur l'histoire de la langue. 1 vol. in-12 cart. 80 c.

CARRAUD (Mme) : **Contes et historiettes.** 1 vol in-12. cart. 1 fr. 10

CORTAMBERT : **Petit atlas élémentaire de géographie moderne**, composé de 22 cartes tirées en couleur. 1 vol. in-4, br. 1 fr. 15

— **Notions de géographie générale** (cours élémentaire). 1 volume in-18, cart. 50 c.

— **Notions sommaires sur les cinq parties du monde et sur l'Europe en particulier** (cours moyen). 1 volume in-12, cartonné. 1 fr. 25

DUCOUDRAY : **Premières leçons d'histoire de France** (premier degré). 1 vol. in-18, avec vignettes, cart. 60 c.

— **Nouvelles leçons d'histoire de France** (deuxième degré). 1 vol. in-18, cart. 1 fr.

DELAPALME : **Premier livre de l'enfance.** 1 volume grand in-18, imprimé en gros caractères, avec gravures, cart. 60 c.

HENRY (Gervais) : **Cartographie de l'enseignement**, comprenant 5 cartes pour les bassins physiques et 5 cartes pour les bassins politiques. En noir, 6 cent. ; coloriés, 10 cent.

— **Livret de lecture.** 1 vol. in-12, cart. 50 c.

LEBRUN (Th.) : **Livre de lecture courante**, en quatre parties. 4 vol. in-18, cart. Chaque volume se vend séparément. 1 fr. 10

MEISSAS et MICHELOT : **Mappemonde écrite.** 20 feuilles. 12 fr.

— **Palestine écrite**, avec un plan de Jérusalem. 6 feuilles. 6 fr.

PELLISSIER : **La Gymnastique de l'esprit.** 1re partie, 60 cent. ; 2e partie, 80 cent. ; 3e partie, 60 cent.

RÉGIMBEAU : **Syllabaire.** 1 vol. in-12, cart. 60 c.

— **Grand tableau mural méthodique de lecture**, en feuilles. 5 fr.

TAGNARD et DAUPHIN : **Arithmétique.** 1 vol. in-12, cart. 1 fr. 25

TARNIER, **Nouvelle arithmétique.** 1 vol. in-12, cart. 2 fr.

— **Applications de l'arithmétique.** 1 vol. in-12, cart. 2 fr.

— **Solutions raisonnées.** 1 vol. in-12, cart. 3 fr.

— **Petite arithmétique des écoles primaires.** In-18, cart. 75 c.

— **Carte murale du système métrique.** 6 feuilles. 10 fr.

WALLON, membre de l'Institut : **Abrégé de l'histoire sainte** (Ancien et Nouveau Testament). 1 vol. in 18, cart. 75 c.

— **Petite histoire sainte**, extraite de la précédente, avec questionnaires. 1 vol. in-18, cart. 50 c.

— **Épitres et Évangiles.** 1 vol. in-18 cart. 75 c.

BIBLIOTHEQUE NATIONALE DE FRANCE
3 7502 00783610 1

PARIS. — IMPRIMERIE DE E. MARTINET, RUE MIGNON.

www.ingramcontent.com/pod-product-compliance
Ingram Content Group UK Ltd.
Pitfield, Milton Keynes, MK11 3LW, UK
UKHW031838260826
14628UKWH00001B/456

9 782329 344959